**세스 고딘의
전략 수업**

# THIS IS STRATEGY

## 세스 고딘의 전략 수업

세스 고딘 지음
안진환 옮김

쌤앤파커스

확산력이 진보를 이끈다.

다른 사람들이 목표를 이루도록 도와라.

큰 문제는 작게 나눠 해결할 필요가 있다.

어디로 향하는지 알면 작업이 보다 쉬워진다.

변화는 긴장을 조성한다.

개선은 언제나 가능하다.

한국 독자들에게


나는 여러분을 위해 이 책을 썼습니다. 지난 60년 동안 한국인
은 엄청난 수준의 생산성과 영향력 그리고 가치를 창출해왔습니
다. 지금껏 살아오면서 이렇게 완전히 변모한 나라는 지구상에
서 한국 외에 본 적이 없습니다.

이 성장을 이끈 산업 정책은 분명히 전략적이었지만, 연결과
순응, 그리고 성취의 문화가 없었다면 그 어떤 것도 가능하지 않
았을 것입니다. 이제 세상이 변화하고 있는 만큼(세상은 늘 변하지
요) 우리의 몫은 앞으로 나아갈 방향에 대한 새로운 전략을 설계
하는 것입니다.

어쩌면 상사나 동료와 소통하는 새로운 방식이 필요할 수 있습니다. 아니면 개인의 자산을 구축하는 방법에 대한 전략적 변화(새로운 학습 또는 태도의 전환)가 필요할지도 모릅니다. 어떤 경우든 무엇보다 중요한 것은 더 나은 미래를 만드는 데 전념해야 한다는 것입니다.

우리의 상황은 각기 다르지만, 궁극적으로는 모두 비슷합니다. 여러분이 소속된 회사는 내가 일하는 회사보다 관료주의와 경직성이 훨씬 강할 가능성이 큽니다(나는 여기서 혼자 일하니까요!). 하지만 그러한 한계는 우리가 미래를 위한 지렛대로 활용할 수 있는 사소한 제약일 뿐입니다.

한국을 오늘의 자리로 이끈 것은 여러분의 전술과 근면 성실이었습니다.

하지만 이제 여러분을 이끌 것은 전략입니다.

전략은 단순히 계획이 아닙니다. 그것은 철학입니다. 전략은 도래하는 미래에 그저 반응하는 대신, 미래가 오기 전에 적극적으로 변화를 만들어낼 기회를 보여줍니다. 전략은 우리가 누군가에게 도움이 될 기회를 제공하며, 조직과 경력을 위해 회복탄력성을 구축할 길을 열어줍니다.

나는 전략에 대한 논의를 촉발하는 일이 쉽지 않다는 것을 잘 알고 있습니다. 우리나라(미국)에서도 현 상태를 의심하고 책임을 추궁하는 움직임에는 늘 저항이 따릅니다. 위계질서와 상명

하달 업무 관행이 뿌리 깊은 한국의 조직 문화에서는 아무래도 이러한 논의가 더욱 어려우리라 짐작합니다.

하지만 '어렵다'는 것은 곧 '중요하다'는 의미입니다. 쉬운 길은 이미 모두 소진되었습니다. 우리에게 기회는 변화에 맞서 싸우는 것이 아니라 변화를 직접 일으킬 때 발생합니다. 궁극적으로 한국인의 생산성은 하나의 선물입니다. 여러분은 전 세계 수십억 명에게 가치를 안겨주었습니다. 그리고 지금, 급변하는 세상에는 그러한 기여가 그 어느 때보다도 절실합니다.

이렇게 말하고 싶습니다. "가서 세상을 흔들어라!*Go make a ruckus!*" 이는 관대함과 탐구심이 동반되어야 하는 힘든 작업입니다. 하지만 이를 해낼 수 있는 적임자는 바로 여러분입니다.

세스 고딘

# 프롤로그

  찰스 윌슨Charles Wilson은 난국에 봉착했다. 그는 세계 곳곳에서 공연하며 사람들에게 영감을 불어넣는 당대 최고의 피아니스트 중 한 명이다. 블랙북BLKBOK이라는 페르소나를 앞세우고 아티스트와 작곡가, 임프레사리오Impressario, 팬 관리자, 최고운영책임자COO, 사업가의 역할을 혼자 수행하는 그는 늘 너무 많은 선택지에 직면하며 시간에 쫓긴다. 출중한 실력을 갖추고 한눈파는 일 없이 열심히 뛰고 있지만, 그것으로는 충분하지 않다. 영향력을 키우고 지속 가능한 경력을 쌓는 가운데 번아웃에 빠지지 않으려면 대책을 강구해야 한다.

  미 국무부도 난제로 머리가 아프다. 미 국무부는 수많은 직원을 보유하고 막대한 예산을 집행하는, 세계에서 가장 큰 조직 중

9

하나다. 과연 이들을 어떻게 활용해야 150개가 넘는 국가에 적절한 영향력을 발휘할 수 있을까?

아이디어 브로커로 활동하는 크리스틴 해처Kristin Hatcher는 특히 대학 캠퍼스에서 발생하는 성폭력 문제를 다루는 중요한 과업을 수행하고 있다. 그녀가 추구하는 대의명분은 분명 촌각을 다투는 시급한 사안이지만, 기금을 모금해 실행에 옮길 동력을 찾는 것은 생각보다 훨씬 더 어려운 도전이다.

미국 대학독립리그 야구팀 사바나 바나나스Savannah Bananas의 창설자이자 구단주인 제시 콜Jesse Cole은 한때 고민에 빠졌다. 그의 기발한 아이디어가 기존 시스템에 의해 제약을 받았기 때문이다. 하지만 이제 그는 나름의 엉뚱하고 익살스러운 야구 쇼를 전국 곳곳의 야구장에서 선보이며 이전보다 훨씬 더 큰 성공을 거두고 있다. 그는 최근 팀의 속박을 풀어주는 중요한 결정을 내렸고, 그 결과 팀이 누릴 수 있는 기회가 점점 더 늘어나고 있다.

크고 작은 조직에서 마케팅 문제와 관련해 문의하면 나는 종종 이렇게 답한다. "먼저 전략을 세워야 할 것 같군요." 하지만 과연 전략이란 무엇인가? 전략은 시간 경과에 따라 전개되는 계획이기에 눈으로 보기도 어렵고 정확히 묘사하기도 쉽지 않다.

더 나은 전략을 찾으려면 기존의 전략에서 벗어날 준비를 갖춰야 한다. 기술이 변화하자 닌텐도는 화투 제조사에서 비디오 게임 회사로 탈바꿈했다. 하지만 최초의 전기 통신 수단인 전보 업계를 장악했던 웨스턴유니온Western Union은 전화가 등장하자 단순히 전보를 개선하기로 결정했다.

세상은 그 어느 때보다 빠르게 변화하며 매일 새로운 기회와 문제를 창출하고 있다. 여기에 더 나은 계획을 세우고 더 큰 영향력을 발휘할 수 있는 기회가 숨어 있다. 그것이 바로 전략이다.

이 책을 읽고 나면 지금은 보이지 않는 전략들이 보이기 시작할 것이다.

# 이 책의 활용법

전략에 관한 책은 대부분 MBA 출신 기업 경영진이나 미국 육군사관학교인 웨스트포인트 출신 장성들을 위한 내용이다. 이 책은 다르다. 당신을 위한 책이다. 상황을 개선하고자 하는 모두를 위한 책이다.

이 책의 내러티브는 특정한 아이디어들을 중심으로 반복적이고 함축적으로 순환한다. 시간과 게임, 시스템, 공감이 어떤 식으로 어우러지며 세상을 만드는지 알 수 있도록 돕기 위해서다. 이들의 상호작용을 일단 이해하면 다시는 잊을 수 없다.

약 500년 전 독일 화가 알브레히트 뒤러Albrecht Dürer는 유럽의 누구도 본 적이 없는 코뿔소를 그려서 발표했다. 각 디테일을 정교하게 묘사했지만 완벽하지는 않은 그림이다. 하지만 잠시 들

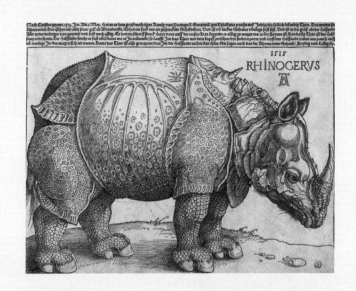

여다보면 코뿔소의 본질이 드러난다.

전략은 우리 대부분에게 너무 정교하고 비용이 많이 들고 엘리트주의적인 것으로 느껴지는 까닭에 논외의 선택지가 되는 경우가 많다. 하지만 일단 전략의 본질을 파악하면 다음 단계가 명확해진다. 더 나은 계획을 세우는 데 필요한 토대를 갖추게 된다.

전략은 정원사가 토양에 씨앗을 심고 시간과 공을 들여 얻는 것과 같다. 전략은 영향력을 발휘할 기회를 만든다.

나는 이 책을 전략 성명서로 간주한다. 읽어나가면서 (아직) 공감이 가지 않는 부분은 건너뛰어도 괜찮다. 뒷부분을 읽고 다시

돌아오면 된다.

중요한 것은 보다 깊이 이해하고자 하는 마음가짐이다. 당신이 취하는 행동방식이나 당신의 상황, 나아가 당신의 견해나 신념과 일치하지 않는 부분에 대해 심사숙고하고 다른 사람들과 토의해보기를 바란다.

"다른 사람들을 찾아 질문하라"

나는 세계 곳곳의 사람들과 워크숍을 진행하며 이 책에 담은 아이디어들을 놓고 토의했다. 그 과정에서 전략에 대한 접근성을 높일 2가지 간단한 방법을 발견했다.

첫째, 서너 명의 사람을 찾아 대면 방식이나 줌Zoom을 통해 토의할 수 있는 그룹을 출범시켜라. 적어도 일주일에 한 번씩 만나 서로의 주장을 펼치고, 두려움을 표출하며, 경로를 공유하라. 놀랍게도 곧, 서로 전략을 바꾸고 있다는 사실을 알게 될 것이다.

둘째, 이 책의 질문, 목록, 과제를 클로드claude의 프롬프트prompt, AI 도구에 입력하는 질문이나 지시 - 옮긴이로 활용하라. 클로드는 사용자의 프롬프트를 받아 해당 프로젝트에 맞춰 개별화한 응답을 제공함으로써 새로운 방식으로 전략에 대해 생각하도록 돕는 강력한 AI이다.

이 성명서의 각 조항에는 번호가 매겨져 있어 동료들과 어떤 형식으로 책을 활용하든 토론할 부분을 쉽게 참조할 수 있다.

시스템은 항상 변화하고 있다. 그것을 개선하는 것은 우리의 몫이다.

## 차례

# 1.

## 전략은 '그렇게 됨'의 철학이다

우리는 어떤 사람 또는 조직이 될 것인가?

그리고 어떤 사람 또는 조직에 도움이 될 것인가?

그러면 그들은 또 어떤 사람이나 조직을 돕게 될 것인가?

이것이 바로 전략이다.

전략은 지도가 아니라 나침반이다. 전략은 보다 나은 계획이다.

더 나은 내일을 만들기 위해 오늘 무엇을 할 것인지 공들여 선택하는 것이다.

이것이 요점이다. 이것이 바로 우리 일의 핵심이자 우리 시대의 과제다.

더 나은 무언가를 지향하는 것 말이다.

# 2.

## 긴밀히 얽힌 4가지 요소

시간, 게임, 공감, 시스템. 이 4가지 요소는 우리 주변 모든 곳에 존재하지만 무시하기 쉽다.

각각은 다른 3가지를 지원하고, 또 다른 3가지의 지원을 받는다. 이 프로젝트 전반에 걸쳐 우리는 이들 요소를 번갈아 살펴보며 전략의 작용 방식에 대한 보다 완전하고 실행 가능한 이해를 쌓아갈 것이다.

먼저 전략에서 이 4가지 요소가 중요한 이유부터 짚어보자.

* 시간: 전략은 정원의 초목이 자라듯, 시간이 지나면서 전개되고 영향력을 발휘하기 때문이다.

* 게임: 여러 플레이어가 참여하는 가운데 다양한 결과가 나올 수 있기 때문이다. 빛을 놓고 경쟁하는 나무들 가운데 가장 크게 성장하는 한 그루가 나오지만, 모든 나무는 숲의 일부다.

* 공감: 사람들은 내가 보는 것을 못 보거나 내가 원하는 것을 원치 않을 수 있기 때문이다. 적절한 조건을 갖춘 토양에 씨앗을 심어야 한다.

* 시스템: 협업은 모종의 시스템을 창출하기 때문이다. 그리고 그 시스템은 종종 우리의 예상보다 훨씬 오래 지속된다. 늪은 평원과 같지 않지만, 각각은 나름대로 복잡하게 상호작용하는 네트워크를 이룬다.

각각의 시스템은 끝없이 얽히고설키며 서로 영향을 끼친다.

# 3.
## 사람들은 무엇을 원하는가?

의식주와 건강에 대한 기본적인 욕구가 충족되면 사람들 대부분은 3가지 상충하는 욕구를 부여잡으려 애쓴다.

* 소속감

* 사회적 지위

* 두려움 없는 삶

(물론 여기에 기쁨이나 경이, 스릴, 만족감 등 여타의 내적 내러티브를 추가할 수 있지만, 지금은 이 3가지에 초점을 맞추기로 하자.)

소속감은 공동체의식이다. 함께 어울리고 호감을 얻고, 적절한 의상을 걸치며, 올바른 샐러드 포크를 사용하고, 캠프파이어에 둘러앉아 부를 노래의 가사를 알 때 느끼는 것이다.

사회적 지위는 항상 상대적이다. 누가 점심을 먼저 먹는가? 누가 위에 있고 누가 아래에 있는가?

그리고 두려움 없는 삶은 내면의 구조다. 두려움은 연료로 사용될 수도 있지만, 회피의 대상으로 작용하는 것이 일반적이다.

마케팅은 이 3가지 원칙을 토대로 삼는다. 그리고 시스템은 모두 이 3가지 원칙을 이용하여 구조를 유지한다. 사람들이 특정한 결정을 내리는 이유를 이해하려면, 그들이 원하는 것의 대체품이 아니라 실제로 원하는 바를 찾아야 한다.

## 4.

## "얻을 수 있는 것을 취하라."는 전략이 아니다

"고객님은 아무나 선택할 수 있습니다. 저도 그중 하나입니다."

관심을 끌기 위해 애쓰고, 주어진 일을 훌륭히 해내며, 안전빵으로 움직이고 리더를 따른다.

이런 것이 바로 무전략non-strategy이다. 그저 들은 대로 행하고 적응하며 안주하는 것은 무전략이다. 전략에 대해 생각하지 않는 데서 비롯되는 무전략이다.

자동차 속도계의 숫자가 높다고 항상 목적지까지 빨리 가고 있음을 뜻하는 것은 아니다.

정말 빠르게, 빙빙 돌고 있을 수도 있잖은가.

당신은 더 잘할 수 있다.

당신이 어떤 전략을 가져야 하는지 말해줄 수는 없지만, 당신에게 전략이 필요하다는 것은 확실하다.


## 5.

## 지시를 기다리는 중인가?

"다음에 무슨 일이 일어날까?"는 "지금 무엇을 해야 할까?"라는 질문과 아주 다르다. 그저 일어나는 사건에 체크리스트를 따라 반응하는 것은 쉽다. 하지만 우리의 자유와 주체성은 우리에게 다른 경로를 따르라고 요구한다. 우리의 작업은 전략을 찾아다른 미래를 창출하면서 시작된다.

삶은 선택의 연속이다.

이곳에 머물 것인가, 아니면 다른 도시로 이사할 것인가… 파트너로 승진할 날을 기다리며 회사 생활에 충실할 것인가, 아니면 독립해서 회사를 차릴 것인가… 업워크Upwork나 엣시Etsy에 작품을 올릴 것인가, 아니면 나만의 스토어를 구축해 작품을 팔 것인가… 레코드판으로 노래를 발표할 것인가, 아니면 스포티파이Spotify에 올릴 것인가… 가격을 올릴 것인가, 아니면 내릴 것인가… 새 매장을 열 것인가, 아니면 도매 부문을 폐쇄할 것인가… 엄청난 학비를 내며 유명 사립대에 다닐 것인가, 아니면 주립대에 다니며 훌륭한 교육을 받을 것인가… 전통적인 결혼식을 성대하게 올릴 것인가, 아니면 간소한 스몰웨딩에 만족할 것인가… 블로그를 열 것인가, 아니면 팟캐스트를 시작할 것인가… 경쟁사와 합병할 것인가, 아니면 사업을 매각할 것인가…

선택지는 많다.

선택지가 너무 많으면 그냥 하던 일이나 하고픈 유혹에 빠지기 쉽다. 다른 사람의 결정에 달린 문제인 양 고개를 숙이고 지시를 따르고 싶을 수도 있다.

그렇게 주체성을 버리고 일상에 순응하는 지루한 삶으로 돌아가고 싶은가? 당신은 상황을 개선할 수 있다.

## 6.

## 앞으로 나아가려면 경로가 정교해야 한다

내 이웃은 맨발의 러너다. 그는 별다른 노력 없이 미끄러지듯 달린다. 분명 트랙에서 다른 선수들보다 더 기를 쓰며 뛰는 것 같지도 않은데, 불편함을 덜 느끼며 더 빨리 달린다. 16km 이상을 달려도 그는 여전히 가뿐해 보인다.

정교함은 곧 단순성과 효율성, 효과성을 뜻한다. 정교함은 단순히 결과만 안겨주는 솔루션이 아니라 더 나은 솔루션이다. 앞으로 나아가는 가장 덜 복잡하고 가장 명확한 방법이기에 그렇다. 정교한 전략은 우리가 추구하는 변화에 이르도록 지렛대를 제공한다. 실행하기가 쉬워 보일 수 있지만, 정교한 전략을 개발하고 설계하는 데 통찰력과 심사숙고가 필요하다.

정교한 경로는 언뜻 보기에 우회로로 보일 수도 있지만, 시스템이 우리를 방해하지 못하게 할 뿐 아니라 우리를 위해 작동하도록 만든다. 정교한 경로는 의지와 규율을 요구하지만 회복탄력성과 효율성으로 보답한다.

정교한 전략은 낭비를 줄인다. 막다른 길을 피하고 에너지와 시간, 재료를 절약하도록 돕는다. 그리고 정교한 전략은 아름답다. 우리는 주변의 시스템 및 리소스와 연계하여 올바른 방식으로 적절한 일을 하고 있다는 것을 뼛속 깊이 알게 된다. 전략이 필요 없는 척하는 것과 정교한 전략을 찾기 위해 깊이 파고드는 것, 어떤 것이 유용하고 이롭겠는가.

정교한 전략은 시스템을 '이용'한다. 시스템을 바꾸려 나설 때에도 직접적으로 싸우지 않고 시스템을 바꾸는 도구로 해당 시스템을 이용한다.

이러한 접근방식은 시간이 지나면서 점점 더 좋아진다. 소문이 수평적으로 퍼진다. 신뢰가 커진다. 참여는 더 많은 참여로 이어진다.

우리가 참여하는 시스템의 각 노드node, 시스템 내의 각 행위 주체 – 옮긴이는 주의와 노력을 어떻게 배분할지 선택할 것이다. 우리의 프로젝트는 선택권을 가진 사람들에게 받아들여져야 하며, 우리는 그런 여건을 조성해야 한다.

# 7.

## 정교한 전략은 그때그때 다르다

하지만 정교한 전략 중 상당수가 비슷한 범주에 속한다. 시스템은 전략에 반응하고 정교한 전략은 우리에게 지렛대를 제공한다.

다음 3가지 사실에 집중하라.

* 전략은 당신이 성장함에 따라 개선된다. 순간적인 전력 질주는 누구나 할 수 있다. 하지만 정교한 전략의 핵심은 장기 지속성이다.

* 시스템적 우위가 영웅적 노력을 이긴다. 영웅적인 노력은 짜릿하지만, 장기적이면서 정교한 전략은 보통 기적적이지 않게, 일상적으로 작동한다.

* 정교한 전략은 설명하기는 쉽지만 지키기는 어렵다. 시간이 지날수록 해당 전략에서 벗어나야 한다는 압박감이 커지고, 결국 평범함으로 이어지는 작은 타협을 수없이 하게 된다.

# 8.
## 시스템은 시야 밖에서 지속된다

전략은 시스템을 구축하지만, 시스템에 의존하기도 한다.

모든 성공적인 시스템은 나름의 목적에 이바지한다.

그것이 겉으로 드러낸 목적이 아닐 수도 있고, 말이 되지 않는 것처럼 보일 수도 있지만, 시스템이 지속되고 있다면 그것은 소기의 목적에 이바지하고 있을 것이다.

현재의 세상을 돌아가게 하는 시스템을 이해하지 못하면 전략으로 변화를 일으키기가 어렵다.


# 9.
## 우리는 태양계에 살고 있다

책임자가 분명하지 않은 시스템에 대해 잠시 생각해볼 필요가 있다.

지구는 수성과 목성 등의 행성과 다양한 위성 그리고 수많은 소행성 및 유성과 더불어, 태양이라는 별이 중심에 자리한 태양계 안에 존재한다.

보이지 않는 힘인 중력이 행성들의 경로를 조용히, 끊임없이 통제하며 위치를 잡아준다. 동시에 행성들은 서로에게 영향을 주고, 작게는 태양에도 영향을 미친다.

외부 성간 성체가 우리 태양계에 유입되면 태양계를 통과할 수도, 태양계에 포획되어 일부가 될 수도 있다. 태양계의 일부가 보이지 않는다고, 그것이 존재하지 않는다고 생각할 수는 없다. 중력은 단지 멋진 아이디어가 아니다. 그것은 법칙이다.


## 10.
## 시스템은 가치를 제공한다

왜 문화는 우리가 시스템을 많은 일의 중심에 놓도록 진화했을까? 다음의 3가지 이유가 있다.

첫째, 협력적으로 조율된 인간의 노력이 생산성과 가치를 창출한다. 함께 일할 때 훨씬 더 많은 일을 해낼 수 있다. 의약품이나 병원, 팀이 없으면 의사는 그다지 큰 영향력을 발휘할 수 없다. 농부도 도구와 시장, 씨앗이 없으면 식량을 공급할 수 없다.

둘째, 사람들은 이성적으로 행동하는 경우가 드물다. 같은 것을 원하더라도 그것을 얻는 방법에 항상 일치된 의견을 보이는 것도 아니다. 시스템은 이러한 의견 불일치를 조정하며 서로 의견이 일치하지 않더라도 앞으로 나아갈 수 있도록 돕는다.

셋째, 일관성은 귀하다. 그리고 시스템의 융통성과 정보의 지속성이 이를 돕는다. 누군가 교대 근무에 나타나지 않거나 최선을 다하지 않는 경우 시스템이 다리 역할을 한다.

하지만 시스템이 창출하는 힘과 영향력은 바람직하지 않은 부작용을 일으키고 혁신을 방해할 수도 있다.


# 11.

## 건물인가? 도로인가?

프로젝트 개발자이자 작가인 스튜어트 브랜드Stewart Brand는 1924년의 보스턴 지도를 2024년의 지도와 비교해 보면 한 세기 동안 거의 모든 건물이 바뀌었음을 알 수 있다고 지적한다. 하지만 주요 도로는 거의 변하지 않았다.

도로의 경로를 변경하는 것보다 건물을 개조하거나 교체하기가 훨씬 더 쉽다.

시스템은 노드(건물)와 연결성(도로)을 보유한다. 도로에는 안전을 유지하기 위해 우리 모두가 이해해야 하는 협약이 있다.

건물(과 사람)은 항상 교체된다. 도로(와 시스템의 규칙)는 현재 상태를 유지하기 위해 미친 듯이 싸운다.

## 12.

## 보이지 않는 조력자(그리고 미스터리한 파괴자)

더 좋은 파도가 더 좋은 서퍼를 만든다.

서핑에 유용한 첫 번째 기술은 서핑하기에 적합한 장소와 시간을 선택하는 것이다. 우리 삶의 시스템들은 파도와 같아서 일을 더 쉽게도, 어렵게도 만든다.

시스템에 순응해 일하는 것은 열성적이고 숙련된 조력자를 두는 것과 같아서 항상 일을 더 잘하도록 돕는다. 반면 누군가 시스템을 거슬러 일하면 의도적으로 프로젝트를 해치려 드는 것처럼 느껴질 수 있다.

미쉐린Michelin은 펑크 방지 타이어를 출시하며 10억 달러 규모의 혁신을 이뤄냈다고 확신했다. 운전자와 자동차 제조업체, 자동차 업계 모두에게 더 이로운 제품이었다.

하지만 몇 년 후 프로젝트는 중단되었다. 경영학 교수 론 애드너Ron Adner는 지역의 타이어 전문점이나 카센터, 정비소 등이 고된 교육을 받고 새로운 장비를 갖추어야 했는데 프로젝트 초기에 적극적으로 참여하지 않았다고 지적했다. 미쉐린 측에서는 이런 상황을 무시하다시피했다.

이러한 연결고리가 누락되자 고객들은 타이어 서비스를 받는 데 큰 어려움을 겪었다. 그리고 마모되거나 손상된 펑크 방지 타이어를 교체하러 갔다가 일반 타이어를 구입하라고 종용받는 경우가 비일비재했다. 낙심한 고객들은 불만을 제기했고, 일부는 자동차 회사를 고소하기까지 했다.

이기적인 자동차 정비사들을 탓하기 쉽지만, 사실은 급격한 변화를 수용하기 꺼리는 시스템, 즉 현상을 유지하거나 원상으로 돌아가려는 성질을 지닌 자동차 산업 복합체가 문제였다.


## 13.
## 강이 보이는가?

강은 물 그 이상이다. 물은 호수에도 있다.

강의 본질은 흐름이다. 흐름을 거슬러 상류로 노를 젓는 것은 흐름을 따라 하류로 움직이는 것보다 훨씬 어렵다. 스냅 사진은 물은 보여주지만 물의 움직임, 즉 이곳에서 저곳으로 이동하는 끊임없는 힘은 보여주지 못한다. "강은 흐른다."

강의 흐름을 바꾸고 싶은 경우 댐을 건설할 수 있지만 비용이 많이 들 뿐 아니라 실패할 수도 있다.

대안은 강의 자연스러운 흐름을 활용할 수 있는 작은 수로를 파는 것이다. 흐르기 쉽게 만들면 강물은 그에 순응할 것이다.

작은 수로는 조만간 급류로 바뀌고, 급류는 다시 강 자체가 된다.

## 14.
## 어떤 집단에 속해 있는가?

새들은 왜 무리 지어 날아갈까? 새가 대열에 합류하는 이유는 무엇일까? 선두에서 날아가는 새가 항상 선두에 머무르지는 않는다는 사실이 밝혀졌다. 새들은 교대로 대형의 선두를 맡는다. 그들은 그렇게 효율적인 이동 시스템을 찾는 쪽으로 진화했다.

이는 사람에게도 적용된다. 커뮤니티에 참여해 이익을 얻을 수 있는 시스템은 진화하기 마련이다.

우리 대부분은 일용할 물을 길으러 냇가로 가지 않는다. 대신 도시 인프라에 속한 상수도 처리시설의 파이프에서 물을 얻기 위해 약간의 요금을 지불하기로 했다.

우리는 만나는 모든 사람에게 우리의 지위와 지식수준을 납득시키려 애쓰지 않는다. 대신 시간과 돈을 투자해 교육기관의 증서를 취득하려 노력한다.

그리고 늘 단독으로 일하는 누구도 혼자가 아니다. 우리는 특정 집단이나 산업, 즉 입력과 출력을 취해 모든 참여자에게 가치 있는 무언가로 전환하는 시스템의 일부다.

시스템은 인간이 필요를 충족하기 위해 참여하는 모든 곳에 존재한다. 때로는 우리가 원하는 것보다 더 오래 지속되기도 한다. 때로는 우리가 원하지 않는 방향으로 움직이기도 한다. 시스템은 종종 문화적인 데다가 눈에 보이지 않아 알아채기도 어렵다.

하지만 시스템은 우리의 삶을 정의한다.


## 15.
## 성공적인 시스템

시스템에는 역할과 규칙, 입력과 출력, 보상과 처벌이 존재한다.
피드백 루프와 권력 역학, 계층 구조도 있다. 시스템은 현상現狀
을 창출해놓고 이를 방어한다.

시스템은 눈에 보이지 않을 수 있지만, 시스템에 참여하는 사
람들은 그것의 확산력을 느끼며 시스템에 힘이 있다는 사실을
이해한다. 그리고 효과적인 시스템은 그 시스템을 정의하는 결
과물을 만들어낸다.

대학 입시나 군산 복합체, 심지어 자본주의와 같은 거대하고
부유한 시스템도 있지만, 어떤 활기 넘치는 동네나 비영리단체
이사회의 의사결정 방식과 같은 작은 시스템도 존재한다. 가정
역시 하나의 시스템이다.

우리는 자본주의를 바꿀 수 없다. 자본주의에 흠집조차 낼 수
없다. 하지만 더 큰 시스템 내에서 작용하는 다양한 문화적 경계

와 지위 역할을 만들어 소비자나 직원, 투자자의 인센티브를 바꿀 수 있다.

시스템은 저녁 식사에 대한 결정권을 논하는 핵가족처럼 작을 수도, 기후변화에 대한 대처 방안을 강구하는 80억 인구처럼 거대할 수도 있다.

시스템 안에도 시스템이 있다. 끝없이 얽힌 다양한 규모의 시스템이 서로 영향을 미친다.


## 16.
## 현실은 레고가 아니다

아이들이 레고에 빠지는 이유 중 하나는 적절한 블록을 찾아 원하는 모양을 조립할 수 있어서다. 완성된 조립품은 다시 분해해서 재조립할 수도 있고, 다른 모양으로 전환할 수도 있다.

아이들은 그런 요소에 만족감을 느끼는데, 현실과는 다소 동떨어진 요소이기도 하다.

핫휠Hot Wheels 장난감 자동차는 또 다르다. 분해해서 재조립하려면 상당한 기술이 필요하다. 분해하는 과정에서 부품이 변형되기 십상이기 때문이다.

전문가들은 수백만 달러짜리 비행기들의 부품을 교체할 수 있다고 장담하지만, 컴퓨터 칩이나 위젯을 더는 구할 수 없게 되는 바람에 고장 난 비행기가 다시 날아오르지 못하는 경우도 심심치 않게 발생한다.

시스템은 비행기보다 훨씬 더 복잡하다. 이것이 시스템의 진정한 본질이다. 시스템은 단순히 만들어진 객체가 아니라 그러한 객체와 자연 세계의 접촉이다. 문화와 인간관계, 자연, 혼돈의 복잡한 상호작용이다.

같은 강물에 두 번 발을 담글 수 없는 이유는 첫 번째 발자국이 강을 바꾸기 때문이다. 그리고 그것은 당신도 변화시키기 마련이다.

## 17.
### 시스템에 대한 2가지 오해

* 우리에게 무한한 힘을 제공한다.
* 우리에게 아무런 힘도 주지 않는다.

우리는 시스템이 우리의 바람을 따르도록 명령할 수 없다. 우리에게 전략이 필요한 이유가 바로 여기에 있다. 우리 문화의 그릇된 신화 중 하나는 충분히 열심히 일하고, 충분히 요구하며, 충분히 주장하기만 하면 우리 각자가 무한한 주체성을 누릴 수 있다는 것이다.

하지만 시스템은 변화에 저항하거나 반발한다.

당신이 가진 힘은 무한과 제로(0) 사이의 어딘가에 위치한다.

당신은 그동안 환경에 순응하면서 시스템에 속한 하찮은 부품이었거나, (더 나쁜 경우) 시스템의 희생자가 됐을지도 모른다.

하지만 우리는 결코 무력하지 않다. 끈기와 아량으로 다른 사람들을 규합하는 개인들이 세상을 바꾸며, 그런 일은 일상적으로 벌어지고 있다. 올바른 전략과 자원만 갖추면 우리는 (매번은 아니겠지만) 때때로 영향력을 발휘할 수 있다.

건축가 벅민스터 풀러Buckminster Fuller는 무언가를 근본적으로 바꾸려면 기존 시스템을 쓸모없게 만드는 새로운 시스템을 구축해야 한다고 가르쳤다.

하지만 우리는 새로운 시스템을 구축하려는 유혹과 천문학자 칼 세이건Carl Sagan의 통찰력 사이에서 균형을 잡아야 한다. 칼 세이건은 말했다. "무에서 유를 창조하듯 사과 파이를 만들고자 한다면, 먼저 우주부터 창조해야 한다."

우리가 구축하는 그 어떤 것도 무에서 유를 창조, 즉 아무것도 없는 상태에서 무언가를 시작할 가능성은 거의 없다. 그러나 시간을 들여 집중하면 중요한 시스템을 바꿀 지렛대를 찾을 수 있다.

# 18.

## 자연 시스템과 인공 시스템, 그리고 복합 시스템

비행기 제작 공정은 설계자와 제조사가 설계도와 반조립품, 매뉴얼 등을 활용하여 자신들이 통제할 수 있다고 믿는 것을 창출하는 인공 시스템이다.

그러나 인공 시스템은 조금이라도 복잡해지면 예상치 못한 결과를 내기 시작한다. 타코마 내로우스 다리가 무너진 이유는 엔지니어들이 (무게가 수백만 kg인) 다리 전체가 일정 수준 이상의 강풍에 노출되는 경우 흔들리고 붕괴하는 '조화 공진 현상'을 고려하지 않았기 때문이다.

기업의 관료제 역시 인공 시스템이지만, 복합 시스템이기도 하다. 그것은 그 누구도, 인사부서의 직원들조차도 예측할 수 없는 방식으로 작동하곤 한다.

복합 시스템은 예상치 못한 결과 또는 예측 불가능한 결과를 만들어낸다. 우리가 기대하는 방식대로 결정론적이지 않고, 개연적이며, 불안정하다.

수십 년 전 제너럴모터스는 애초에 평범하고 형편없는 자동차를 설계할 생각이 없었지만, 결국 그렇게 하게 됐다. 포드자동차는 결코 폭발로 사람을 죽일 계획으로 소형차 핀토Pinto를 설계하지 않았다.

특정한 결과가 반드시 계획을 필요로 하는 것은 아니다. 사실, 계획에 없던 결과가 나오는 일이 더 흔하다.

## 19.
## 무엇이 시스템을 만드는가?

인공 시스템에는 대개 다음과 같은 공통 요소가 있다.

* 경계: 출발 지점과 종료 지점이 있고, 영역이나 범위를 정의하는 한계가 있다.
* 혜택: 사람들은 시스템이 약속하는 혜택을 믿기 때문에 자발적으로 참여한다.
* 방관자: 시스템에 참여하고 싶지 않은 사람들도 시스템에 연루되는 경우가 많다.
* 정보 흐름: 이해와 기대치를 공유하는 것이 신뢰와 효율성을 창출한다.
* 안정성: 시스템은 참여자들에게 미래에 대한 신뢰할 수 있는 그림을 제공한다.
* 프로토콜: 일의 처리 방식에 대한 약식과 프로세스, 방법 등이 있다.
* 역할: 시스템 참여자는 자신의 행위를 통해 지위와 소속감

을 추구하거나 획득한다.

* 회복탄력성 및 피드백 루프: 무언가가 시스템을 방해하는 경우, 시스템은 이를 밀어내고 균형을 회복하려 한다.
* 편의성 및 효율성: 시스템은 완벽하지 않더라도 참여자들의 지원을 유도하는 결과물을 제공한다.
* 부작용: 어떤 시스템이든 참여자나 비참여자에게 이상적이지 않은 결과를 안겨줄 수 있다.


우리 주변의 시스템을 몇 가지 적시하면 다음과 같다.
* 프로 스포츠
* 스타벅스
* 종교적 관습
* 초콜릿 산업
* 지역 의용 소방대
* 지역 오케스트라
* 아이다호주 보이시Boise 지역의 데이트 장면(데이트 문화)

참여자들의 의사결정은 자발적으로 이뤄지는 것처럼 느껴질 수 있다. 하지만 시스템은 각각의 결정을 통해 각 참여자에게 영향력을 행사한다.

각 결정은 결국 모든 기대치와 피드백 루프, 눈에 보이거나 보이지 않는 규칙의 총합이다.

## 20.

# 시스템의 지속성

오랜 세월 인류에게 너무 익숙해진 나머지 눈에 안 보이게 되었는지 모르지만, 시스템은 어디에나 존재한다. 시스템은 우리의 인식과 행동을 변화시킨다. 하지만 우리가 원하거나 필요로 하는 것을 항상 제공하는 것도 아니다. 그럼에도 시스템이 계속 유지되는 이유는 무엇일까?

* 현상 유지: 사람들이 서로 조화를 이뤄 네트워크 및 그룹을 형성하고 나면, 특정 종류의 변화에 대한 사람들의 혐오감이 배가되어 현재의 상태를 그대로 유지하는 것이 디폴트가 된다.

* 매몰 비용: 일단 어떤 일에 시간이나 노력, 돈, 감정 등을 투자하고 나면, 그것이 꼭 필요한 것이 아니더라도 포기하기 어려워진다.

* 상호운용성: 연결할 수 있는 커넥터, 이해할 수 있는 언어, 효율성을 극대화하는 절차 등 시스템이 현재의 방식으로 작동하는 데는 실용적인 이유가 있다. 블루투스를 지원하지 않는 휴대폰은 아무도 사고 싶어 하지 않는다.

* 지위 역할: 계층 구조는 권력을 가진 사람들에게 유리하며, 그들은 이를 유지하려고 노력한다. 또한 나머지 모두에게

해당 시스템이 지위를 얻을 수 있는 최선의 방법이라고 설득하려 애쓴다.

*   소속감: 문화란 "우리 같은 사람들은 이런 식으로 움직인다."는 것이다. 인간은 공동체에서 위안과 만족, 안전을 찾으며, 소속에 대한 욕구는 기존 시스템의 유지에 기여한다.

이 모든 것을 뒤집기는 어려운 일이다. 보다 회복탄력적이고 전략적인 방법은 시스템에 정면으로 맞서 싸우는 대신 시스템을 활용할 길을 찾는 것이다.

자동차 속도계의 숫자가 높다고 항상 목적지까지 빨리 가고 있음을 뜻하지는 않는다. 정말 빠르게, 빙빙 돌고 있을 수도 있잖은가.

당신은 더 잘할 수 있다. 당신이 어떤 전략을 가져야 하는지 말해줄 수는 없지만, 당신에게 전략이 필요하다는 것은 알고 있다.

# 21.

## 고급 도자기에서 수중 헤드폰까지

문화 시스템은 점진적으로 진화한다.

1759년, 조시아 웨지우드 Josiah Wedgwood는 새로운 생산 기법을 사용하여 세련된 대량 생산 도자기 세트를 세상에 선보였다.

1843년, 에이다 러브레이스 Ada Lovelace는 오늘날까지도 컴퓨터 프로그래밍에 영향을 미치는 획기적인 연구를 했다.

1861년, 존 워너메이커 John Wanamaker는 선구적으로 가격정찰제를 도입했다.

1911년경, 프레더릭 테일러 Frederick Taylor는 과학적 관리에 관한 아이디어를 발표하여 생산성과 품질을 획기적으로 향상시켰다.

1951년, 릴리안 버논 Lillian Vernon은 최초로 카탈로그를 배달해서 우편통신으로 물품을 판매하는 마케팅을 선보였다.

1956년부터 사용되기 시작한 범용 철제 운송 컨테이너는 완제품을 전 세계로 배송하는 과정을 훨씬 더 신뢰할 수 있고 저렴하게 만들었으며, 결국 월마트와 같은 기업들이 소매업을 혁신할 수 있도록 도왔다.

1967년 AT&T에서 도입한 수신자 부담 전화번호 서비스는 소비자와 기업을 직접 연결시켰고, 1950년에 출시된 신용카드를 사용하여 직접 물건을 구매할 수 있게 했다.

1992년, 요요다인Yoyodyne이 개발한 윤리적 이메일 마케팅은 전자 주문 시대를 열었고, 몇 년 후 웹브라우저가 도입되면서 전자 주문은 극적으로 확대되었다.

그리고 아마존Amazon이 모든 요소를 엮어 종합 시스템을 창출했다.

이 모든 과정이 오늘날 내가 어떻게 온라인으로 샥즈Shokz 수중 MP3 헤드폰을 다음 날 집으로 배송받을 수 있는지, 그리고 어째서 웨지우드 시절의 2달러에 해당하는 비용만 들이고도 살 수 있는지를 설명한다.

## 22.
### 던컨 하인즈(그리고 니나 자갓)

던컨 하인즈Duncan Hines는 약 100년 전 미국 중서부 지역에서 활동하던 인쇄출판물 세일즈맨이었다.

당시에는 식당에 대한 위생검열 제도가 없었기에 낯선 마을을 방문해 식사하는 것에 큰 리스크가 따랐다. 식중독이 흔히 발생했다.

던컨은 식도락가였고, 자동차가 대중화되면서 여행도 많이 다녔다.

던컨은 자신의 인쇄 관련 전문지식과 음식에 대한 애정을 결합하여 여행자를 위한 레스토랑 가이드 〈즐거운 식사를 위한 모험〉을 출간했다. 여행자가 근사한 식사를 안전하게 즐기도록 식당을 찾는 데 초점을 맞춘 가이드였다.

첫해에 그는 수백 명의 지인들에게 크리스마스 선물로 그 책을 보냈다. 이후 수년에 걸쳐 수요가 늘어나자 던컨은 가이드를 판매하기 시작했다.

그리고 얼마 지나지 않아 레스토랑 이곳저곳에서 등재에 관한 문의가 들어왔다. 등재에 뒤따르는 트래픽과 지위가 그들에게 매우 가치 있는 것이었다.

하인즈는 레스토랑들에 가이드에 포함될 수 있는 기회를 제공했다. 수수료를 지불하면 검열관을 보내 실사한 후 결정하는 방식이었다. 실사를 통과한 식당은 가이드에 등재될 뿐 아니라 출입구 옆에 붙일 수 있는 표지판도 제공받았다.

이러한 명성 제고 방식이 확산되면서 전국 곳곳 식당들의 식품 안전이 획기적으로 개선되었다. 던컨의 프로젝트가 수백만 명의 건강 향상에 이바지한 셈이다. 아울러 그것은 그에게 부와 명성을 안겨주었고, 결국 라이선스 계약으로 이어져 오늘날에도 미국은 물론이고 세계 곳곳의 슈퍼마켓에서 던컨하인즈 상표가 붙은 케이크 믹스 등이 판매되고 있다.

몇 세대가 지난 후, 뉴욕의 팀 자갓<sup>Tim Zagat</sup>과 니나<sup>Nina</sup> 부부는

뉴욕의 레스토랑들을 소개하는 〈자갓 서베이〉를 만들었다. 둘 다 변호사였던 자갓 부부는 가이드에 특별한 관점을 담았다. 일주일에 서너 차례 저녁 외식을 즐기는 사람들이 선호할 만한 레스토랑을 선별하는 것이었다. 친구들과 친구의 친구들에게 리뷰를 요청해 구성한 이 책에는 수천 개의 레스토랑이 짧고 독특한 인사이트와 함께 나열되어 있었다.

그리고 각 레스토랑에 대해 3가지 수치로 평점을 매겼다.

결과는? 뉴욕을 비롯한 전국의 레스토랑들이 이 가이드에서 좋은 점수를 받기 위해 사업 방식을 바꾸었다.

DNA 검사나 여권, 디지털 감시, 순위, 회원 명단, SAT 점수 등은 모두 데이터를 취합해 정보로 전환하기 때문에 큰 영향력을 발휘할 수 있다.

정보는 시스템을 변화시킨다.


## 23.
## 개는 모두 잡종견이다

순종을 그토록 가치 있게 만드는 유일한 이유는 협회에서 붙여주는 라벨이다.

미국켄넬클럽AKC 및 여타 단체에서 개발한 프로필과 일치하는 개를 키우는 사육자나 소유주에게 지위가 부여된다. 그리고 그들은 시스템에 기꺼이 헌신한다.

그 결과 근친 교배로 인한 건강 위기가 발생하고, 사육자들로부터 거부당하거나 분양되지 못하는 강아지들이 보호소에 넘쳐나는 상황이 벌어진다.

미국에는 거의 1억 마리의 개가 있는데, 이들 모두 누군가가 정한 품종 기준을 따르는 단순한 규칙의 영향을 받는다.

## 24.
### 언론이 바꾼 대학 순위

〈유에스뉴스&월드리포트U.S. News & World Report〉는 〈타임〉과 〈뉴스위크〉에 밀려 3위권에서 고전하던 주간지였다.

그들은 수지 타산을 맞추기 위한 목적으로 미국 내 대학들의 순위를 매긴 특별 보고서를 발표했다.

초판은 제한된 데이터와 약간의 직관에 의존한 상당히 비공식적인 순위를 담았다.

하지만 이 보고서가 인기를 끌며 약간의 수익까지 안겨주자 그들은 재투자를 통해 해당 가이드를 자체적인 사업으로 전환하기로 결정했다.

대학 총장들의 저항과 반발에도 굴하지 않고 그들은 다양한 연구조사 방식을 도입하고 수많은 변수를 추가했다. 교육기관 같은 다양한 객체의 순위를 매기는 것은 거의 불가능에 가깝지만, 어쨌든 그들은 해냈다.

해당 순위가 여기저기서 주목받고 받아들여지는 분위기가 형성되자 각 대학에 지위가 부여되기 시작했다. 물론 기존의 지위를 상실하는 대학도 생겨났다. 대학들에서는 순위 게임의 원리와 그 작용 방식을 파악하고 순위를 올리기 위해 전담 직원들을 배치하기 시작했다.

그리고 다음과 같은 부작용이 발생했다.

* 대학들이 스포츠 시설에 대한 지출을 급격히 늘렸다.
* 컬럼비아 대학 등이 자체 보고 통계를 조작하다가 적발되는 스캔들이 발생했다.
* 많은 대학이 낮은 순위에 대응하기 위해 커리큘럼과 성적 관리 방식을 바꾸었다.
* 어떤 대학들은 경쟁률을 높이고자 상위권 학생들이 간단히 작성할 수 있는 지원서를 고안했다.

한 외부인이 이야기를 만들고 라벨을 붙이고 계급을 발표함으로써 미국이라는 나라가 건국되기 전부터 존재하던 시스템을 바꾼 사례다.

## 25.

## 계량기의 위치

환경학자 도넬라 메도스Donella Meadows는 덴마크의 한 연구원에게 들은 이야기를 공유했다. 1973년 그들이 암스테르담의 한 교외 지역을 조사했는데, 모두 비슷비슷한 집들로 구성된 동네였다.

어떤 집들은 전기 계량기가 지하실에, 어떤 집들은 현관에 있었다. 계량기가 현관에 있는 집의 주민들은 나가고 들어올 때마다 전력 사용량을 확인할 수밖에 없었다.

다른 모든 조건이 동일하다고 가정했을 때, 계량기가 보이는 집은 그렇지 않은 집보다 전기 사용량이 1/3 정도 적었다.

## 26.

## 초콜릿 시스템

초콜릿의 원료인 카카오를 재배하는 농부들은 세계에서 가장 낮은 임금을 받는 노동자군에 속한다. 카카오의 양대 생산국인 가나와 코트디부아르에서는 사람들이 상품화 시스템 안에서 끝없이 고된 노동에 시달리지만, 그렇게 생산되는 초콜릿의 맛과 품질, 혁신에 대해 제대로 보상받지 못한다.

상품 초콜릿은 값이 싸다. 맛 자체에 민감하거나 까다로운 소비자보다는 편의성, 가격, 상품을 통한 사회적 교류에 더 관심이 많은 소비자를 겨냥한다.

여기에는 몇 가지 시스템이 작용한다. 먼저 규모 확대, 수익성, 안정성을 추구하는 기업 산업 복합체가 있다. 또 관료들이 사회적 공익과 업계의 이익 및 안정성 사이에서 균형을 잡게 만드는 정부 규제 시스템이 있다. 그리고 할인행사 등의 프로모션과 편의성을 중시하는 소비자에 반응하는 마케팅 시스템도 있다.

하나의 문화 현상으로 자리 잡은 할로윈은 대형 초콜릿 생산업체들에 큰 이익을 안겨준다. 연간 매출의 15%가 이 단일 축제와 연관된다. 결국 이 시즌에 중요한 핵심 지표는 맛이나 지속 가능성이 아니라 시장 점유율과 수익이 된다.

2003년, 네덜란드 저널리스트 톤 반 더 큐큰Teun van de Keuken은 상품 초콜릿 시장의 노예 노동에 대해 보도했다. 그의 초기 계획은 여론을 조성해 정부와 대형 초콜릿 회사들이 시스템을 바꾸도록 압박하는 것이었다.

하지만 변함없는 시스템에 좌절한 그는 결국 직접 생산자가 되었고, 그렇게 설립한 회사가 토니스 초코론리Tony's Chocolonely였다. 자기 홀로 외로운 목소리를 낸다는 의미로 지은 회사명이다. 토니스는 현재 네덜란드에서 가장 큰 초콜릿 제조업체 중 하나로 네덜란드 시장의 약 20%를 점유하고 있다. 토니스 초콜릿은 카카오 재배 단계에서 완제품에 이르기까지 철저한 검증 과정을 거치며 소비자에게 색다른 이야기와 더 맛있는 선택지, 더 나은 방향을 제공한다.

미국에서는 숀 아스키노지Shawn Askinosie가 유사한 길을 걸으며 공개 경영과 윤리적 원료 조달, 카카오 재배 농부들에 대한 보상 증대(더 맛있는 초콜릿을 만드는 데도 도움이 된다) 등의 원칙을 세우고 사업을 시작했다. 숀은 새로운 산업에 헌신과 용기를 불어넣었고, 그 결과 초콜릿 산업 운영방식의 표준이 바뀌었다.

세 번째 기업인 오리지널 빈스Original Beans는 새로운 시스템의 가능성을 보고 이를 더욱 발전시키는 데 헌신했다. 제품 제조 과정을 철저히 검증하고 수익 일부를 환경 재생에 투자하는 동시에 초콜릿 본래의 고풍스러운 맛을 되살리기 위해 노력했다(어떤 사람들은 기꺼이 그 맛에 추가 비용을 지불한다).

숀이나 토니스, 오리지널 빈스가 할로윈을 바꾸지는 못할 것이다. 하지만 이들이 창출하는 선택지는 모든 단계에서 시스템에 압력을 가한다. 이제 정부는 초콜릿의 원료 생산자까지 추적하는 것은 불가능하다는 업계의 변명을 쉽게 받아들이지 않는다. 소매업체들은 축제 시즌에만 쓰레기나 다름없는 재고를 밀어내려 애쓰지 않아도 된다는 것을, 연중 내내 수익을 낼 수 있다는 사실을 깨닫고 있다. 그리고 지위와 소속감을 추구하는 소비자들은, 특히 친구나 동료가 보다 나은 대안을 강조한다면, 이 새로운 이야기에 동참할 것이다.

'더 나은 것'은 까다로운 목표다. 시스템은 현상을 유지하려는 경향을 보인다. 점진적으로 문화에 변화를 일으킬 수 있는 레버리지 포인트지렛대 효과점 – 옮긴이가 발견되기 전까지는 그렇다.

수평적 변화는 용감한 리더십보다 눈에 띄지는 않지만, 훨씬 더 중요하다.

영화에는 주인공이 필요하다. 기업에는 CEO가 필요하다. 발명에는 발명가가 필요하다.

하지만 대부분의 시스템을 움직이는 원동력은 문화이며, 문화는 사람들이 상호작용한 결과다. 상황을 좌우할 수 있는 권력을 가진 사람에게만 의존하면 전략은 제대로 먹히지 않을 수 있다.

정원을 가꾸고 싶다면 씨앗부터 심어야 한다. 그러나 그 이후에 전개되는 상황은 상당 부분 생태계와 기후가 결정한다.

우리의 임무는 계획을 세운 다음 해당 프로젝트가 이미 존재하는 시스템들 사이로 확산할 여건을 조성하는 것이다.

# 27.

## 만만치 않은 게임

인슐린 투여량을 적절히 맞추는 것은 일종의 게임이다. 의회에서 농장 법안을 통과시키는 것도 게임이다. 일자리를 찾는 것도 게임이다.

내가 움직이면 시스템(실제로는 시스템 내의 누군가)이 그에 상응하여 움직인다. 관심, 자원, 자리를 차지하기 위한 경쟁이 늘 벌어지고 그 결과가 나타난다.

종종 무작위적인 요소도 작용한다. 완벽한 게임 플레이어는 없으며 매번 승리하는 사람도 없다.

우리 몸도 하나의 시스템이다. 당뇨병이 있다면 인슐린을 적정량 투여하는 일은 쉽지 않다. 이는 우리의 신체 시스템이 자체적으로 건강과 웰빙에 최적화되어 있지 않기 때문이다. 인슐린을 너무 많이 투여하면 시스템이 건강 상태를 한 방향으로만 밀어내고, 너무 적게 투여하면 다른 방향으로 끌어당긴다.

구직이라는 게임은 희소성과 기회가 맞물려 돌아가는 시스템이다. 구직자의 모든 행위에는 노력이 필요하며, 때로는 이러한 행위가 시간이 지나면서 원하는 일자리로 이어지기도 한다.

이처럼 만만치 않은 게임들이 우리가 참여하길 택하든, 그렇지 않든 우리 주변에 널려 있다.

## 28.
## 모든 전략에는 게임이 따른다

어떤 게임이든 다음의 요소를 포함한다. 플레이어, 규칙, 희소성, 선택, 피드백 루프, 결과.

프로젝트를 게임이라고 칭하면 우리는 작업을 객관화하고, 접근방식에 유연성을 취하며, 무엇보다도 프로젝트에 대해 논할 기회를 얻을 수 있다. 그동안 똑똑한 사람들은 핵 확산에서 공공보건, 포커 등에 이르기까지 다양한 분야의 '게임'을 연구해왔으며, 우리는 그들의 연구로부터 많은 것을 배울 수 있다.

다음은 게임에 대해 일반적인 사실로 통하는 몇 가지 사항이다.

* 즐겨야만 게임이 되는 것은 아니다.
* 인식하든 그러지 못하든 우리는 게임을 하고 있으며, 게임을 이해하면 더 잘 플레이할 수 있다.
* 게임의 결과는 종종 내가 얼마큼 이기고 싶은지와 상관이 없다.
* 플레이하는 사람마다 게임을 바라보는 시각이 다르다.
* 어떤 게임은 쉽게 그만둘 수 있지만, 어떤 게임은 영원히 지속된다.
* 같은 게임을 하더라도 모든 플레이어가 같은 규칙을 따르

거나 같은 목표를 갖는 것은 아니다.

* 플레이에 따라 변화가 생기기 때문에, 어떤 게임도 오랫동안 이전과 같은 상태로 유지할 수 없다.

* 단기적 이득이 장기적 손실로 이어질 수 있다. 그 반대의 경우도 마찬가지다.

* 때로는 다른 사람의 성공을 돕는 것이 이기는 가장 좋은 방법이 될 수 있다.

* 큰 게임은 작은 게임들로 구성되며, 계속 더 작은 단위로 나뉠 수 있다.

* 대부분 게임은 공정하지 않으며, 어떤 게임은 아예 이길 수 없다.

* 특정 게임에서 가장 가치 있는 기술이 다른 게임에서는 쓸모없을 수도 있다.

* 어떤 게임은 이길수록 쉬워지고, 어떤 게임은 이길수록 어려워진다.

* 주어진 모든 게임에 참여할 필요는 없다.

* 멀티 플레이어 게임이 때로는 2인용 게임으로 위장되기도 한다.

* 우리는 애초에 어떤 게임을 플레이할지 고민하는 것보다 지금 플레이 중인 게임에서 이기는 방법을 찾는 데 더 많은 시간을 할애하기도 한다.

## 29.
### 우리는 모두 시간 여행자다

그리고 우리는 모두 농부다.

오늘 심은 씨앗은 몇 주 또는 몇 달 후에야 자라기 시작한다.

우리가 지원하는 시스템, 우리가 교류하는 사람들, 우리가 일으키는 야단법석은 모두 오늘을 위한 것이 아니라 내일을 위한 것이다.

우리는 지금 여기에 있지만, 미래를 위해 살고 있다. 우리는 역사를 만들고 있다.

만약 당신에게 내일이라는 기회가 계속 다시 주어지는 거라면, 이제 무엇을 다르게 하겠는가?


## 30.
### 시간의 흐름

시간은 모든 일이 한꺼번에 일어나지 않도록 만드는, 자연의 섭리다.

사람들이 진화의 본질이나 다윈의 이론, 심지어 복리 개념조차 이해하기 어려워하는 이유는 시간의 흐름을 제대로 보지 못하기 때문이다.

아마도 우리는 과거에 일어난 모든 일 때문에 지금 여기에 있는지도 모른다.

하지만 이보다 더 유용한 깨달음은 미래가 우리에게 달려 있다는 사실을 깨닫는 것이다.

창밖에는 바로 지금, 여기라는 세상이 존재한다.

하지만 우리는 어제 또한 기억한다. 우리가 어떤 사람이었는지, 무슨 일이 있었는지.

그리고 내일이 있다는 것도 알고 있다. 오늘 우리가 행동하면 곧 어떤 일이든 일어나기 마련이다.

우리는 다가올 날들을 위해 투자할 수도 있고 투자를 철회할 수도 있다. 우리는 오늘 우리가 하는 일의 대가를 지불할 수도, 혜택을 누릴 수도 있다.

우리는 대부분 변화의 흐름에 떠밀리며 어제와 오늘을 방관자처럼 보낸다. 그러나 우리가 최선을 다한다면, 의도적으로 미래를 창조할 수 있다. 미래는 더 나아지기 위해 우리에게 의존한다.

전략은 내일을 개선하기 위해 오늘 무엇을 할 것인지 선택하는 힘든 작업이다.

## 31.

## 방법은 있다

우리가 시스템을 만들거나 시스템이 우리를 만든다.

전략을 세운다는 것은 우리의 목표와 통찰을 연결하고 자원을 이용해 이를 증폭시켜 변화를 일으킨다는 의미다. 여기서 마련하는 청사진이 바로 우리가 전념할 수 있는 실행 가능한 전략이다.

다음의 17가지 질문은 우리가 해야 할 작업을 알려준다. 이 질문들은 내일을 바로 지금 이곳으로 앞당겨 전략을 구체화하도록 돕는다.

* 우리는 누구를 위해 일하는가?

* 우리가 이루고자 하는 변화는 무엇인가?

* 우리의 자원은 무엇인가?

* 우리가 종사하는 분야와 장르는 구체적으로 무엇인가?

* 이전에 이와 비슷한 일을 한 사람은 누구인가?

* 어떤 시스템들이 작용하고 있는가?

* 우리가 누군가의 지위를 바꾸고 있는가?

* 자발적으로 이 장르에 참여하는 사람이 있다면 그 이유는 무엇인가?

* 그들은 동료들에게 뭐라고 말하는가?

* 이 일을 지원함으로써 지위나 소속감, 권력을 얻는 사람은 누구인가?

* 초기의 지원이 나중에 더 많은 지원으로 이어질 것인가?

* 네트워크 효과는 어디서 발생하는가?

* 이 일을 성공시키려면 무엇을 배워야 하는가?

* 누구와 함께 일해야 하는가?

* 어느 시점에 고비가 찾아오고 언제 그만둬야 하는가?

* 잘 안 풀리는 경우 어떻게 해야 하는가?

* 만족스러운 목표점이 어디인가?

어쩌면 이런 질문들은 우유 배달원이나 영화배우, 미국 상원의원이 되고 싶은 사람들을 짜증 나게 만들지도 모른다. 우리는 당장 일자리를 찾아 그에 맞춰 움직이고픈 유혹에 빠지곤 한다. 하지만 이들 질문은 우리에게 전략을 세우라고, 단계별 경로를 찾으라고 요구한다. 우리는 너무도 빈번히 하고 싶은 일부터 선택한 후, 그에 맞춰 거꾸로 질문에 대한 답을 찾는다. 이는 오만하기 짝이 없는, 시스템의 현실로부터 고립되기 쉬운 행태다.

전략을 제대로 세워야 우리가 하는 일에서 더 쉽게 목표를 달성하고 성취감을 느낄 수 있다.

## 32.

## '단순화'의 진짜 의미

우리는 쉽사리 꿈과 사랑에 빠진다. 작은 서점을 여는 것이 꿈일 수도 있고, SNS 인플루언서가 되는 것이 꿈일 수도 있다. 직장에서 승진하거나 커뮤니티를 조직하는 것일 수도 있다.

우리는 열정을 좇아 좋아하는 일을 하면 성공이 따라온다고 배웠다.

하지만 안타깝게도 우리의 열정과 직관적 본능은 우리가 하고자 하는 일이나 일으키고자 하는 변화를 지원하지 않는 시스템에서 비롯된 것일 수도 있다. 쥐는 누군가가 미로를 만들어놨다는 사실을 모른다.

우리의 열정과 사랑이 어쩌면 '뭔가 잘 풀릴 것 같다.'라는 막연한 낙관에 기댈 수도 있다는 말이다. 하지만 우리는 무의식적으로 무엇이 가능한지 알게 되고, 그 길에 집중하고 헌신하며, 그 길은 곧 우리의 정체성이 된다. 시나리오를 쓰고자 하는 열정을 품는다면, 그것은 어쩌면 영화라는 것이 존재하는 세상에서 성장했기 때문이다. 400년 전에는 누구도 오스카상을 꿈꾸며 자라지 않았다.

많은 아이가 프로야구 선수를 꿈꾸는 클리블랜드에서 자신의 꿈이 대장장이라고 말하는 아이는 거의 없다. 우리는 특정한 열정을 타고나지 않는다. 열정은 우리가 접하는 것들과 주변의 기대에 따라 생성되는 것이다. 왜 그런 열정을 갖게 되었는지 잘 설명할 수 없을 때조차도 그렇다.

우리 존재의 진정한 목적은 어쩌면 누군가에게 도움이 되고, 생산성을 높이며, 차이를 만드는 것일 수 있다. 다시 말해 정교한 전략을 수립하는 것이다. 하지만 무엇도 여정보다 중요하지 않다. 프로젝트가 항상 성공하진 않더라도 그러한 경로를 따르는 것이 가치 있는 일이다. 여기서 저기로 가기 위해 노력하는 과정 자체가 우리를 진정으로 살아 있게 하기 때문이다. 프로젝트가 없는 삶은 회색으로 시든다.

더 나은, 더 회복탄력적인 전략을 개발하는 힘든 작업은 현재 고수하고 있는 가정과 목표를 내려놓는 것에서 시작된다. "단순화한 다음 가벼움을 더하라." 로터스 자동차Lotus Cars의 창립자 콜린 채프먼Colin Chapman의 말을 되새겨볼 필요가 있다.

단순화해야 한다. 우리가 갇혀 있는 불필요한 복잡성은 두려움을 차단하기 위해 고안된 것일 뿐이다. 가벼움은 민첩성을 높여 회복력을 증대한다.

'단순화'는 영향력을 축소하거나 목표를 낮게 잡는 것을 의미하지 않는다. 그것은 당신이 책임지고 수행할 수 있는 전략을 선택하는 것을 의미한다. 방황하는 일반성이 아닌, 의미 있는 구체성을 추구하는 것이다. 논의하고 개선할 가치가 있는 전략, 설명하기는 쉽지만 고수하기는 어려운 전략을 택하는 것이다.

결과에 집착하면 충분히 수행할 수 있는 일도 하지 못하는 경우가 많다.


## 33.
## 유용한 전략과 회피 성향

명확히 정의하고 단순화한 후 전념하면, 유용한 전략은 자동으로 도전 과제를 부과한다.

만약 전략이 작동하지 않는다면? 그래도 미래를 약속하고, 감정적 수고와 시간, 노력을 요구하는 길에 들어섰다면 모든 책임은 우리가 져야 한다. 숨을 곳은 없다. 해볼 만한 프로젝트라도 실패할 가능성은 상존한다.

만약 전략이 잘 작동한다면? 현 상태를 기꺼이 포기하고 영향력을 발휘할 가능성을 받아들일 준비가 되어 있는가? 전략이 성공했을 때 그에 합당한 모습으로 변모할 각오가 되어 있는가?

우리에게는 종종 우리가 인정하고 싶은 것보다 더 많은 역할이 요구된다. 숨거나 회피하기는 쉽지만, 프로젝트는 우리가 모습을 드러내고 영향력을 발휘할 것을 요구한다.

경영학자 마이클 포터Michael Porter가 지적했듯이, 전략은 목표가 아니다. 또한 업무 목록도 아니다. 전략은 경쟁에서 승리하기 위해 우리가 내리는(그리고 고수하는) 일련의 선택이다. 어려운 선택일수록 리스크가 크다고 느껴지기에 회피하고 싶어지기 마련이다. 그리고 경쟁은 당연히 어려운 도전을 수반한다. 전략의 선택과 지속에 대해 진지하게 고민하는 것보다 사명선언문을 놓고 회의하는 것이 훨씬 쉬운 일이다.

## 34.
## 낮은 곳에는 과일이 없다

다 따갔기 때문이다.

쉽고 직접적이며 명백한 길은 그토록 열심히 얻고자 하는 결과를 안겨주지 않을 가능성이 높다. 사실 이러한 경로는 모종의 함정이다. 겉보기에 편리하고 만족스러운 것을 찾는 사람들을 이용해먹는 시스템의 일부다.

최고의 고용주는 직업소개소에서 인재를 구하지 않으며, 가장 가치 있는 프로젝트는 예상 성과가 명확하게 보이지 않는 경우가 많다.

## 35.

## 로마는 하루아침에 이루어졌다

물론 로마는 하루 만에 완성되지 않았다. 지금도 완성되지 않은 상태다.

하지만 형제들이 "이것이 로마다."라고 선언하자 로마는 존재하기 시작했다. 이루어졌지만 불완전했다.

이후 시스템을 개선하고 로마라는 공동체를 성장시키기 위해 지칠 줄 모르는 반복적인 노력을 쏟았다.

로마는 적절한 시기에, 적절한 장소에서, 적절한 철학으로 그 일을 시작했다.

그리고 매일, 로마는 더 나아졌다.

더 나아질 뿐, 완성된 것이 아니다.


## 36.

## 전화기 한 대는 아무런 쓸모가 없다

알렉산더 그레이엄 벨Alexander Graham Bell은 전화를 발명하지 않았다.

그는 또한 전 세계를 연결하지도, 800 무료 번호국제 수신자 부담 전화―옮긴이를 창안하지도, 스마트폰을 고안하지도 않았다.

그가 한 일은 벨 시스템을 구축한 것뿐이었다. 그는 지역 사업자들이 그들의 전화 네트워크를 더 큰 글로벌 네트워크에 연결할 수 있도록 프로토콜을 개발하고 라이선스를 부여했다.

획기적인 돌파구는 누구나 쉽게 알 수 있는 사실, 즉 사람들이 전화기를 구매하면 전화기를 가진 다른 사람과 통화하는 유용성을 얻을 수 있다는 점을 인식한 데 있었다. 이는 곧 시간이 지나면 모든 전화 사용자가 거대한 시스템에 합류하는 인센티브를 갖게 된다는 의미였다. 유용한 전화 네트워크를 구축하면 모든 전화 사용자가 결국 전화가 없는 지인들에게도 전화를 장만하라고 재촉할 터였다.

하지만 전화가 제공하는 속도와 효율성, 커뮤니티의 비범한 이점에도 불구하고 전화 가입자가 100만 명에 이르기까지 75년이 걸렸다. 당시에는 네트워크 구축이 쉽지 않아 가입자 유치가 매우 더디게 이뤄졌기 때문이다.

페이스북은 100만 명의 유저를 확보하는 데 10개월밖에 걸리지 않았다. 벨의 경우보다 100배나 빠른 속도다.

몇 년 후, 유튜버 미스터비스트Mr. Beast가 제작한 영상은 이틀만에 100만 조회 수에 도달했다.

이 글을 읽는 사람은 대부분 전화처럼 보편적이고 획기적인 무언가를 만들기 위해 노력하는 중이 아니겠지만, 네트워크 효

과를 이해하는 사람은 누구든 나름의 혜택을 입을 수 있다. 오늘
날 네트워크 효과는 어디에나 존재하며 과거의 벨이 상상조차
할 수 없었던 속도로 그 영향력을 발휘하기 때문이다.


## 37.
### 무인도 신화

무인도에 당신과 나 두 사람만 있다고 치자. 이 경우 우리의 모
든 상호작용은 바로 지금, 여기서 이루어진다.

하지만 현실은 이와 다르다.

당신이 살면서 접하는 모든 사람이 다른 누군가와 연결되어
있다. 수없이 많은 다른 사람과 말이다. 우리가 내리는 모든 결정
은 우리의 사회적 지위와 관계, 커뮤니티와 관련된다.

그리고 현실 세계에서는 시간이 매우 중요하게 작용한다. 오
늘 우리가 나누는 상호작용은 내일의 우리를 바꾸고 그 이후의
행보에도 영향을 미친다.

이것은 단순히 둘만의 문제가 아니다. 그리고 단순히 지금 여
기의 문제만도 아니다.

모두가 어떤 방에 함께 있고, 이 방은 오늘도, 내일도 여기에
존재한다.

네트워크는 시간을 따라 연결되는 커뮤니티 시스템이다.


## 38.
## 도시는 전염성이 있다

다른 곳에서 사람들이 이주해 오지 않는다면 도시 역시 시골처럼 인구 밀도가 낮을 것이다.

도시는 연결의 장이다. 도시는 이해관계가 다른 많은 사람이 함께 움직이기 때문에 작동한다. 성공적인 도시는 거기서 멀어지는 것보다 그 일부가 되는 것이 더 가치 있다고 느끼는 사람들이 많기에 존속한다.

'프로젝트, 네트워크 효과, 움직임, 연결이 곧 도시'라는 은유는 실제적이다. 도시는 변화를 일으킬 수 있는 기회를 가진 하나의 시스템이자 다른 시스템의 일부다.

우리는 도시가 번성할 조건을 창출할 수 있다. 억지로 끌려가기를 원하는 사람은 없지만, 중요한 무언가의 일부가 되고 싶어 하는 사람은 많다.

변화는 시간이 지나면서 일어난다. 조급함은 효과적인 전략을 약화시킨다.

## 39.

## 마지막 순간에 대한 분석

거래가 결렬되거나 팀이 경기에서 패하거나 파트너십이 위기에 처하는 경우, 가장 최근의 사건에 에너지를 집중하기 쉽다.

"만약 거기서 다르게 플레이했다면 어떻게 됐을까?"

이것은 실로 진짜 문제를 간과하는 실수다. 해당 문제를 일으킨 것은 마지막 순간이 아니라 첫 번째 아니면 중간 번째 순간이었을 가능성이 높다.

문제를 단박에 해결하는 영웅적인 순간을 찾는 일과 성공의 조건을 만드는 일은 매우 다른 성격의 프로젝트다.

## 40.

## 전략과 전술

1968년, 런던의 〈선데이타임스〉는 단독으로 세계 일주 항해에 성공하는 최초의 인물에게 큰 상금을 제공하겠다고 발표했다. 그들은 모험과 명예, 그리고 트로피까지 약속했다.

전략은 어디서 끝나고 전술은 어디서 시작되는가?

레이스에 참가하기로 결정한 용감한 선원들은 수없이 많은 결정을 내려야 했다. 어떤 종류의 배를 준비할 것인가? 수리가 쉬운 목재 선박을 마련할 것인가, 아니면 애초에 파손될 가능성이 적은 강철로 만들 것인가? 어떤 종류의 전자 장치를 탑재하고 어떤 종류의 백업 시스템을 갖춰야 하는가? 흠… 진정 레이스에 참가해야 하는가?

이러한 전략적 선택이 결국 승자를 결정짓는 요인이 되었다.

레이스가 시작된 후에는 전술이 중요한 역할을 했다. 제한된 시간과 선택지 속에서 전략을 뒷받침할 수 있는 최선의 선택은 무엇일까?

전술은 빠른 판단과 즉각적으로 쓸 수 있는 기술을 요구하며, 그 때문에 우리의 주의력과 에너지를 모두 고갈시킬 수 있다. 우리 대부분은 평생 전술을 훈련하고 전술에 초점을 맞추는 데 익숙하기에 종종 전략을 건너뛰는 우를 범한다.

전략은 목표에 대한 의식과 주변 시스템에 대한 인식에 기초한 철학이다. 그리고 전술은 전략을 뒷받침하기 위해 우리가 기울이는 노력이다.

세계 일주 항해의 우승자는 로빈 녹스-존스턴Robin Knox-Johnston이었다. 선박의 정비에 대한 그의 철학이 그가 도중에 직면한 문제들을 극복하는 데 큰 도움이 되었다. 그의 전략은 적절했고, 전술 또한 그 전략을 뒷받침하기에 충분히 훌륭했다.

강의 흐름을 바꾸고 싶으면 댐을 건설할 수 있지만 비용이 많이 들 뿐 아니라 실패할 수도 있다. 대안은 강의 흐름을 활용할 수 있는 작은 수로를 파는 것이다. 흐르기 쉽게 만들면 강물은 그에 순응할 것이다. 작은 수로는 조만간 급류로 바뀌고, 급류는 다시 강 자체가 된다.

# 41.
## 전략적 실천을 향하여

우리는 어쨌든 하루하루를 다양한 활동으로 채우며 산다. 하지만 그런 활동이 모두 변화를 이끌어내는 것은 아니다. 그렇다면 어떻게 해야 진정한 변화를 일으킬 수 있을까?

프로젝트에 노력을 기울이는 방법에는 3가지가 있다.

* 잡무와 과업
* 레버리지
* 감정적 수고

'잡무와 과업'은 우리가 스스로 수행하는 일이다. 이것은 하루의 대부분 또는 전부를 차지할 수도 있다. 이메일을 확인하거나 정리하고, 전화를 받고 맡겨진 일을 하는 것 등이 여기에 속한다. 공장에서 일하는 근로자에게는 잡무와 과업이 하루 일의 전부일 수 있다. 그런 나날에 만족하며 부담감 없이 살 수 있지만, 그다지 멀리 나아가지는 못한다.

'레버리지'는 우리가 아웃소싱으로 진행하는 일이다. 아웃소싱은 예전보다 훨씬 쉬워졌지만, 리소스를 현명하게 사용해야 한다는 과제가 따른다. 나만이 할 수 있는 일을 할 때, 우리는 다른 사람들을 고용하여 잡무와 과업을 시키는 가치를 창출할 수 있다.

'감정적 수고'는 변화와 의사결정, 전략과 관련된 일이다. 새로운 기술을 배울 때 무능함을 인정하는 어려운 일이며, 진정한 변화를 이해하고 구현하는 도전적인 일이다. 우리가 잡무와 과업에 그토록 많은 시간을 할애하는 이유 중 하나가 바로 이 감정적 수고를 애써 피하려 하기 때문이다.

렘브란트와 앤디 워홀, 케힌데 와일리 Kehinde Wiley는 영향력 있는 시각 예술을 창조했다. 이들은 각각 오래도록 지속될 영향을 미치며 문화를 변화시켰다. 모두 스튜디오를 차리고 장인들을 고용해 팀을 구성했다. 그렇게 타인을 활용해 자신의 기술에 레버리지를 더했고, 때로는 그들에게 직접 그림을 그리게 하기도 했다.

각 아티스트는 자신만이 할 수 있는 일이 있음을 알고 있었다. 스타일을 정하고, 작품이 완성도를 갖췄을 때 서명하며, 왕족이나 명사들과 교류하고, 공적인 역할을 신중히 관리하는 것 등이 바로 그들의 일이었다. 작품 제작은 팀 작업으로 이뤄졌지만, 예술의 창출은 오롯이 이 아티스트들의 몫이었다.

또한 이들은 의사결정이라는 감정적 수고를 기꺼이 감내했다. 다음에는 무엇을 할 것인가? 이번에는 어떤 사람을 고용해야 하는가? 어떤 작품이 발표하기에 충분히 훌륭한가?

어디에 어떤 식으로 레버리지를 적용할 것인가? 잡무와 과업에는 어느 정도의 시간을 할애할 것인가?

이들처럼 우리도 레버리지를 어디에 활용하고, 잡무와 과업에 시간을 어떻게 분배할 것인지 선택할 수 있다.


## 42.

## 프로젝트와 일은 다르다

우리는 일할 때 대개 주어진 일을 한다. 무엇을 할지는 상사가 결정한다.

하지만 우리 삶은 일의 연속이 아니라 프로젝트의 연속이다.

프로젝트는 선택의 문제이며, 우리에게는 시스템을 탐색해 의미 있는 변화를 창출할 자유가 있다. 이러한 변화는 시간이 지남에 따라 일어난다. 당장이 아니라 조금씩, 한 걸음씩, 날마다 이뤄진다. 우리의 작업이 시장에 영향을 미치면, 시장은 다시 우리에게 영향을 미친다. 우리의 작업이 누군가에게 영향을 미치면, 그는 또 다른 사람에게 영향을 미친다. 우리는 하나의 사건이 아니라, 하나의 길을 선택하고 있는 것이다.

전략은 나침반이다. 불확실할 때 행동을 취하도록, 혼자일 때 네트워크를 구축하도록, 우리가 사는 세상이 우리가 상상하는 세상이 될 때까지 인내할 수 있도록 도와주는 나침반이다.

## 43.

## 다음과 같은 사안에는 전략이 필요할 수 있다

* 원하는 대학에 입학하기
* 새로운 일자리 찾기
* 신제품의 매출 증대
* 거주지 결정
* 동네 사람들을 주민 친목회에 불러 모으기
* 학교 이사회 예산 통과시키기
* 필요 이상의 지출 없이 결혼하기
* 직장 내 괴롭힘 문화 바꾸기
* 신입생이 환영받는다고 느끼도록 돕기
* 은퇴할 수 있는 충분한 자산 확보하기

## 44.

## 슬금슬금, 인내심을 가지고

저스틴 코빌카Justin Kobylka는 세계에서 가장 성공적인 공비단 뱀ball python 사육사다. 그의 일은 인터넷이 없던 시절에는 별 의미가 없었을 것이다. 하지만 지금은 모두가 연결되어 있기에 수집가들이 동영상을 공유하고, 온라인 마켓플레이스를 통해 수집품을 거래할 수 있다. 덕분에 뱀 사육과 판매에 관한 시스템이 완전히 재편되었다.

뒷마당의 별난 취미가 수백만 달러 규모의 산업으로 탈바꿈한 것이다.

시스템이 성숙해지고, 작은 우위가 더 많은 자산으로 이어지면 투자, 신중한 결정, 신뢰 구축이 가능해진다. 피드백 루프는 작은 이점을 증폭시킨다. 사람들은 시장 선도 업체에서 구매하기를 원하므로 선도자에게는 보다 큰 이점이 따르기 마련이다.

저스틴의 회사 키노바렙타일스Kinova Reptiles는 해당 분야의 지배적인 판매 플랫폼인 모프마켓Morphmarket에서 별 5개 만점을 받았다. 그의 부화 시설은 거대하고 흠잡을 데 없으며 효율적이다. 무엇보다도 그는 인내심을 가지고 연구에 매진하여 이전에는 찾기 힘들었던 다양한 종류의 뱀을 번식시켰으며, 그중 일부는 마리당 3만 달러 이상에 팔리고 있다. 그의 전략은 명료하지만, 누구도 따라잡기 쉽지 않다.

이 접근법의 정교함은 그가 시간을 활용하는 방식에서 잘 드러난다.

먼저 그는 동영상과 온라인 마켓플레이스의 활용에 따라 변화한 업계에 발맞춰 성장 타이밍을 잡았다.

그리고 자신의 회사를 중심으로 업계 전체가 성장할 수 있는 여건을 조성하기 위해 시기적절하게 투자했다.

이제 그는 더 나은 미래를 위해 자원을 구축하는 데 전념하고 있다. 저널리스트 레베카 그릭스Rebeca Griggs에게 그는 이렇게 말했다. "뱀 한 마리에 10만 달러 이상씩 주겠다는 제안을 받은 적도 있어요. 하지만 우리 회사의 운영방식에 따르면, 장기적인 번식 작업을 위해 그 뱀들을 보유해야 했어요. 가진 것 중 가장 가치 있는 것을 당장 팔아버리면 결국에는 손해를 보게 됩니다."

그는 작은 성공을 거둔 후 재투자를 통해 더 큰 우위를 창출했다. 이제 구매자들은 뱀의 출처에 대해 자랑하곤 한다. 저스틴이 사육한 뱀이라면 더욱 높은 가치를 인정받는다.

그의 선구적인 노력과 완벽한 시설, 그리고 무엇보다도 그의 명성이 계속해서 더 많은 성과를 이끌어내고 있다.


## 45.
## 식물은 사람을 행복하게 한다

엘리자 블랭크Eliza Blank는 20대에 마케팅 관련 직장을 그만두고 실Sill이라는 온라인 실내 식물 판매업체를 창업했다.

10년이 지난 지금, 70명의 직원과 연간 수백만 달러의 매출을 올리며 다수의 오프라인 매장을 운영하고 있다.

블랭크는 식물을 가꾸고 키우는 이들의 정서를 온전히 이해하고 그대로 사업에 적용했다.

그녀는 식물을 찾아 구매하고 식물에 대해 배우는 시스템이 인터넷으로 재편되고 있을 때 사업을 시작했다. 매장을 둘 필요가 없었던 덕분에 한정된 자원으로 뉴욕 전역에 식물을 직접 배달할 수 있었다. 입소문이 퍼지면서 콘텐츠 제작에 투자했고, 이를 통해 새로운 방문자와 고객을 유치하며, 결국 식물을 전국으로 배송할 수 있었다.

세상은 계속 변한다. 그녀의 청사진이 다음 경쟁자의 청사진이 될 수는 없다. 리더를 모방하는 것은 쉽다. 하지만 이미 업계에 깊이 뿌리 내린 리더가 새로운 씨앗을 계속 뿌린다면 따라잡기가 쉽지 않다.

## 46.
## 안전벨트는 생명을 구한다

당연히 그렇다. 명백하고, 증명할 필요도 없는 말이다. 하지만 대부분 공공 안전 개입이 그렇듯, 안전벨트를 권장할 쉽고 경제적이며 효과적인 방법은 부족하다.

안전벨트 착용이 법으로 의무화되어 있는 미국에서는 90% 이상의 운전자가 안전벨트를 착용한다. 차량 안전벨트의 설치는 의무였지만 착용의 의무화는 이뤄지지 않았던 1968~1985년에 그 착용률은 10% 미만이었다.

누군가는 사람들이 안전벨트의 안전성에 대한 명확한 데이터를 보고 안전벨트를 매기 시작했다고 믿고 싶겠지만, 실제로는 그렇지 않았다.

보험사들은 차량 사고와 관련해 막대한 보험금을 지출하고 있었기에 에어백과 같은 수동적 안전장치의 설치를 의무화하라고 자동차 회사들에 강력히 요구했다. 한 교통부 장관이 이를 의무화하는 규정을 통과시켰지만 다음 행정부가 이를 취소했고, 그 다음 행정부가 이를 다시 복원하는 상황이 펼쳐졌다. 결국 대법원은 정부에게 일관된 정책을 시행하라고 명령했다.

당시 교통부 장관은 엘리자베스 돌Elizabeth Dole이었다. 로널드 레이건 행정부의 각료였던 그녀는 자동차 업계에서 반대 로비를 벌이고 있는 정책을 강행하고 싶지 않았다. 그래서 그녀는 절반 이상의 주가 안전벨트 착용을 의무화하지 않으면 모든 신차에 수동적 안전장치를 설치하도록 명령할 것이라고 발표했다.

자동차 회사들은 수동적 안전장치에 드는 막대한 비용을 감당하기보다 안전벨트 의무화 법을 지지하는 것이 더 유리하다고 판단했다. 그렇게 입장을 선회하는 것이 자신들이 속한 시스템에 더 작은 변화를 준다고 본 것이다.

엘리자베스 돌의 발표 이후, 5년도 채 지나지 않아 70% 이상의 주에서 안전벨트 착용 법안이 통과되었다. 자동차 회사와 보험회사가 결탁해 벌인 로비가 주정부들에 거부할 수 없는 압력으로 작용했지만, 주정부들은 표면상 일련의 연구 결과들을 입법의 동기로 내세웠다.

돌 장관은 반대 의견을 가진 사람들이 시스템을 바꾸는 쪽으로 연합할 수 있는 여건을 조성해주었다.

공공 안전 규제는 순전히 풀뿌리 운동만으로 이루어지는 경우가 드물다. 시민들의 외침도 물론 도움이 되지만, 시스템 내 세력들의 이해관계를 지속해서 조정하는 일이 훨씬 더 중요하다. 서로 다른 이해관계자들이 규칙 변경을 통해 이익을 얻을 때 진전될 가능성이 높다. 조율된 행동만이 시스템을 변화시킬 수 있다.

안전벨트는 그 이후로 미국에서 40만 명 이상의 생명을 구했다.


## 47.
## 에어비앤비는 길을 잃었다

그러다 텍사스주 오스틴에서 다시 길을 찾았다.

에어비앤비의 오리지널 아이디어는 간단했다. 남는 방이나 카우치가 있는 사람이 여행자에게 하룻밤이나 2~3일 묵을 숙소를 제공하게 하는 것이었다. 돈을 절약할 뿐 아니라 낯선 이들이 서로 유대감을 형성하도록 돕는 것이었다.

세상에는 남는 방이 많고 여행자도 많다. 하지만 수요와 공급이 모두 형성되기 전까지는 이 서비스를 이용할 사람이 없었고, 실제로 아무도 이용하지 않았다.

에어비앤비 사이트의 개설자들은 오스틴에서 열리는 세계적인 예술축제인 SXSW<sup>South by Southwest</sup> 컨퍼런스가 최소한의 대중을 대상으로 완벽한 테스트를 해볼 기회라는 사실을 깨달았다. 호텔 객실이 부족했을 뿐만 아니라 컨퍼런스 참석자들은 대체로 혼자 여행하며 모험을 즐기는 젊은 사람들이었다. 게다가 이들은 자신이 발견한 것을 다른 사람들과 공유함으로써 지위를 획득하는 기술 인플루언서들이었다.

해야 할 일은 명확했다. 오스틴에서 호스팅해볼 의향이 있는 수백 명의 사람들을 찾는 것이었다.

일단 호스트를 모집하고 나자, 해당 아이디어를 수용하고 이용할 준비가 된 청중에게 서비스를 알릴 수 있었다. 그 후 며칠 동안 수백 명의 사람들이 에어비앤비를 체험했고, 이들은 그렇게 시스템의 핵심 노드가 되었다.

그들은 자신의 경험을 트윗하고, 포스팅하고, 공유했다. 에어비앤비를 돕기 위해서가 아니라 자신의 목표를 달성하는 데 도움이 되기 때문에 그렇게 했다.

그리고 나머지 작업은 그들이 속한 시스템이 알아서 했다.


## 48.
### 계란 요리 영상

베릴 셰레슈스키Beryl Shereshewsky의 유튜브 채널 구독자 수는 거의 100만 명에 달한다. 어쩌다 그녀의 영상에 1,000개의 댓글이 달리더라도 모든 댓글이 유용하고 호의적인 경우는 드물다.

수많은 사람이 유튜브에서 유명해지기를 원하고, 그중에는 요리 실력을 뽐내고 싶어 하는 이들이 부지기수다.

베릴은 그들과 달리 시스템에 대한 인식을 토대로 청중과 콘텐츠의 연결을 증폭시키는 접근방식을 취했고, 그 결과 상당한 수익을 올리며 PBS닷컴PBS.com에서 프로그램을 진행할 기회까지 얻었다.

계란 요리에 관한 영상을 예로 들자면, 그녀는 세계 곳곳의 가정주부들로부터 레시피와 인사이트를 수집했다. 카메룬, 알바니아, 싱가포르 등 전 세계의 레시피를 제공한 사람들을 축하하는 영상은 시청자들에게 유용하고 교육적일 뿐 아니라, 그녀처럼 유명해질 수 있다는 희망을 준다.

그녀는 혼자 빛나는 스타가 아니다. 그녀는 스타들을 만들어낸다.

TV가 권위 있는 답을 제공하고 범접할 수 없는 스타를 만들어
내던 시대, 즉 미국 요리 연구가 줄리아 차일드Julia Child의 시절에
는 이런 일이 상상조차 불가능했다. 하지만 공유와 댓글이 인지
도 상승의 원동력인 네트워크 시스템에서는 일이 자연스럽게 전
개되고 있다.

## 49.
## 세상을 바꾼 에스더

1983년, 에스더 다이슨Esther Dyson은 뉴스레터를 제작해 발
송하기 시작했다. 파란색 종이에 인쇄해 우표를 붙인 후 유료 구
독자에게 보내는 진짜 종이 뉴스레터였다. 1987년에 이르러서
는 매달 발행되었고, 구독료가 연간 700달러였다. 그 〈릴리즈 1.0
RELease 1.0〉의 구독자는 그녀가 주최하는 연례 컨퍼런스에 초대
되기도 했다.

전성기 때조차 해당 뉴스레터의 구독자 수는 5,000명이 채 되
지 않았다. 하지만 구독자의 인구 통계적 특성과 태도는 그 수를
뛰어넘는 의미를 지녔다. 말 그대로 모든 벤처캐피털리스트와
투자자, 기술 미디어 회사들이 그 뉴스레터에 주목했다.

에스더의 뉴스레터에는 2가지 요소가 담겨 있었다. 첫째, 그녀는 기술 분야의 미래상에 대해 배짱 있게 먼저 자신의 주장을 펼치곤 했다. 둘째, 그녀는 의제 조정자로서 진면목을 유감없이 발휘하곤 했다. 논의할 주제를 선별하고 관점을 제시함으로써 기술 업계에 의제를 부여한 것이다.

그녀가 뉴스레터와 컨퍼런스를 통해 의제를 제시하면 할수록, 해당 의제는 더 큰 가치를 갖게 되었다. 그녀는 그렇게 시스템을 바꾸면서 시스템의 일부가 되었다.

그녀는 뉴스레터로 수백만 달러를 벌었고, 투자로 훨씬 더 많은 돈을 벌었다. 하지만 보다 중요한 것은 그녀가 '영향을 끼쳤다는 사실'이다.


# 50.
## 사각지대에 빛을 비추다

이노센스Innocence 프로젝트는 부당하게 기소된 피해자 250명을 석방시켰다. 물론 그 숫자가 100배는 더 많아야 마땅하다. 하지만 이 정도만 해도 프로젝트 참여자들의 관대함과 통찰력, 헌신이 놀라운 성과를 낳았다 할 수 있다.

무고한 사람들을 감방에 보내는 시스템은 대중의 면밀한 감시와 조사에서 벗어나 있는 경우가 많다. 이 시스템에서 일하는 사람 대부분은 최선의 의도와는 상관없이 시간 및 예산의 압박과 정치적 반발에 직면하곤 한다. 우리는 TV에서 본 것과 같은 면밀한 조사가 이뤄지길 기대한다(필시 TV를 너무 많이 본 탓이리라). 하지만 법조계 관련자들은 그런 조사에 매진하는 것보다 한 사건이라도 더 처리해 한 명이라도 더 감옥에 보내는 것을 훨씬 더 쉬운 일로 여긴다.

이노센스 프로젝트가 해낸 일은 이러한 시스템적 편향을 뒤집은 것이다. 법조계 관련자들에게는 이노센스 프로젝트가 맡은 사건을 해결하는 것이 이 프로젝트와 대립하거나 청원을 무시하는 것보다 더 쉬운 일이 되었다. 이렇게 작은 성공이 더 큰 성공으로 이어지는 법이다.

이노센스 프로젝트의 궁극적인 목표는 유죄 판결 하나하나가 시스템에 큰 사건이 되도록, 일상적인 일이 아닌 중대한 문제로 인식되도록 만드는 것이다.

## 51.
## 큰 문제에는 작은 해결책이 필요하다

큰 문제가 커진 이유는 시스템이 문제를 증폭시키고 고착화하기 때문이다.

만성적인 문제가 너무 크다고 판단되는 경우 전쟁을 선포하거나, 모든 것을 포기하거나, 과잉 투자하거나, 해결될 때까지 숨죽이고 아무것도 하지 말아야 한다고 생각하게 된다. 그러나 이러한 것들은 문제가 그 지경에 이른 경위와 관계없으며, 문제를 해결하는 최선의 방법도 아닐 것이다.

우리에게는 결정을 내릴 주체성과 나아갈 길을 선택할 기회가 있다. 중요한 것은 경로다. 장기적인 영향력을 행사하기 위한 단계적 접근방식을 취해야 한다. 우리는 너무도 빈번히 권력 획득이나 갑작스러운 횡재, 큰 승리에 초점을 맞춘다. 하지만 그보다 신경 써야 할 것은, 보상과 정보의 흐름을 조율하기 위한 공동체 차원의 행동을 시스템에서 끌어내는 것이다.

이러한 작은 변화들이 시스템 내 노드들의 의사결정 방식에 큰 영향을 미친다. 시스템 내 변화는 우리가 흔히 만족스럽게 여기는 대범한 조치보다 더 영구적이고 회복탄력적이다.

중요한 해결책은 지금 당장의 작업으로 얻을 수 있는 게 아니다. 효과적인 전략을 구축하는 끈질기면서도 참을성 있는 노력이다.

앞서 소개한 모든 정교한 전략은 현존하는 시스템을 활용한다. 또한 각각의 전략은 변화를 일으키면서 당사자가 원하는 시스템을 구축하기 시작한다.

## 52.

## 소문내기 (일명 '이기적인 외침')

이것은 자칭 마케터라는, 자기중심적이고 단기적인 과대광고 기획자들의 만트라<sup>주문-옮긴이</sup>이다. 그들은 사람들이 좋은 아이디어를 접할 자격이 있기에 끝없이 홍보해야 한다고 말한다.

하지만 더 좋은 방법이 있다. 이른바 '10명 확보의 법칙'이다. 이것은 새로운 마케팅의 비결이다.

10명을 찾아라. 나를 신뢰하고, 나를 존중하며, 나를 필요로 하고, 내 말에 귀를 기울이는 10명이면 된다.

그 10명은 당신이 팔고자 하는 제품이나 서비스를 필요로 하거나 원하는 사람이다. 만약 그들이 그것을 좋아한다면, 성공은 따놓은 당상이다. 당신의 제품이나 서비스에 만족하는 경우, 그들은 각각 다른 10명(또는 100명, 1,000명… 혹은 단 3명일 수도 있다)을 더 찾아줄 것이다. 과정은 그렇게 반복된다.

그들이 당신의 제품이나 서비스를 좋아하지 않는다면, 그것을 개선하거나 아예 새로운 것을 만들거나 10명에 대한 더 많은 통찰이 필요하다는 의미다. 다시 시작하라.

유효한 최소한의 잠재고객에게 도움을 제공하면 아이디어는 퍼져나가고 비즈니스가 성장한다. 원하는 만큼 빠르지는 않겠지만, 상상한 것보다는 빠르게 성장할 것이다.

이 접근방식은 당신이 하는 모든 일의 방식과 타이밍을 바꾼다.

더는 익명의 대중을 대상으로 마케팅해서는 안 된다. 지인 10명 처럼 기꺼이 참여하는 사람들에게 마케팅하는 것이 현명한 방안 이다.

지금과 같은 시기에 많은 스트레스가 따르는 런칭 행사나 보도자료 배포, 대대적 공개 같은 아이디어는 어리석기 짝이 없다. 대신, 인지도를 점진적으로 구축하여 제품이 마치 파도처럼 확산하도록 계획해야 한다. 이를 위해 체계적으로 준비하고 적절하게 자금을 배분하라. 전통적인 비용 지출의 곡선(초기에 큰 비용을 들이고 이후 점차 줄여가는 방식)은 실제로 당신에게 필요한 방식에 정확히 역행한다.

효과적인 마케팅은 과대광고나 야단법석, 심지어 소문내기 등과 관련이 없다. 그 대신 우리와 상호작용하려는 사람들의 참여를 유도하는 데 중점을 둔다. 우리의 임무는 사람들이 원하는 목적지에 도달하도록 도와줌으로써 지속 가능한 경로를 찾는 것이다.

## 53.
## 아무 카드나 고를 수 없다

시스템이 여기에 있다. 전략은 우리가 변화를 실현하게 해준다. 우리는 시스템을 이용해 작업을 추진하거나 피드백 루프를 활용해 시스템을 다르게 작동하도록 뒤엎을 수 있다.

우리는 대부분 시스템에 이용당한다. 열심히 노력하는 것만으로 시스템 자체를 변화시키는 것은 불가능에 가깝다.

수없이 많은 중소기업이 구글이 원하는 방식으로 게임에 참여한다. 그들은 검색엔진최적화SEO에 대해 배우고 알고리즘의 원리를 이해하는 등, 구글이 마련한 쳇바퀴를 도는 무급 햄스터처럼 일한다. 시키는 대로만 하면 트래픽을 확보할 수 있고, 그 트래픽을 어쩌면 수익으로 전환할 수 있다는 것이다.

구글이 (다시) 규칙을 바꾸기 전까지는 그럴 수도 있을 것이다.

이 시스템은 우리가 자발적으로 결정을 내리고 있다고, 즉 선택이 실제로 우리의 선택이라고 믿도록 우리를 속임으로써 작동한다.

하지만 이런 믿음은 착각인 경우가 많다. 우리를 포획한 시스템은 어떤 것이든 우리의 선택권을 제한한다. 우리에게 "아무 카드나 고를 수 있다."라고 말하는 자가 카드 덱 전체를 보여주는 경우는 거의 없다.

그럼에도 단순히 시스템의 일부가 되는 대신 시스템 전체를 파악할 기회가 있다.

모든 전략은 우리가 이루고자 하는 변화, 그리고 우리의 진전을 가속시킬 수도, 방해할 수도 있는 시스템을 얼마나 제대로 인식하는지에 따라 성패가 좌우된다.


## 54.
## 얼마든지 자유를 누릴 수 있다

하지만 대부분이 그렇게 생각하지 못한다. 아마도 우리 주변의 시스템이 구성원을 복종시키는 데 최적화되어 있기 때문일 것이다. 아니면 사람들이 자유를 두려워하기 때문일 수도 있다.

자유에는 책임이 따른다. 이것이 우리가 주체적 자아가 되기를 거부하는 주된 이유다. 우리는 자유를 활용하기는커녕 회피한다.

자유는 또한 선택권을 준다. 대안이 도처에 있다 해도, 청사진이 없을 때 할 수 있는 가장 쉬운 일은 가만히 있는 것이다. 갇혀 있는 상황을 받아들이는 것이다. 이끄는 대신 징징대는 것이다.

사실 우리의 능력은 스스로 생각하는 것보다 훨씬 대단하다.

## 55.
## 비즈니스 모델에 대한 명확한 이해

가치를 창출해 적절한 보상을 받고 그 과정을 반복할 수 있다면 비즈니스 모델을 찾은 것이다.

피자 가게는 밀가루와 치즈로 제품을 만들어 판매함으로써 임대료와 급여를 충당하고 수익을 낸다.

비영리단체는 변화가 일어나길 원할 뿐 아니라 해당 단체가 그런 일을 할 수 있도록 기꺼이 기부할 의향이 있는 후원자를 찾는다. 모든 사람이 이를 가능하게 하는 자원이나 재력을 보유한 것이 아니기에 비영리단체는 적절한 후원자를 찾아 유치하고, 후원을 유지하는 노력을 기울여야 한다.

재즈 뮤지션의 수익은 음반 판매로는 본전치기에 그칠 수 있다. 그러나 그런 음반 덕분에 라이브 공연 기회를 얻어 생계를 꾸리고 창작의 열정을 충전할 수 있다.

유용한 비즈니스 모델에는 몇 가지 특징이 있다.

* 시간이 지날수록 쉬워진다. 과거의 성공이 미래의 성공 가능성을 높인다.
* 시간이나 돈을 지불하는 사람들의 삶과 프로젝트에 기여한다.
* 회복탄력적이다. 세상이 변해도 모델은 적응하여 지속되거

나 심지어 번성한다.

오늘날 사람들은 인터넷이라는 도구 덕분에 취미를 직업으로 전환할 기회를 누린다. 우리는 팟캐스트나 모종의 활동에 마음과 영혼을 쏟아부으면서 언젠가는 그것이 비즈니스로 전환되기를 희망한다. 비즈니스 모델을 향한 여정은 투자이며, 첫날부터 성공의 문이 열리는 것은 아니다. 전략을 세운 다음, 해당 아이디어를 가치 생산적이고, 지속적이며, 확장 가능한 성장 엔진으로 발전시키기 위해 시간과 비용을 투자해야 한다.

첫날에는 효과가 없더라도 결국에는 효력을 발휘하게 만들어야 한다. 시간은 전략의 보이지 않는 원동력이다.


## 56.
### 그리고 시간은 흐른다

시간은 쏜살같이 흐른다. 달걀을 깨뜨려서 휘젓고 나면 다시 껍질 속에 넣을 수 없다. 학생은 새로운 기술을 배우고, 조직은 공동체를 구축하며, 회사는 자산을 축적한다. 우리는 끊임없이 전진한다.

초파리는 바나나를 좋아한다. 초파리를 유인하려면 나타나라고 명령하거나 조르는 것은 아무런 소용이 없다. 잘 익은 바나나를 창턱에 놓아두는 것만으로도 변화가 일어날 여건을 조성할 수 있다.

시간은 연료다. 시간이 없으면 의미도 없다. 시간에 대한 우리의 경험이 우리의 선택을 결정한다.

몇 년 전, 자기계발 분야의 명사 리사 니콜스Lisa Nichols는 87세의 할머니와 함께 앉아 있었다. 할머니가 말했다. "리사, 내 나이쯤엔 흔들의자에 앉아 사람들에게 잘 산 인생에 대한 이야기와 교훈을 들려주는 게 할 일이 돼."

그리고 할머니가 리사를 바라보며 덧붙였다. "그리고 지금 네 나이에 할 일은 이야기할 가치가 있는 삶을 사는 거지."


## 57.
## 열정과 비즈니스 모델

전문가들은 우리가 열정을 느끼는 일을 하면 모든 게 순조롭게 돌아갈 것이라고 말한다.

하지만 이는 취약한 전략이다. 취미를 즐기며 돈을 버는 사람도 있지만, 그다지 많지는 않다.

대안은 자신이 하는 일에 열정을 품기로 결심하는 것이다.

비즈니스 모델은 우리가 일하는 틀이다. 우리가 다른 사람을 위해 가치를 창출하고 그에 대한 보상을 받는 방식이다. 우리가 일에서 추구하는 것이 궁극적으로 변화 자체일 수도 있지만, 우리의 임무는 그 일에 꾸준히 전념하며 보상받을 수 있는 구조를 만드는 것이다. 비즈니스 모델은 변화를 이끄는 확산력을 기반으로 구축된다. 그리고 변화에는 긴장감과 희소성, 전진적 움직임이 필요하다.

문제가 있음을 인식하고, 대가를 지불할 수 있는 사람들을 위해 문제를 해결하는 것이 전문가가 할 일이다.

일부 일은 당장 보상받지 못하더라도 결국 자산으로 축적된다. 명성과 경험, 신뢰할 수 있는 파트너 네트워크 같은 자산 말이다. 일 가운데 비즈니스 모델과 직접적으로 관련되는 부분에 우리는 정당한 대가를 청구한다. 그리고 때로는 비즈니스 모델과의 일치 여부와 관계없이 일이 가치를 창출하기도 한다.

견실한 커리어와 유용한 프로젝트는 보상받지 못하는 무수한 순간을 포함하기 마련이다. 비즈니스 모델을 최적화하라는 말이 아니다. 다만, 견실한 비즈니스 모델을 갖춘 프로젝트를 창출하면 우리는 일에서 더 많은 열정을 찾을 자유를 얻게 된다.

## 58.
## 우리의 원과 현재의 원

유아는 자신이 원하는 것을 즉각적으로 실현하기를 바란다. 지금 당장. 그게 안 되면 바로 짜증을 낸다.

우리는 성숙해지면서 우리의 원을 확장해나간다. 나 이외에 가족이나 이웃을 고려하게 된다. 시간이 지나면서 계급이나 계층, 지역이라는 전통적인 경계는 실재가 아니라 가상에 불과하다는 사실을 깨닫고, 점점 더 많은 사람을 생산적으로 '우리'라는 범주에 포함시킨다.

이러한 확장은 단순히 좋은 느낌만 주는 것이 아니다. 그것은 또한 문화와 가능성을 창출하는 실용적이고 효과적인 방법이다.

전략은 '현재' 역시 쉽게 확장할 수 있음을 이해하게 한다. 우리는 오늘의 경험에 어제와 내일을 포함시킬 수 있다. 우리는 성장하면서 오늘 무언가를 얻기를 고집하는 것보다 내일에 투자하는 것이 현명하다고 배운다.

이로쿼이 연맹Iroquois League, 북미 인디언 부족 연합체 - 옮긴이은 다음과 같은 단순한 원칙에 따라 살았다. "모든 결정을 내릴 때 앞으로 일곱 세대까지 미칠 영향을 고려한다."

전략은 우리에게 각각의 원을 더 크게 확대하도록 촉구한다.

우리의 원은 우리가 상호작용하는 사람들과 우리가 이끌고자 하는 공동체를 포함하며 확장될 수 있다.

그리고 현재의 원은 시간을 다루는 문제를 포괄한다. 단기적인 노력은 장기적으로 우리가 원하는 삶을 위한 조건을 만들어준다.

리더나 이웃, 동료로서 우리는 누구를 원하는가? 이기적인 짜증은 유아에게나 어울린다.

원을 확장할 때 우리는 더 나은 가능성을 향해 나아갈 수 있다.

현재의 원에서 가장 작은 것은 '지금 이 순간'이다. 어떤 사람들은 일주일 앞을 계획하고 어떤 사람들은 자신의 인생이나 자녀의 미래까지 상상한다.

장기적인 변화를 도모하기 어려워 하는 이유는 단순히 말할 수 있다. 결과나 보상이 지금 당장 발생하지 않기 때문이다.


## 59.
### 나만 원하는 상품을 팔 수 있을까?

자신 있게 말할 수 있다. 장기적인 관점이나 타인에게 미치는 영향에 대한 고려가 없는 상품이 판매되는 경우는 거의 없다.

그렇다면 왜 우리는 지금 이 순간 원하는 것을 얻기 위해 미래를 불태우는 이기적인 유아로 돌아가지 않는 걸까? 왜 우리는 두려움과 탐욕의 늪에 빠져 가치 있는 무언가를 생산하지 못하는 위험에 쉽게 빠지지 않을까? 도대체 어떻게 우리는 다른 사람들과 교류하고, 아름다운 것을 창조하고, 미래를 위해 투자할 수 있을까?

시스템이 오늘과 내일을 잇는 다리를 놓아주기 때문이다. 시스템은 '우리'의 범위를 확장할 수 있는 사람들에게 보상을 제공하는 문화적 규범을 강제한다. 아무리 시스템이 고착된다 해도, 시스템은 말 한 마리에 침낭 하나 얹고 혼자 생활하는 신화 속 카우보이보다는 나은 성과를 낸다.

우리의 전략은 시스템을 이용하고, 바꾸며, 혼자서는 할 수 없는 방식으로 원을 확장할 시스템을 구축하는 것이다.


## 60.
### 다음 게스트, 최고의 게스트

시간을 이해하는 간단한 방법은 팟캐스트를 시작하는 상황을 생각해보는 것이다.

당신이 상상할 수 있는 최고의 게스트는 누구일까? 아마 미셸 오바마나 가수 엘비스 코스텔로Elvis Costello, 의사 아툴 가완디Artul Gawande 등이 팟캐스터들이 꿈꾸는 최상의 인터뷰 대상일 것이다. 하지만 당연히 이런 인물들은 막 출범한 팟캐스트에 출연하고 싶어 하지 않는다.

그렇다면 이들 바로 앞에 출연할 만한 게스트는 누구일까? 어떤 인물이 내 쇼에서 좋은 경험을 해야 꿈의 게스트가 출연을 수락할 가능성이 높아질까?

그렇게 우리는 꿈의 게스트를 염두에 두고 역으로 작업해나갈 수 있다. 어떤 게스트가 우리가 꿈꾸는 게스트에게 다리를 놓아줄 수 있을까?

친척이나 이웃 중 바로 섭외할 수 있는 유명한 사람이 있는지 기웃거리지 말고, 역으로 한번 생각해보자.

"하룻밤 만에 이뤄졌다는 성공은 사실 대부분 그렇지 않다."

5,000년 전에 새겨진 설형문자 점토판에도 알고리즘이 적혀 있었다. 물통의 크기와 같은 것들을 계산하는 방법 말이다.

1972년 도널드 크누스Donald Knuth는 그중 하나를 해독하고 그 알고리즘들이 종종 "이것이 그 절차다."라는 문구로 끝난다는 사실을 발견했다.

하지만 전략은 절차가 아니다. 전략은 할 일 목록이나 보장된 결과도 아니다.

우리는 모든 것을 제대로 해내서 A 학점을 받아내는 것에 너무 집착한 나머지, 절차를 잘 안다고 알려진 리더를 맹목적으로 따른다. 이런 상황에서 우리의 임무는 모든 절차에 적응하고, 책임을 회피하며, 지시를 따르는 것이 된다.

하지만 그것은 우리가 해야 할 일이 아니다.

우리의 작업은 모종의 방법론을 따르는 것이고, 거기에 체크리스트 같은 것은 존재하지 않는다. 시간과 시스템의 작용을 이해하고 앞으로 나아갈 회복탄력적인 경로를 찾는 것이 핵심이다. 신비한 수학 천재 클레오 Cleo, 인터넷 지식검색 플랫폼에서 유명한 정체불명의 수학 고수 ‒ 옮긴이는 이렇게 말했다. "우리는 하나의 공리 시스템에 갇혀 있지 않다. 직관과 상상력을 발휘해 누구든 언제나 자신만의 공리를 만들어낼 수 있다."

희망사항은 계획이 아니다.

전문가들은 우리가 열정을 느끼는 일을 하면 모든 게 순조롭게 돌아갈 것이라고 말한다.

하지만 이는 취약한 전략이다. 취미를 즐기며 돈을 버는 사람도 있지만, 그다지 많지는 않다.

대안은 자신이 하는 일에 열정을 품기로 결심하는 것이다.

## 61.

## 전략에 대한 명확한 이해

전략은 변화를 추구할 때 우리를 안내하는 유연한 계획이다. 전략은 시스템 내에서 일하면서 시간 경과에 따라 결정을 내리도록 돕는다.

전략이 흥미로운 이유는 시간과 시스템이라는 두 동반자가 복잡하게 얽히기 때문이다. 시간은 매일 리셋되어 새로운 결정을 내릴 기회를 준다. 그리고 시스템에서는 시간이 지남에 따라 여러 사람(그리고 그들의 이해관계)이 상호 연결된다.

전략적 계획의 한 가지 핵심 측면은 (여러 선택지 중 하나를 택함으로써 포기하게 되는 이익을 말하는) 기회비용을 이해하는 것이다.

미래를 정확하게 예측하는 것은 불가능하기에 전략에는 겸손이 요구된다.

또한 전략에는 시스템 내 여타 행위자들의 행동과 반응을 예측하는 것도 포함된다. 즉, 전략적 선택의 직접적 효과뿐만 아니라 경쟁사와 고객, 심지어 환경의 반응에서 발생하는 간접적 효과도 고려해야 한다는 뜻이다. 전략의 성공 여부는 자신의 행동은 물론이고 다른 사람들의 행동에 따라서도 달라진다.

만약 가능한 한 가장 낮은 가격에 자신의 시간을 팔고 있다면, 당신은 늘 다른 누군가가 목적지에 도달하도록 돕느라 바쁠 것이다.

성공적인 사람들은 스스로 추구하는 세상의 변화를 위해 자신의 시간과 노력을 거래할 최적의 방법을 찾아낸다.


## 62.
## 청사진은 일종의 성명서다

건축가는 3차원 건물을 2차원으로 표현한 설계도를 만든다. 그리고 설계도를 펼치면서 말한다. "이것이 우리가 지을 건물입니다."

집의 설계도는 집을 짓는 데 무엇이 필요한지, 거기서 거주하는 생활은 어떤 모습일지에 대한 상상까지 담는다. 아직 다가오지 않은 미래를 살아볼 기회를 제공하는 셈이다.

전략은 '4차원'으로 존재한다. 단순히 우리가 바라는 미래를 그려놓은 게 아니다. 여기에는 이행과 반응, 요청과 반복, 시도와 개선 등 시간과 상호작용에 대한 고려가 포함된다.

우리가 계획하든 계획하지 않든 내일은 곧 다가온다. 전략 없이 내일을 맞이하는 것은 설계도 없이 건물을 짓는 것과 같다. 잘될 수도 있지만, 성공 가능성은 낮다.

전략에 대해 논의해야 한다. 문서로 기록해야 한다.

## 63.

## 전략의 공유: 현대적 사업계획서

사업계획서가 왜 지금의 형태를 띠게 되었는지 잘 모르겠다. 기존의 사업계획서는 종종 모호하고 지루하며, 기대치에 부응하는 능력을 과시하는 방식으로 오용된다. 나라면 사업체의 현재와 사업체가 나아갈 방향에 대한 진정한 실상을 담기 위해 사업계획서를 다음과 같은 6개의 섹션으로 나눌 것이다. 이것이 현대적 사업계획서다.

* 진실
* 주장
* 대안
* 인적 자원
* 재정
* 시간

진실 섹션에서는 세상이 현재 어떤 모습인지 있는 그대로 설명해야 한다. 원하는 경우 각주를 달아도 좋으며, 진출하려는 시장과 이미 존재하는 니즈, 해당 분야의 경쟁자, 기술 표준, 다른 사람들의 성공 또는 실패 경위 등에 대해 말해야 한다. 구체적일수록 좋다. 현장 지식이 많을수록 좋다. 공감을 불러일으키는 이야기가 많을수록 좋다.

시스템이 보이는가? 이 섹션의 요점은 당신이 세상을 어떻게 보는지 명확히 밝히고, 그런 가정에 당사자들이 동의하는지 확인하는 것이다. 이 섹션에서는 편파적으로 특정한 입장을 취하지 않으며, 단순히 상황을 설명하는 데 중점을 두는 것이 중요하다.

진실 섹션에서 시스템과 유지되고 있는 현상을 언급해야 한다.

시간이 걸리더라도 전할 필요가 있는 내용을 충분히 담는 것이 바람직하다. 스프레드시트와 시장 점유율 분석, 관련된 환경의 작용 방식에 대해 알아야 할 모든 것을 포함할 수 있다. 진실 섹션에는 서로 이견이 생길 만한 어떤 것도 들어가서는 안 된다.

주장 섹션은 상황을 어떻게 바꿀 것인지 설명할 수 있는 기회의 장이다. 우리는 X를 할 것이고, 그러면 Y가 일어날 것이다. 우리는 이만큼의 돈으로 이 정도의 시간에 Z를 구축할 것이다. 우리는 시장에 Q를 제시할 것이고, 그러면 시장은 이러한 행위로 반응할 것이다.

대안 섹션에서는 비즈니스 모델을 설명하라. 당신이 조성할 '긴장'과 당신이 구축할 '비계 scaffolding, 높은 곳에서 공사할 수 있도록 건축 현장에서 임시로 설치한 가설물 – 옮긴이'에 대해 말하라.

이것이 현대적 사업계획서의 핵심이다. 프로젝트를 출범시키는 유일한 이유는 무언가를 바꾸기 위해서 아닌가? 관계자들은 당신이 무엇을 할 것이고, 그것이 어떤 영향을 미칠 것인지 알고 싶을 것이다.

물론 이 부분은 정확하지 않을 수 있다. 실현되지 않을 주장을 펼칠 수도 있다. 예산과 마감일, 매출이 예상과 달라질 수 있다. 따라서 대안 섹션에 그런 일이 발생했을 때 어떻게 할 것인지 밝혀야 한다. 제품이나 팀이 얼마나 유연한가? 주장이 제대로 실현되지 않으면 다 끝나는 것인가?

인적 자원 섹션에서는 팀에 누가 있고, 누가 합류할 것인지 등의 핵심 요소를 올바르게 조명해야 한다. 누군가의 이력서를 강조하는 우를 범하지 말라. 그들의 태도와 능력에 대해 말해야 한다. 직함이나 학력 같은 피상적 라벨을 배제하고, 기술과 회복탄력성, 입증된 실적에 집중하라.

다음 재정 섹션은 전적으로 돈에 관한 것이다. 프로젝트란 결국 '돈+시간'이다. 얼마나 필요한가? 어떻게 지출할 것인가? 현금흐름은 어떠한가? 손익계산서, 대차대조표, 마진은 물론이고 출구전략까지 포함해야 한다. 당신은 어떤 자산을 구축할 것인가?

마지막으로 강조할 부분은 시간이다. 출시 후 일주일, 한 달, 1년 후에는 무엇이 어떻게 달라질 것인가? 보이지 않는 시간의 축이 당신의 계획에 어떻게 영향을 미칠 것인가? 그래서 당신은 시간을 따라가게 될 것인가, 아니면 주도하게 될 것인가?

벤처캐피털리스트는 이 형식을 좋아하지 않을 수도 있다. 하지만 적어도 이 방식은 팀에게 어려운 문제를 더 명확하게 이해시키는 데 도움이 될 것이다.

## 64.

### 직관은 설명이 누락된 전략이다

과거에는 성공적인 직감만으로 충분했을지도 모른다. 하지만 우리 앞에 놓인 작업과 우리가 이루고자 하는 변화를 위해서는 그에 대해 충분히 설명할 필요가 있다.

당신이 무엇을 하고 있는지 보여줘야 한다.

가장 큰 성과를 안겨주는 것은 전략을 명확히 하고 수정하는 과정에서 겪는 불편함이다.

올바른 일에 집중해야 앞으로 나아갈 수 있다. 그리고 그것을 기록하는 것은 올바른 일을 하고 있는지 확인하는 방법이다.

## 65.

### 노력에 관한 진실

"더 열심히 해봐."

이런 말을 하는 사람들은 두려움을 극복하고, 더 나은 습관을 기르며, 조언을 진지하게 받아들이고, 마음의 문을 열고, 모든 것을 SNS에 올리라고 말한다. 이런 조언은 마치 당신의 성격에 문제만 없다면 성공하는 데 아무런 어려움이 없으리라고 암시하는 듯하다.

하지만 잘못된 방향으로 달리고 있다면 더 빨리 달리는 것은 아무런 소용이 없다.

전략은 시작하기 전에 경주 코스를 파악하는 데 전념하는 것이다. 그 뒤에 양껏 노력하라.

파도를 이해해야 서핑을 더 잘할 수 있다.


## 66.
# 회복탄력성과 레버리지

가장 빠른 길이 가장 신뢰할 만한 길은 아닐 수 있다.

세상이 우리가 예상한 대로 유지된다면 최적화는 항상 효과적일 것이다. 우리는 돈을 빌리고, 기술을 개발하며, 구체적인 일련의 조건을 전제로 베팅함으로써 최적화를 수행한다.

포뮬러1 경주용 자동차는 트랙에서는 승리를 거둘 수 있겠지만, 그 자동차로 심부름을 다닌다면 실패할 가능성이 높다.

레버리지는 우리를 취약하게 만든다.

하지만 경쟁이 치열한 시장에서는 경쟁사보다 더 많은 레버리지를 활용하는 전략이 필요할 수 있다. 포뮬러1 드라이버가 속도를 조금 늦추면 포트홀과 신호등에 잘 대처할 수 있다고 자랑하는 것은 적절하지 않다.

하지만 또 한편, 우리는 너무도 빈번히 《토끼와 거북이》에서 장기적으로 거북이가 토끼에게 질 것이라는 예상보다 훨씬 더 좋은 성적을 냈다는 사실을 간과한다. 레버리지로 우위는 점했지만 취약성도 내포한 출발을 축하하곤 한다.

《기업 창업가 매뉴얼》을 쓴 스티브 블랭크 Steve Blank는 스타트업의 성공 가능성을 이해하려면 그들이 얼마나 많은 돈을 끌어모았는지는 무시해야 한다는 사실을 깨닫게 해주었다. 중요한 것은 고객 유치력이다.

모든 사람이 아니라 특정한 누군가가 중요하다.

고객이 계속 찾아온다면 좋은 신호다. 그들이 친구나 동료를 데려온다면 성공 가능성은 더욱 높아진다.

필연적으로 프로젝트는 사용자들의 반응에 따라 변화할 것이다. 하지만 고객이 유치되지 않는다면 아무 일도 일어나지 않는다.

## 67.

## 간신히 작동하지만…

이것은 모든 새로운 소프트웨어 혁신에 대한 이야기다. 사실, 엔지니어들이 만들어낸 거의 모든 것에 대한 이야기다.

라이트 형제가 만든 최초의 비행기는 한 번에 고작 몇백 m밖에 날지 못했다.

비지캘크VisiCalc, 최초의 스프레드시트 프로그램 - 옮긴이의 첫 번째 버전은 성능이 미약했고, 기능도 거의 없었다.

초기의 다리들은 덩굴로 만들어졌으며, 흔들리고 불안정했다.

우리가 걷는 법을 배우거나 새로운 언어를 배울 때, 심지어 새로운 공동체를 방문할 때도 마찬가지다.

성공적인 제품 개발의 비결은 다듬어진 완성품으로 불쑥 튀어나오는 혁신에 있지 않다. 오히려 거의 쓸모없어 보이는 것을 꾸준히 가꾸고, 나누고, 개선하면서 그것 없이 사는 것을 상상할 수 없을 정도의 상황을 만드는 과정에 있다. 초기의 목표는 대중을 위한 완벽함에 이르는 것이 아니라 소수를 매혹하는 확산력을 갖추는 것이어야 한다.

제품 제작뿐만 아니라 경력 초기의 제빵사나 지위를 높이기 위해 노력하는 코치의 일도 마찬가지다.

시간이 지나면서 변화하는 시스템도 그렇다. 초기 단계에는 언제나 참여자가 적고 불완전하다.

그럼에도 확산력을 찾고 있는 사람들은 번아웃을 거의 느끼지 않는다. 번아웃은 우리의 목표가 전략과 일치하지 않을 때 찾아온다. 오지 않는 것을 바라면서 세상이 그것을 우리에게 가져다주기를 기다릴 때 무력감을 느끼는 것이다.

우리가 바라는 오늘과 내일, 이 두 순간에 동시에 존재하려고 애쓰는 것은 사람을 지치게 만든다.

효과적인 전략은 이 두 순간을 연결하도록 돕는다. 전략은 간신히 존재하는 프로젝트를 필수적이고 유용한 프로젝트로 변모시키는 순풍과 같다.


# 68.
## 유치할 수 있는 최소한의 잠재고객

최소한의 품질에도 만족하는 고객을 말하는 게 아니다. 일을 서둘러야 할 변명거리도 아니다.

고객 유치력을 얻고자 한다는 것은 시간이 곧 전략의 일부임을 인식한다는 것을 의미한다. 더 큰 확산력으로 이어지는 작은 확산력을 찾는 것이 순서다.

소수를 위한 무언가를 창출하라. 너무 특별하고 강력해서 사

라지면 아쉬워할 만한 것, 그들이 다른 사람들에게 이야기할 정
도로 놀라운 것을 만들어야 한다.

그들이 무엇을 하는지 관찰하고 미래의 사용자가 무엇을 원하
는지 귀를 기울여라. 그리고 취합한 사항을 제품에 반영하라.

이 과정을 반복하라.

물론 최소한의 고객에서부터 시작하라. 이는 분명한 장점이
따르는 전략적 선택인 동시에 시험의 무대가 된다. 소규모 그룹
에서 실패했는데 대규모 그룹에서 성공하길 기대할 수는 없는
노릇이다.

## 69.
## 그다음에는 무슨 일이 일어나는가?

청사진이 먼저 나온다. 그것은 단지 결과에 대한 선언이 아니
다. 거기에 도달하기 위한 단계에 대한 주장이다. 그러고 나서 현
실이 다가온다.

"나는 이렇게 할 것이다."

그다음에는 무슨 일이 일어날까?

"나는 저렇게 할 것이다."

그다음에는 무슨 일이 일어날까?

우리가 무언가를 하면 사람들(그리고 그들이 속한 시스템)이 반응한다. 그다음에는 무슨 일이 일어날까?

원은 그렇게 확장된다.

# 70.
## 고래를 모두 죽이기 위한 음모인가?

수백만 명의 사람들을 조직해 가능한 한 많은 고래를 죽이려는 음모를 꾸미는 것은 그리 어려운 일이 아니었다.

1846년, 미국의 포경 선단은 735척의 배와 약 7만 명의 포경업 종사자를 보유하며 사상 최대 규모에 이르렀다. 향유고래의 기름이 등불로 쓰기에 품질이 가장 좋다고 여겨졌기에 대부분의 포경선이 향유고래를 사냥했다.

수만 명의 남성이 가족을 떠나 목숨을 걸고 고래 사냥에 나섰다.

그들을 설득하기 쉬웠을까? 그렇다. 누군가가 고래기름의 가치를 설명하기만 하면 되었다. 덕분에 고래기름을 육지로 가져오고, 기름을 정제·유통하고, 랜턴을 제작하는 산업이 생겨났다. 또한 배와 돛, 부두, 선원에 대한 수요도 창출되었다.

그렇다면 향유고래는 어떻게 멸종을 면했을까? 보호를 위한 캠페인이 펼쳐지거나 사람들이 자발적으로 등불 사용을 줄여서

구원을 얻은 것일까? 아니다. 향유고래는 등유 랜턴이 개발되고, 펜실베이니아주에서 석유가 발견되면서 살아남았다.

사실 해당 시스템의 목적은 모든 고래를 죽이는 것이 아니었다. 단지 어둠이라는 문제를 해결하여 수익을 창출하고자 했던 것이다. 그래서 더 저렴하고 효율적인 방법이 고안되자, 시스템은 그쪽으로 선회했다.

수없이 많은 음모가 횡행한다. 하지만 혼란에 빠질 필요는 없다. 우리는 단지 시스템을 파악하기만 하면 된다.


## 71.
## 수요가 있는 곳에 항상 시장이 있지는 않다

시장은 하나의 범주다. 시장은 경쟁이 벌어지는 곳이다. 시장에서는 사람들의 습관과 예산, 사회적 압력이 중요한 요소로 작용한다. 그리고 시장에서는 사람들이 선택을 한다.

많은 문화권에 15살 소녀의 전통적인 생일 파티인 킨세아녜라quinceañera, 남미 문화권에서 치르는 일종의 성인식 – 옮긴이의 각종 용품을 거래하는 시장이 존재한다. 다른 문화권의 소녀들도 그런 식의 성대한 파티로 주목받고 싶을 수 있지만, 그들이 사는 곳에는 그에 걸맞은 시장이 존재하지 않을 수도 있다.

누군가는 최초의 후불결제 카드나 최초의 개인 트레이닝 센터, 최초의 가정용 컴퓨터 등을 출시하며 시장의 선구자가 되고 싶은 유혹을 느낀다. 하지만 이는 매우 험난한 길이다.

스릴 넘치는 작업이 될 수 있지만, 창작자들은 시장이 아닌 니즈에 집중하는 탓에 그러한 니즈를 활성화해 번성하는 시장으로 전환하는 것이 얼마나 어려운지 간과하는 경우가 많다.

만약 새로운 시장을 창출하려고 한다면, 그 사실을 명확히 인식하고 그 과정에서 겪을 어려움에 단단히 대비하는 것이 좋다.


# 72.
## 풍차를 넘어 생각하기

미니 골프를 해본 적이 있다면 가장 재미있는 장애물이 풍차라는 것을 알고 있을 것이다. 천천히 회전하는 풍차의 날개를 피해 공을 구멍에 넣어야 한다.

여기서 전략은 분명하고 간단한다. 타이밍을 잘 맞춰서 공을 치면 된다.

체스를 둘 때는 상황이 조금 복잡해진다. 다른 사람이 개입하기 때문이다. 퀸을 저쪽으로 움직이면 상대방이 캐슬링을 하고 체크를 걸 수 있으니, 그러지 않는 것이 좋다.

내가 이렇게 하면 상대는 저렇게 나온다.

럭비나 얼티밋 프리스비Ultimate Frisbee, 원반을 서로 던지거나 받는 경기 - 옮긴이를 할 때는 우리 팀과 상대 팀의 여러 사람을 추적해야 한다. 지난 플레이에서 효과가 있었던 전술이 이번에는 통하지 않을 수 있다.

자유롭게 전개되는 경기에서 선수들은 같은 플레이를 기계적으로 반복하지 않는다. 훈련한 동작과 즉흥적인 움직임을 섞어 경기가 의도한 대로 조화롭게 흐르도록 시도한다.

럭비는 우리의 실생활에 비해 단순하다. 현실에서는 수백의 경쟁자와 정부기관, 새로운 기술, 그리고 서로 무관해 보이는 여러 선택지가 특정한 시스템 내에서 서로 얽히고설킨다.

이런 현실에서 우리는 종종 풍차가 돌아가는 퍼팅 게임으로 되돌아가는 우를 범하곤 한다. 우리는 그보다 더 나은 선택을 할 수 있다. 풍차는 예상 그대로 지루하다. 풍차의 핵심은 그 규칙성에 있다. 하지만 세상은 훨씬 더 복잡하다. 이를 인식하고 이에 적응하기 위해 우리라는 원을 확장하는 것이다.

# 73.

## 전략 없는 시작

"믿은 쉬워서 전파되는 게 아니고 쉽다고 믿어지기에 전파 된다."

너무도 빈번히, 전략적인 대화는 저항을 증폭시키고 아무런 행동도 취하지 않도록 만든다. 청사진은 너무 복잡하고, 확률이 낮으며, 단계가 많다. 그냥 집에 있는 것이 낫다는 생각이 들게 한다.

그리고 이렇게 청사진 수립을 건너뛰면 의도는 좋지만 잘못된 단계를 밟게 된다. 일단 시작하고 보게 되는 것이다. 낙관과 의욕 은 넘치지만, 전략은 없는 출발이다.

시작하고 싶은 충동은 출발의 가능성은 높일 수 있지만, 특히 힘들고 대가가 큰 실패로 이어질 수 있다.

어떤 일에 진정 관심이 있다면, 전략을 구체적으로 표명하고 테스트해보는 것이 좋다.

시작에서부터 변화가 이루어질 때까지, 단계마다 시스템이 작 동한다. 몇몇 사람들이 자발적으로 시스템에 동의하거나 반대할 수 있다. 공동체와 문화적 기대, 지위 역할과 소속감이 그들의 선 택에 영향을 미친다. 네트워크 효과와 피드백 루프가 작용해 일 의 진행 속도를 늦추거나 가속할 수 있다.

청사진은 앞으로 나아가기 위한 확고한 기반이다. 청사진은 순간적인 장애물에 부딪혔을 때 우리를 지탱해주고, 흥미로운 선택지가 너무 많은 것처럼 보일 때 우리가 길을 잃지 않게 한다.

## 74.

## 우리가 전략을 회피하는 몇 가지 이유

* 시스템을 이해하지 못한다.
* 시스템은 이해하지만 시스템과 협력할지 시스템을 개선할지 결정하지 못한다.
* 행위의 보상을 (훗날이 아니라) 가급적 빨리 얻고 싶어 한다.
* 시스템을 바꾸는 것보다 강력한 시스템을 수용하는 것이 더 만족스러운 경우가 많다.
* 실패할까 봐 걱정하고 싶지도, 실패하고 싶지도 않다.
* 전략이 성공적일 경우 그에 수반될 책임을 감당하기가 망설여진다.
* 지시를 따르고 전술을 수행하는 것에 익숙해져 있다.
* 무리에게 더 효과적이지만 힘든 길을 이해시키는 것보다, 무리를 따르는 것이 더 쉽다.
* 매몰 비용을 무시하기 어렵다.

＊ 프로젝트를 관리하는 것이 부담스럽다.

　미래를 꿈꾸는 일은 고무적이다. 하지만 정말 그 미래에 살 준비가 되었는지는 확신할 수 없다.

## 75.
## 전략을 위한 프레임워크

＊ 시스템과 규칙에 대한 '인식': 우리가 추구하는 모든 변화는 희소성과 현상 유지, 네트워크, 그리고 과거와 관련된다. 무엇보다도 시간의 흐름과 오늘부터 내일까지의 거리에 대한 인식이 중요하다.

＊ 프로젝트에 참여해야 하는 사람들의 주체성에 대한 '공감': 사람들은 독립성과 선택권을 가지고 있다. 그 선택은 항상 자신의 경험과 세계관, 자신의 이익에 따라 결정된다.

＊ '선택'은 각자의 몫이다: 우리는 스스로 생각하는 것보다 더 자율적이며, 언제든 프로젝트의 목표에 보다 잘 부합하는 결정을 내릴 수 있다.

＊ '불확실성'은 모든 전략의 특징이다: 불확실성은 입증된 프로세스의 세부적인 단계가 아니라 더 나은 버전의 미래를 만들 수 있는 가능성을 의미한다.

* '회복탄력성'은 시간의 흐름을 인정하는 데서 나온다: 오늘
  은 내일과 같지 않다. 우리가 의도한 대로 진행되는 프로젝
  트는 거의 없으며, 전략은 계획이 바뀔 수 있다는 사실을 수
  용한다.
* 전략 실행에 이용할 '자원': 여기에는 원하는 결과를 얻기
  위해 활용할 수 있는 재정 자원과 인적 자원, 기술 및 여타
  자산이 포함된다.


## 76.

## 변화를 위한 여건 조성하기

사람들은 당신이 원해서 일을 하는 것이 아니다. 사람들은 스
스로 원할 때 변화한다.

복잡한 시스템도 마찬가지다.

우리의 임무는 함께 작업하는 사람들이 우리가 추구하는 변화
에 부합하는 선택을 할 수 있도록 여건을 조성하는 것이다. 전략
적 작업은 시간 끌기의 한 형태가 아니며, 지금 당장의 긴급 상황
을 최소화하지도 않는다. 그 대신에 응급처치보다 문화 변화에
전념할 때 성공할 수 있다는 사실을 작동 원리로 삼는다.

문화는 언제나 전술을 이긴다. 전략이 종종 문화를 만드는 데

중점을 두는 이유다.

"여기는 어떤 곳인가요?" 이는 거의 논의되지 않지만, 결코 무시할 수 없는 질문이다. 우리의 전진을 돕는 시스템 역학을 만들 수만 있다면 나머지 작업은 훨씬 쉬워진다.

일단 문화를 만들고 시스템을 활용하면 변화는 자연스럽게 일어난다. 영웅적인 자제력이나 끊임없는 노력, 모든 것을 직접 하려는 열망은 좌절의 원인이 될 뿐이다.

스키는 내리막 눈길을 탈 때 더 잘 나간다. 만약 스키를 잘 타지 못했다면 실제 문제는 엉뚱한 언덕을 올라갔기 때문인데도 우리는 종종 자신의 노력이나 기술 부족을 탓한다. 우리의 실수가 맞긴 하지만, 생각과는 다른 오류다.

우리는 의도적으로 일을 진행할 적절한 시기와 적합한 장소를 선택할 수 있다. 적극적으로 고효율의 순간을 찾아 확률을 바꿀 수 있다. 그리고 우리가 추구하는 변화에 부합하는 더 나은 결정을 끊임없이 내릴 수 있다.

나는 뉴욕주 버팔로에서 자라며 눈길에서 운전하는 법을 배웠다. 첫 번째 진실은 눈길에서 차를 멈추는 것이 생각보다 어렵다는 사실이었다. 이는 곧 스노타이어가 안전을 유지하는 가장 좋은 방법임을 의미했다. 두 번째 진실은 눈길에서는 멈춰 있는 차보다 움직이는 차가 운전하기 훨씬 쉽다는 것이었다.

2가지 통찰 모두 확산력과 관련이 있다. 첫 번째는 우리가 목적지로 전진하는 데 필요한 확산력을 인식시킨다. 두 번째는 우리의 전략이 우리가 사는 세상과 일치할 때 쉽게 확산력을 얻을 수 있음을 인식시킨다.

전략은 우리를 둘러싼 시스템들의 현실, 함께 일해야 하는 사람들의 욕구, 세상이 항상 우리의 니즈에 부합해야 한다고 주장하는 대신 회복탄력성을 포용하는 통찰력에 기반할 때 성공의 문을 열어보인다.


## 77.

## 12가지 슬로건

전략에 대해 이야기할 때 우리는 무엇을 말할까? 다음 기본 요소를 고려해보자.

* 아직 도달하지 못한 미래를 그려보아라.

* 설득할 사람을 직접 선택하라.

* 이길 수 없는 게임은 하지 말라.

* 프로젝트를 관리하라.

* 직접 결정하라.

* 변화를 일으켜라.

* 자산을 구축하라.

* 네트워크를 만들어라.

* 확산력이 진보로 이끈다.

* 매몰 비용을 무시하라.

* 조직은 변화한다.

* 당신은 교통 체증에 갇힌 것이 아니라 교통 체증의 일부다.


## 78.
## 보이지 않는 시스템과 의도치 않은 결과

보이지 않는 시스템은 우리의 자율성을 은폐하고 약화시킨다. 시스템은 선택의 여지가 실제보다 적다고 우리를 속인다.

우리는 모두 시스템에 참여하고 있으며, 의도하지 않더라도 시스템이 만드는 결과에 연루된다. 따라서 시스템을 바꿀 기회를 잡으려면 먼저 그것을 파악해야 한다.

시스템을 이해하면 그것과 상호작용하면서 변화를 만들어나 갈 수 있다. 목표를 달성하기 위해 시스템과 함께 일할 수 있고, 시간이 지남에 따라 시스템을 바꿔나갈 수 있다는 뜻이다.

첫 번째 단계는 시스템을 파악하는 것이고, 두 번째 단계는 변화를 위한 전략을 수립하는 것이다.

청사진은 3가지 질문으로 시작된다.

* 누구를 위한 시스템인가?

* 무엇을 위한 시스템인가?

* 어떤 시스템인가?

모든 사람을 바꿀 수는 없고 모든 것을 바꿀 수도 없지만, 구체적이고 너그러우며 끈기 있게 접근한다면 충분히 변화를 이끌어낼 수 있을 것이다.

거듭 말하지만, 인간의 모든 상호작용은 시스템 내에서 이루어진다. 그래서 우리는 시스템 안에서 일할 수도, 시스템을 바꾸기 위해 노력할 수도 있다.

업무는 우리의 하루를 채우지만, 전략은 우리의 노력이 헛된 것인지 아닌지를 결정한다.

노력은 작업의 일부지만, 노력 자체가 전략이 되지는 않는다.


## 79.
## 우리는 플랑크톤이 아니다

러시아어에서는 단순히 지시만 따르는 하급 직원을 오피스 플랑크톤office plankton이라고 부른다. 매우 적절한 표현이며, 요즘에 그 어느 때보다도 만연한 상태다. 많은 CEO들 역시 오피스 플랑크톤으로, 그저 무리를 따라다니며 시류에 편승한다.

완전한 책임자가 될 수 없다면 그저 오피스 플랑크톤이 되는 것이 최선이라고 생각하기 쉽다. 그렇게 하면 책임을 면할 수 있기 때문이다.

하지만 사실 우리에게는 상상 이상으로 많은 자유와 자율성, 영향력이 있다. 물론 이를 실행한다고 해서 피라미드의 꼭대기에 오르거나 궁극적인 권한을 얻는 것은 아니다.

우리를 둘러싼 계층 구조에도 불구하고, 우리가 모두 네트워크의 일부라는 사실을 깨닫는 것은 유용하다. 상호 연결의 네트워크, 시스템들의 시스템에서는 지배력이나 권력보다 영향력과 소속감이 더 중요하다.

미디어에서는 강력한 소수 집단이 모든 것을 통제한다는 과장된 보도로 분위기를 조장하지만, 가장 설득력 있는 전략은 권한을 쥔 누군가가 아니라 시스템과 문화에서 나온다.

회복탄력적이고 지속적인 변화는 수직적이 아니라 수평적으로 진행된다. 변화는 누군가의 지시가 아니라 시스템과 공동체에 기반해 문화적으로 이루어지는 것이다.

인간의 모든 상호작용은 시스템 내에서 이루어
진다. 그래서 우리는 시스템 안에서 일할 수도,
시스템을 바꾸기 위해 노력할 수도 있다.
업무는 우리의 하루를 채우지만, 전략은 우리의
노력이 헛된 것인지 아닌지를 결정한다.
노력은 작업의 일부지만, 노력 자체가 전략이 되
지는 않는다.

# 80.
## 전략적 마케팅

마케팅은 스토리가 있는 제품이나 서비스를 구축하는 기술이다. 진정한 이야기, 즉 그것을 경험하는 사람에게 공감과 변화를 불러일으키는 이야기를 전달하는 기술이다.

마케터의 첫 번째 임무는 문제를 찾아내 해결함으로써 고객이 원하는 목적지에 도달하도록 돕는 것이다.

그리고 (마케팅의 관점에서 볼 때) 궁극적으로 첫 번째보다 더 중요한 두 번째 임무는 누군가가 다른 사람에게 전할 스토리를 제공하는 것이다. 공동체라는 네트워크와 상호작용하게 하는 것이다. 그런 스토리를 통해 다른 사람들과 소통함으로써 지위와 소속감을 향상시키도록 돕는다.

우리가 세상을 하나의 네트워크로 보고, 우리의 일을 네트워크에 속한 사람들이 서로 연결되고 성장하도록 돕는 일이라고 생각한다면, 전략은 훨씬 더 명확해진다.

## 81.

## 낭비할 시간이 없다

당연히 없다.

시간은 우리가 가진 전부다.

시간은 세상에 존재하는 전부다.

시간은 단순히 달력이나 시계가 보여주는 것이 아니다. 시간은 모든 프로젝트의 원동력이자 모든 전략에 한계로 작용하는 희소한 자원이다.

시간은 우리의 것이 아니기에 낭비할 수 없다. 시간은 단지 세상 만물을 추적하고 관리하는 수단일 뿐이다.


## 82.

## 전략과 목적

전략 없이도 기쁨을 찾을 수 있을까? 진정 모든 상호작용을 최적화하고 매 순간을 계획해야만 하는 걸까? 꽃 향기를 맡기 위해 꼭 약속을 잡아야 할까? 운동량을 측정하기 위해 꼭 스마트 워치를 차야 할까?

우리를 완전히 정량화된 삶으로 빨아들이려는 시스템이 있다.

거기서는 측정된 생산성과 팔로워 수에 따라 만족도가 결정된다. 나는 이것은 막다른 길도, 인생의 요점도 아니라는 사실을 모두가 깨닫기를 희망한다.

전략적 사고의 시작은 "무엇을 위한 것인가?"라는 질문이다. 우리는 하루 중 일부를 특정한 변화나 결과, 영향력을 추구하기 위해 보내지만, 삶 전체를 그렇게 보낼 필요는 없다.

성공적인 청사진은 당신이 추구하는 변화와 당신이 살고자 하는 삶을 조화롭게 연결한다.


## 83.
## "해야 한다."는 말은 함정이 될 수도 있다

  * 장기적인 관점에서 필요한 것을 얻기 위해 행동하라.
  * 원하는 변화를 만드는 데 방해되는 일은 하지 말라.

"해야 한다."는 주장은 문화가 중시하는 시스템에 순응하도록 강요하는 것이다. 이는 변화를 일으키는 데 도움이 되는 지침이 아닐 수 있다.

## 84.
## 청사진은 있는가?

건물을 지을 때 건축가는 일반적으로 청사진을 준비합니다. 건축 과정 전체의 지침으로 삼기 위한 청사진 말입니다. 따라서 훌륭하고 견실한 청사진이 없으면 건물은 제대로 세워지지 않습니다.

지금 여러분은 각자 자신의 인생이라는 구조물을 세워가는 과정에 있습니다. 중요한 질문은 여러분이 적절하고 견실하며 건전한 청사진을 가지고 있느냐, 하는 것입니다.

나는 오늘 여러분이 인생의 청사진을 준비하면서 고려해야 할 몇 가지 사항을 제안하고자 합니다. 인생 청사진에 담아야 할 첫 번째로 중요한 것은 자신의 존엄성, 자신의 가치, 자신의 존재에 대한 깊은 신념입니다. 그 누구도 여러분이 하찮은 존재라고 느끼게 만들도록 허용해서는 안 됩니다. 항상 스스로 중요한 존재라고 느껴야 합니다. 항상 자신이 가치 있다고 느끼고, 자신의 삶에 궁극적인 의미가 있다고 느껴야 합니다.

두 번째로 여러분 인생의 청사진에서는 자신이 선택하는 분야에서 탁월한 수준을 달성하겠다는 결의를 기본 원칙으로 삼아야 합니다. 앞으로 시간이 흐르면서 여러분은 인생에서 무엇을 할 것인지, 즉 인생의 업을 무엇으로 삼을지 결정하게 될 것입니다. 그 일을 찾고 나면 그 일을 훌륭히 해내겠다는 목표를 가지고 임해야 합니다.

젊은 친구 여러분, 여러분 앞에 기회의 문이 열리고 있습니다. 여러분의 어머니와 아버지에게는 열리지 않았던 그 문이 여러분에게는 열릴 겁니다. 지금 여러분이 직면한 가장 큰 도전은 그 문이 열릴 때 들어갈 수 있도록 준비하는 것입니다.

-1967년, 학생들을 대상으로 한

마틴 루터 킹 주니어 목사의 연설 중에서

## 85.
### 전략적 인내

캐나다 알곤퀸 공원의 스모크 호수 인근에는 전기차 충전소가 없다. 즉, 전기차 운전자는 그곳에 도착하기 전에 충전하지 않으면 발이 묶일 수 있다는 뜻이다.

우리는 이런 사실을 직관적으로 이해할 수 있다. "다음 주유소까지 600km"라는 표지판을 보면 당장 기름이 떨어지지 않더라도 멈춰서 주유해야 한다는 것을 안다. 결국 기름은 떨어질 테니까.

전략에는 항상 지연이 수반된다. 원하는 결과를 얻기 위해 지금 당장은 의미 있어 보이지 않거나 재미없는 일을 해야 하는 경우가 생긴다.

이때 믿음이 필요하다. 스스로 무엇을 얻고자 하는지 제대로 이해했다는 믿음, 그리고 세상이 우리를 실망시키지 않을 것이라는 믿음 말이다.

이런 믿음을 견지하기 어려운 (개인적 경험이나 불리한 사회적 지위로 인해) 불우한 개인은 종종 하향 소용돌이에 갇힌다. 전략은 미래에 대한 투자를 필요로 하며, 이를 위해서는 자원과 자신감이 있어야 한다. 그리고 미래에 대한 투자는 더 많은 자원과 자신감을 불러들일 수 있다.

마시멜로 테스트는 간단한 실험으로 유아의 미래를 예측할 수 있다고 가정한다. 3세짜리 아이에게 마시멜로를 한 개 준다. "10분 동안 방에서 나가 있을게. 내가 돌아올 때까지 먹지 않고 기다리면 보너스로 마시멜로를 하나 더 줄 거야. 하지만 내가 없는 동안 이걸 먹으면 더는 없어." 분명히 이 나이의 끈기와 자제력은 미래를 위한 좋은 징조다.

하지만 먹을 것이 충분하지 않은 가정에서 자랐거나 지켜지지 않은 약속에 스트레스를 받은 경험이 많은 아이는 약속을 지켰을 때 주어지는 두 번째 마시멜로를 기대하지 않을지도 모른다. 많은 사람에게 '당장 얻을 수 있는 것을 취하는 것'은 합리적인 생존 전략이다.

우리는 모두 매일 마시멜로 테스트 속에서 살아가고 있다. '지연'을 인식하면 내일의 성과를 위해 오늘 투자하는 자신감을 얻을 수 있다.

보너스 마시멜로를 얻을 수 있는 경로를 이해하고 신뢰한다면 '마시멜로를 먹지 않고 기다리는 선택'을 훨씬 더 쉽게 실천할 수 있다.


## 86.
### 전략은 자유의 파트너다

* 창조하고, 창작하고, 발명하고, 널리 공유할 수 있는 자유.
* 거의 모든 사람에게 접근할 수 있는 연결의 자유.
* 배우고 가르칠 수 있는 자유.
* 수용하는 정보, 소비하는 시간, 관계를 맺는 사람들을 선택할 수 있는 자유.

세상은 장벽과 한계, 불공정으로 가득 차 있다. 그리고 원하는 것을 하기 위한 시간이나 자원도 충분하지 않다.

그럼에도 우리는 자유를 낭비하고 있다. 지시를 기다리며 전략 없이 우왕좌왕하며 자유를 낭비한다.

우리 각자는 관심을 갖고, 연결하고, 선택하고, 주도하고, 중요한 일을 할 자유가 있다. 선택한다면 말이다.

당신은 꿈꾸는 미래와 실제 미래가 만나는 날을 환희의 날로도,

좌절의 날로도 만들 수 있다.

이는 지금, 내일, 매일매일을 어떻게 사느냐에 따라 달라질 것이다.

## 87.
## 복권은 전략이 아니다

누군가는 메가밀리언 복권에 당첨될 것이다.

하지만 당신이나 나는 아닐 것이다.

우리는 너무나 자주, 희박한 확률로 당첨될 복권을 사듯 일한다.

이러한 접근방식이 일관되고 지속적인 전략적 업무보다 장기적으로, 꾸준히 나은 성과를 낼 리 만무하다.

전략은 우리가 나아갈 방향에 대한 청사진이다. 단순한 목표 그 이상이다. 우리가 세상을 어떻게 바라보고, 시스템을 어떻게 이해하며, 우리의 주장이 실현될 가능성이 얼마나 되는지를 담은 신중한 선언이다. 청사진은 현재의 노력이 나중에 어떻게 영향력으로 전환될지 설명한다. 이는 타인에 대한 공감과 의미 있는 성과를 이끄는 힘을 중심으로 구축된다.

그리고 지속해서 자신과 동료들로부터 개선점을 끌어내고 청사진을 고쳐나가는 방식으로 당신에게 책임감을 부여한다.

반면 복권은 매혹적으로 반짝거리기는 해도 궁극적으로 막다른 길이다. 설령 당첨된다 해도 우리가 당첨 과정에서 주도권을 가질 수 없는 데다가 학습도 경험할 수 없다.


## 88.

### 미래에 대한 향수

전략은 원하는 미래로 가는 가장 확실한 방법이다.

'향수'는 고향에 대한 그리움을 의미한다. 그리운 장소로 돌아가고 싶은 욕구. 하지만 이는 버스를 타는 것만으로 해결될 수도 있다.

이런 정서가 오늘날 우리가 말하는 '노스탤지어'라는 말에 모두 담겨 있다. 예측 가능하고 안전하지만, 도달할 수도, 되돌아갈 수도 없는 과거에 대한 향수 말이다.

우리는 노스탤지어를 즐길 수 있다. 사랑했지만 재현할 수 없는 사건에 대한 애틋하고 아련하고 안타까운 감정을 기꺼이 받아들이는 것이다. 되돌아갈 수 없다는 사실이 그 매력의 일부다.

다시 그때로 돌아가고 싶지만 그럴 수 없다.

'미래에 대한 향수'는 아직 일어나지 않은 일에 대해 위와 같이 느끼는 것이다. 꿈꾸는 미래를 위해서 노력해왔더라도, 어떤 사정으로 인해 꿈을 실현하지 못한다면 사람들은 실망한다.

우리는 그런 미래를 시각화하는 데 능숙하지만, 실현 가능성이 적다는 생각에 사로잡히면 미래에 대한 향수에 젖게 되고, 결국 상상을 현실로 만들 기회를 찾기도 전에 포기하게 된다.

미래에 대한 향수는 긍정적인 시각화가 아니다. 가장 나쁜 종류의 집착이다. 우리는 종종 스스로 통제할 수 없는 결과에 집착한다.

단 하나의 결과에만 집착하고 집요하게 매달리는 대신, 원하는 미래를 만드는 데 도움이 되는 회복탄력적인 전략을 개발할 수 있다.

우리에게는 미래로 가는 버스를 잡아탈 능력이 있다.

## 89.
### 주어진 직무 vs. 전략적 작업

직무를 수행할 때는 체크리스트가 따라붙는다. 지침이 있고, 면책권이 있다. 분명 우리는 체크리스트 업무들을 처리해야 하지만, 와중에 자신만의 전략을 세워보는 게 좋다.

전략적 작업은 변화를 일으킨다. 전략적 작업은 스스로 통제할 수 있다. 전략적 작업은 우리가 시간을 어떤 직무에 어떻게 쓸지 결정할 수 있게 한다.

전략적 작업은 책임이자 기회다.

직무는 우리에게 질문에 답할 것을 요구한다. 전략적 작업은 우리에게 질문을 던질 기회를 제공한다.

직무는 어디에서 왔는가? 당신이 속한 시스템에서 왔다. 시스템이 당신에게 직무를 수행하도록 훈련시켰다. 시스템은 SNS일 수도, 교육기관일 수도 있다. 당신이 이발사든 집주인이든, 시스템은 직무를 제공한다.

전략적 작업은 우리가 어떤 일을 하기를 원하는지 파악하게 해준다.


## 90.
## 긴장을 조성하라

우리는 긴장이 마치 나쁜 것인 양 이야기한다. 하지만 방 건너편으로 고무줄을 발사하는 유일한 방법은 고무줄을 뒤로 당겨 긴장을 만드는 것뿐이다. 물거미가 익사하지 않고 웅덩이를 건너갈 수 있는 것도 긴장 덕분이다. 긴장은 우리를 이 세계에 집중하게 한다.

원하는 변화를 만들어낸다는 것은 곧 긴장을 유발한다는 뜻이다. 변화에는 늘 긴장이 수반되기 마련이다. 우리가 대하는 사람들은 이런 의문을 품지 않을 수 없다. "과연 효과가 있을까, 무시해도 될까, 다른 사람들은 어떻게 하고 있을까, 내가 바보처럼 보이지는 않을까, 내가 자격이 있을까, 나만 소외되는 건 아닐까, 비용은 얼마나 들까, 다른 선택지는 포기해도 될까…."

전략의 중심에는 긴장이 자리한다. 우리는 그저 '주어진 직무를 수행하기 위해' 여기에 있는 것이 아니다. 우리는 변화를 일으키기 위해 여기에 있다.

좋은 아이디어는 보통 그것을 거듭 시도할 수 있다는 느슨한 전제에서 출발하지 않는다. 좋은 아이디어는 변화의 주체가 시스템을 올바른 방향으로 바꾸도록 긴장과 기회를 창출할 일련의 지렛대와 촉발 요소로 이루어진다.

우리의 작업이 시스템과의 상호작용으로 긴장감을 조성하지 못한다면 그 작업은 어디서도 주목받지 못할 것이다.

구글은 지메일을 출시하면서 처음에는 제한된 수의 시험용 계정만 운영했다. 일부 얼리 어답터들이 계정과 함께 특권을 부여받고 호기심을 충족했다. 그들은 뒤처지지 않기 위해, 먼저 계정을 사용할 기회를 얻기 위해 서비스에 관심을 쏟았다.

그렇게 베타 테스트에 참여한 유저들은 지메일이 유용해서 메일 주소를 바꿀 가치가 있다고 판단했다.

물론 이메일을 주고받을 때 눈에 띄는 부담 요소 중 하나는 내 이메일 주소가 다른 사람에게 노출된다는 사실이다. 지메일 회원이 아니거나 권한이 부여되지 않은 사람들에게도 지메일닷컴 gmail.com 메일이 날아왔다. 하지만 원래 그것이 이메일의 작동방식 아니던가. 이메일은 그런 식으로 퍼지는 것이다.

계정을 먼저 얻은 얼리 어답터들은 주변 사람들에게 이 새로운 주소로 메일을 보냈다.

변화는 다음과 같은 새로운 긴장의 파동을 일으켰다. "나도 이 새로운 주소로 전환해야 할까?" 사람들은 구글이 요청하지 않았는데도 새로운 서비스에 대해 이야기하고 있었다.

네트워크는 확장되었다. 지메일은 2주 만에 100만 명의 유저를 확보했고, 현재 15억 명의 유저를 자랑한다.

하지만 긴장은 아주 작은 규모에서도 같은 식으로 조성된다. 초등학교 1학년 교실의 문화를 바꿀 때도, 마을에 새 가게를 열 때도 그렇다.


## 91.
## 세계에서 가장 빠른 사이클리스트

1933년, 프랑시스 포르Francis Faure는 자전거로 한 시간 동안 가장 멀리 이동한 기록을 경신했다. 20년간 유지되던 기록을 포르 는 쉽게 깨뜨렸다.

비결은 더 좋은 자전거에 있었다.

그 자전거를 만든 샤를 모세 Charles Mochet 에게는 안타깝게도, 프랑시스 포르는 세계적인 수준의 자전거 레이서가 아니었다. 그는 분명 레이서 지망생 중 2류나 3류에 속하는 선수였다.

포르가 리컴번트 자전거(라이더가 뒤로 몸을 누인 자세로 앞쪽 위 에 설치된 페달을 밟는 자전거)를 타고 나타나자, 상위권 라이더들 은 비웃으며 조롱했다. "포르, 피곤해? 거기서 한숨 자려고? 남자 답게 제대로 앉아서 페달을 밟지 그래?"

그들은 기존의 것을 고수해야 한다고 생각했다. 장비뿐만 아 니라 지위와 기술까지 모두 전통적인 스타일의 자전거만 고집 했다.

새로운 자전거의 스토리는 명확했다. 하급 라이더가 지위를 높일 수 있는 기술적 돌파구를 제공함으로써 계층 구조에 위협 을 가했다. 또한 상위권 라이더들의 지배적인 기술과 장비의 명 성을 손상시켰다. 게다가 레이스의 스폰서이기도 한 기존 자전 거 제조업체의 지배력에 도전장을 내밀었다.

포르의 우승 직후 자전거 경주의 주관 기관은 회의를 열었고, 많은 논쟁 끝에 리컴번트 자전거의 경기 출전을 금지했다(이 금 지 조치는 거의 100년이 지난 지금까지도 유지되고 있다). 그 결과 제조업체들은 기존에 프로들로부터 선호되던 자전거를 계속 만들며 유통을 통제하고 가격을 낮춰나가고 있다. 아마추어들은 프로의 선례를 따르며 시스템을 지속하는 중이다.

"이게 우리 방식이야!"

대부분은 자전거 경주 대회에서 우승할 일이 없지만, 우승한 그들처럼은 보이고 싶다.

2024년, 자전거 전문잡지 〈바이시클링 Bicycling〉은 기존 자전거가 얼마나 많은 고통을 유발할 수 있는지, 특히 여성에게 얼마나 큰 고통을 주는지에 관한 기사를 실었다. 일부 라이더들은 자전거를 포기하지 않기 위해 음순 수술을 받기도 한다는 내용이었다.

리컴번트 자전거로 바꾸면 되는 단순한 일인데도 선수들은 큰 수술을 받고 있다.

리컴번트 자전거는 더 빠르고, 안전하며, 편안하다. 대부분 라이더가 대회에서 우승할 가능성이 거의 없는데도, '더 나은' 자전거로 바꾸기보다는 고통스럽고 값비싼 수술을 감수하고 있다. 시스템이 사람들의 지위와 소속감에 얼마나 큰 영향을 미치는지 알 수 있다.

'더 나은 것'이란 더 빠르고 더 편안한 것보다, 다른 사람도 원하는 것을 의미할 수 있다.

만약 모세가 애초에 세계 정상급 사이클 선수를 그의 자전거를 홍보할 인플루언서로 고용했다면 이야기는 완전히 달라졌을 것이다. 현상을 유지하고자 하는 욕망과 질투심은 그만큼 강력하다.

## 92.
## 애플은 언제 애플이 되었나?

세계에서 가장 가치가 높은 이 회사는 스티브 워즈니악이 차고에서 널리 보급할 수 있는 저렴한, 최초의 가정용 컴퓨터를 만들면서 시작되었다.

하지만 당시에는 시스템이 없었다. 컴퓨터 판매점도, 가정용 컴퓨터 유저를 위한 프로그램을 개발하는 사람도 거의 없었다. 광고를 하려는 사람도, 광고를 실을 만한 잡지도 없었다.

이후 애플II가 나오면서 시스템 형성의 씨앗이 뿌려졌다. 하지만 만약 애플의 작업이 그저 가정용 컴퓨터 버전을 더 많이 만드는 것이었다면, 그들의 스토리는 거기서 끝났을 것이다.

애플은 결국 기술적 통찰을 빌리거나 훔치거나 찾아내 매킨토시를 탄생시켰다. 그들은 맥이 성공하여 세상을 바꿀 것이라는 믿음에 회사의 상당 부분을 걸었다.

운영체제의 디자인도, 기기도 실로 매혹적이었다. 그들의 슈퍼볼 광고는 전설이 되었다.

하지만 마케터 가이 가와사키Guy Kawasaki의 노력이 없었다면, 그 모든 게 의미가 없었을 것이다.

가와사키는 컴퓨터 전도사라는 직업을 창조했다. 그는 1년 이상 미국 전역을 돌아다니며 맥을 위한 소프트웨어를 개발하도록 프로그래머들을 설득했다.

그는 알두수Aldus, 어도비, 마이크로소프트, 스피너커Spinnaker 등 수많은 회사와 함께 춤을 췄다.

그는 그렇게 새로운 생태계를 구축했다. 가와사키가 구축한 토대 위에서 기업들은 소비자들이 요구하는 소프트웨어를 만들어 광고를 집행하고 제품을 취급하는 매장을 지원하기 시작했다.

그리고 무슨 일이 일어났을까?

생태계를 발전시키기 위한 전략이 어우러져 아이폰이 등장할 수 있었다.


## 93.
### 넷플릭스는 언제 넷플릭스가 되었나?

넷플릭스는 DVD 대여 회사로 시작했다. 아주 흔한 빨간 봉투와 방대한 선택지가 그들이 이룬 초기 성공의 상징이었다.

블록버스터를 물리치고 시장을 장악한 후, 넷플릭스의 회장 리드 헤이스팅스Reed Hastings와 CEO 테드 서랜도스Ted Sarandos는 회사의 미래를 스트리밍 영화와 오리지널 프로그램에 건다는 전략적 결정을 내렸다. 그리고 이 결정을 아주 간단한 방식으로 전달했다.

DVD 팀의 리더들을 더는 회의에 초대하지 않았다.

DVD 대여가 매출 대부분을 차지했지만, 그만큼 강력한 발언권을 가진 자들이 계속 회의에 참석하는 경우 결국 해당 사업 부문을 지키자는 주장과 타협해야 한다는 걸 알았기 때문이다.

종종 우리는 다음 단계로 나아가기 위해 이전에 쌓아온 성취를 스스로 무너뜨려야 한다.


## 94.

## 데이비드 보위는 언제 데이비드 보위가 되었나?

슬라이 스톤Sly Stone이나 재니스 조플린Janis Joplin, 루 리드Lou Reed와 같은 록 스타들의 초기 음반을 들어보면, 그들이 처음에는 다른 사람들과 똑같은 소리를 내기 위해 최선을 다했음을 알 수 있다.

그러면 시스템이 보상을 줄 것만 같다. 프로듀서를 얻고 데모를 녹음하고 스타덤에 오를 기회 말이다. 하지만 이는 거의 항상 실패하는 방식이다.

보통의 뮤지션에서 록 스타로 나아가는 큰 걸음은 남들과 똑같은 소리를 내려고 노력하는 대신 자신만의 소리를 내기로 결심하는 것이다.

## 95.
## 당신의 전략은 무엇인가?

우리 부모님 세대에게 전략이란 MBA 출신 대기업 임원이나 국가를 경영하는 정치인 및 외교관들이 세우는 것이었다. 알루미늄 제조업체 알코아Alcoa와 사진 관계용품 제조업체 코닥Kodak에게도, 윈스턴 처칠에게도 전략이 있었다. 무하마드 알리도 다음 시합을 위한 전략을 세웠을지 모르지만, 일반인에게는 전략이 직무의 일부가 아니었다.

TV 네트워크는 그들이 무엇을 만들고 우리가 무엇을 볼 것인지에 대한 전략을 세웠다. 우리는 제공받는 것을 소비했다.

하지만 분열과 격변의 시대인 오늘날, 전략은 우리의 몫이다. 어떤 미디어를 소비(또는 창작)할 것인지에 대한 사소한 선택에서부터 어떤 세상을 만들고 싶은지에 대한 실존적 전략에 이르기까지. 지금이야말로 우리가 가진 힘을 이해하고 이를 통해 무언가를 할 수 있는 최적의 순간일지도 모른다.

내일은 계속 다가오고 있다. 우리는 전략으로 더 나은 내일을 만들 수 있다.

## 96.
### 전략적 사고는 무엇을 의미하는가?

전략적 사고를 한다는 것은 시스템을 이해한다는 것을 의미한다.

시스템과 함께 일하거나 시스템을 변화시키는 데 필요한 자산과 기술을 개발한다는 뜻이다.

다른 사람들의 선택 방식을 이해할 수 있는 공감 능력이 있다는 뜻이다.

또한 피드백 루프의 지연을 줄이기 위해 노력하면서 시스템의 반응에 따라 전술을 조정할 수 있다는 뜻이기도 하다.

전략에 수반되는 운영 계획과 전술은 이러한 피드백 루프에 근거한다. 이를 통해 우리는 기존 시스템이 현상을 유지하려 할 때 민첩하게 대응할 수 있다.

# 97.
## 전술은 전략이 아니다

전술은 단기적인 게임에서 승리하는 방법이다. 전술은 유연하고 일회적이며 때로는 비밀스럽다.

전략은 장기전을 위한 것이다. 전략은 공유하고, 점검하고, 고수할 가치가 있다.

전술은 우리가 당장 해야 할 일이다. 전략은 다음과 그다음, 모든 단계를 아우르는 것이다.

전술은 현재를 위한 것이다. 반면 전략은 시간을 인식하고, 인정하며, 시간에 가치를 부여할 때 정립된다.

효과적인 전술은 전략을 진전시킨다.

전략에 결함이 있다면 어떤 성공적인 전술도 도움되지 않는다.


# 98.
## 피드백 루프란 무엇인가?

결혼식 사회자가 마이크를 스피커에 너무 가까이 대면 끔찍한 소음이 발생한다. 소리가 마이크를 통과하여 증폭된 후 스피커로 나갔다가 다시 돌아오는 과정이 반복되기 때문이다.

피드백 루프는 다른 상황에도 작용한다. 예를 들어 서부개척 시대에 누군가가 은행을 털었다고 가정해보자. 그러면 관계자들이 금고를 강화하고 다음 강도는 더 치밀해지고 은행에 추가적으로 경비원을 고용하는 방안이 도입되고…. 이런 식으로 현상에 상응하는 행위와 조치가 이어지면서 결국에는 은행 강도가 사라진다. 이렇게 작용하는 것이 피드백 루프다.

피드백 루프는 부자들을 더 부유하게 만든다. 또한 테크 기업들이 각 세대의 컴퓨팅 프로세스를 더 빠르게 개선하도록, 병원들이 치료 기술에 더 많이 투자하도록 시스템에 동력을 제공한다.

피드백 루프는 당신에게 조언하기 위해 존재하는 것이 아니다. 피드백 루프는 스스로 변화를 촉진하거나 억제하거나 증식하거나 분열한다.

어떻게 비용이 200만 달러나 드는 결혼식이 등장하게 되었을까? 결혼식은 공개적인 성격을 띠는 의식이다. 결혼식은 지금껏 성취한 네트워크와 지위를 기념하는 행사다. 결혼식에 참석하는 사람들도 자녀나 자신의 결혼식을 계획한다. 그들은 자신이 참석한 결혼식들을 기준 삼아 자기 결혼식의 수준을 결정할 가능성이 크다. 피드백 루프가 증폭되는 것이다.

한 정치인이 터무니없는 짓거리로 주목을 받는다. 관심을 끌고 싶은 다음 정치인은 첫 번째 정치인을 능가하기 위해 노력한다. 순식간에 관심을 끌기 위한 피드백 루프가 작동하고 그의 매너 수준은 바닥으로 떨어진다. 뉴스 미디어는 이 과정을 따라가며 피드백 루프를 증폭시키고, 또 증폭시킨다.

한 고급 호텔에 돈을 많이 쓰는 손님들이 몰린다. 그런데 어느 날부터 외부의 사건(문화적 변화, 지역 경기 침체, 팬데믹 등)으로 인해 객실 점유율이 떨어진다. 호텔은 음식과 유지 보수에 조금 덜 투자하는 방식으로 대응한다. 그래서 재방문하는 손님이 적어진다. 그렇게 피드백 루프가 계속 이어지고 호텔은 결국 문을 닫는다.

피드백 루프가 보인다면, 시스템의 작동을 이해하는 것이다.


# 99.
## 시간은 공짜가 아니다


모든 선택에는 대가가 따른다. 우리가 책을 읽는 데 1시간을 소비하면, 대신 스피드 메탈Speed metal, 헤비메탈의 하위 장르 – 옮긴이을 듣지 못한다. 누군가에게 서비스를 제공하기로 결정했다면 다른 누군가는 제공받지 못한다.

기회비용은 실재하며, 오늘날 더 많은 접근권과 더 많은 도구, 더 많은 기회가 우리에게 주어짐에 따라, 그 비용은 계속 증가해왔다.

전략은 시간에 대가가 따른다는 전제하에 선택을 요구한다.

인식하든 인식하지 못하든 시간을 소비하고 있다. 전략이 없다면 우리는 시간을 낭비하는 셈이다.

오늘의 시간이 내일의 삶을 변화시키기 위한 투자라는 사실을 인식하면, 간과하고 있던 기준이 명확히 보일 것이다.

더 나은 내일을 만들기 위해 오늘 우리가 취하는 선택이 바로 전략이다.


## 100.
## 결과론적 편향 피하기

대부분의 비즈니스 이론은 쉽사리 함정에 빠진다. 몇 가지 성공 사례로만 이론을 정당화하는 함정 말이다.

접근이 유사한데도 불구하고 실패한 비즈니스에 그 이론이 왜 적용되지 않았는지는 명확하게 설명하지 않는다.

결과론적 편향에 의존하는 사람은 종종 자신이 사건의 결과를 미리 알고 있었다고 착각하고, 경험적 증거 없이 논리적 추론만으로 사건을 예측할 수 있다고 확신한다.

사실 우리는 여전히 알지 못한다. 왜 페이스북은 성공하고 프

렌드스터Friendster는 실패했는지 잘 모른다. 제너럴매직General Magic
은 고전했지만 에어비앤비는 성공한 이유도 마찬가지다.

상세한 로드맵을 약속하는 사람은 미래를 만드는 것이 얼마나
복잡한 일인지 모른다.

우리가 기대할 수 있는 것은 일이 일어날 조건이지, 보장이 아
니다.

우리는 너무나 자주, 희박한 확률로 당첨될 복권을 사듯 일한다. 이러한 접근방식이 일관되고 지속적인 전략적 업무보다 장기적으로, 꾸준히 나은 성과를 낼 리 만무하다.

전략은 우리가 나아갈 방향에 대한 청사진이다. 단순한 목표 그 이상이다.

# 101.

## 부품이 아닌 시스템

2명 이상의 사람(자동차의 경우에는 2개 이상의 부품)이 서로 협력하여 무언가를 만들어내는 것을 시스템이라고 한다. 미국 조직 이론가 러셀 애코프 Russell Ackoff에 따르면, 시스템은 부품 자체가 아니라 부품 간의 상호연결성에 관한 것이기에 한 부품을 개선한다고 해서 항상 시스템의 출력이 향상되는 것은 아니다. 트럭에 효율적인 자전거 타이어를 장착한다고 해서 트럭이 더 잘 작동하는 것은 아니다. 그럼에도 우리는 트럭이라는 시스템 자체를 보지 않고 타이어를 고치는 데 시간을 소비한다.

시스템의 일부가 되고자 한다면, 자신의 행동이 시스템을 어떻게 변화시킬지 이해하는 것이 도움이 된다. 시스템이 자신의 행동에 어떻게 반응하거나 대응할지 알아낼 수 있다면 더욱 도움이 된다.

# 102.

## '지위'에 대해 생각하기

이 책에서 50회 이상 언급되는 이 개념은 시스템과 전략의 핵심 요소다. 하지만 우리는 종종 지위를 측정하기 쉬운 지표인 돈과 혼동하는 경우가 많다(돈은 때로 지위의 지표가 될 수 있지만, 항상 그런 것은 아니다).

일부는 부자가 지위를 갖는다고 생각한다. 비싼 자동차를 사는 것은 부를 암시하는 방법이며, 실제로 그렇게 지위를 부여받을 수도 있다.

하지만 초등학교 3학년 학급의 '광대(분위기 메이커)' 역시 일종의 지위를 누린다. 글리 클럽glee club, 학생 합창단 – 옮긴이의 회장도 마찬가지다.

(적어도 이 수준에서는) '누가 먼저 점심을 먹느냐'가 지위를 상징한다.

키 큰 아이와 성적이 우수한 아이에게도 지위가 부여된다. 어떤 집단에서는 SNS 팔로워가 많은 사람이 지위를 갖는다.

그리고 쉽게 측정되는 지위의 척도를 의도적으로 거부하는 것처럼 보이는 사람들에게도 지위가 생긴다.

## 103.
### 할리우드에서의 지위

역대 흥행 상위 500편의 할리우드 영화 중 투자수익률ROI이 가장 높은 영화는 '나의 그리스식 웨딩My Big Fat Greek Wedding'이다.

그리고 박스오피스 상위 1,500위 안에 든 모든 할리우드 영화 가운데는 '파라노말 액티비티'가 단연 최고의 수익률을 올리며 주식시장의 거의 모든 투자 상품을 능가했다. 투자수익률이 무려 100만%가 넘는다.

왜 이런 영화가 자주 만들어지지 않고, 상과 언론의 찬사를 받지 못하는지 궁금해진다.

답은 소속감과 지위에 있다. 할리우드에서 일하는 감독과 스타, 프로듀서들은 투자자에게 최대한의 수익을 올려주기 위해 일에 전념하는 게 아니다.

그들은 소속감과 지위를 제공하는 시스템에 참여하기 위해 일한다.

대부분 산업이 이와 비슷한 목표하에 움직인다. 그저 잘 드러나지 않을 뿐이다.

누구의 지위가 올라가고, 누구의 지위가 내려가는가?

시스템이 만들어내는 것은 필시 시스템이 중시하는 무엇일 것이다. 그리고 시스템이 중시하는 무언가는 시스템을 만들어낸다.

## 104.

## 시스템의 출력

시스템은 조직자나 참여자가 바라는 것이 아니라 자체의 목적에 부합하는 것을 생산한다.

의료 시스템은 건강을 만들지 않는다. 치료를 만든다. 건강은 부산물로 따라올 뿐이다.

미국의 고등교육 시스템은 충분한 정보를 갖춘 졸업생을 배출하기 위해 작동하지 않는다. 경력과 문화를 만들기 위해 작동한다.

일반적인 기업은 고객을 변화시키지 않는다. 기업이 풍요롭게 하는 것은 경영진이며, 고객의 변화는 때때로 발생하는 부수적 효과일 뿐이다.

시스템의 산출물은 모종의 음모가 만들어내는 것이 아니다. 시스템은 단순히 서로 무관한 노드들의 집합이기보다 유기체이기에, 그 출력이나 조합이 우리를 실망시키기도 한다. 사람들이 함께 일할 때 발생하는 부수적 효과는 종종 사소한 수준에 그치지 않고 사업 전체를 좌우하기도 한다.

## 105.
## 시스템은 종종 의도를 변질시킨다

의료 연구 프로젝트 다트머스 아틀라스 Dartmouth Atlas의 의료서비스 연구에 따르면, 병상 수가 증가하면 병원에 입원하는 환자 수가 증가한다. 의료 기기와 검사의 경우도 마찬가지다.

교사들만이 '시험에 맞춰' 가르치는 것은 아니다. 우리 모두가 그렇다.

우리에게 작용하는 시스템의 힘은 중력처럼 눈에 보이지 않고, 정상적으로 느껴진다. 문화는 회복탄력적인 시스템의 집행 역학이며, 우리 주변의 상황이 돌아가는 방식이다.

보이지 않는(아주 가끔 눈에 보이는) 시스템의 압력은 우리가 문화에 충실할 경우 지위와 소속감을 제공한다.

우리에게 회복탄력적이고 유용한 결과를 제공하는 한, 문화는 전혀 문제되지 않는다. 하지만 문화가 더는 만족스럽지 않다면 우리가 지원하기로 결정한 시스템 또는 구축 중인 시스템을 면밀하게 살펴볼 필요가 있다.

## 106.

## 아피아의 탄생

2007년, 다니엘 부틴Danielle Butin은 숙련된 재활 치료사였다. 그녀는 급성장하는 노인 건강관리 업계에서 의료를 담당하는 임원으로 일하고 있었다.

탄자니아를 여행하던 그녀는 지역 클리닉에서 재능기부 중이던 런던 출신의 한 여의사를 만났다. 그녀는 몹시 괴로워하고 있었다. "고국에서는 제가 나름의 역할을 할 수 있었어요. 아픈 환자들에게 필요한 물품과 도구가 있으니까요. 하지만 여기서는 제가 아무 쓸모가 없어요. 붕대와 소독약조차 구할 수 없거든요. 환자가 죽어가는 것을 보면서도 아무것도 할 수 없어요."

부틴의 경험은 수십만 명의 삶을 변화시킨 전략의 씨앗이 되었다.

부틴은 미국 병원에서는 법에 따라 약품과 의료용품의 유효기간이 많이 남아 있어도 그것들을 폐기해야 한다는 사실을 발견했다. 밀봉된 멸균 상태의 효능 좋은 인명 구조 물품이 톤 단위로 버려진다. 제약회사는 매출 증대에 이롭기에 이를 개의치 않고, FDA는 유효기간에 따른 효능과 멸균성의 극대화를 중시하기에 이를 강조한다. 병원은 각 품목을 재정리하는 데 드는 비용이 매우 크므로 이를 준수한다.

아피아Afya는 여러 시스템을 연결하는 다리 역할을 한다. 미국에서 사용하지 않거나 유효기간이 지난 의료 기기 및 용품을 수거해 이를 유용하게 사용할 수 있는 국가에 전달한다.

버려지기 직전의 물품이 보관되던 한 병원 지하의 임시 창고를 방문하면서 일을 시작한 아피아는 이제 세계적으로 영향을 미치는 단체로 성장했다.

시스템의 각 요소가 얼마나 적극적으로 참여하는지 살펴보는 것은 유익한 일이다. 좋은 의도를 행동으로 옮기게 하는 전략의 힘을 보여주기 때문이다.

병원 관리자들은 종종 시스템이 초래하는 낭비 수준에 경악을 금치 못한다. 그들은 폐기물을 쓰레기 매립지로 보내는 대신 해외에서 보다 생산적으로 사용하는 일에 열린 마음으로 동참한다.

의사들은 아이티나 우크라이나에 직접 가서 봉사할 시간은 없지만, 자신이 속한 병원이 그곳을 지원하도록 영향력을 발휘할 수 있다. 그렇게 의료 서비스에 변화를 일으킬 수 있다는 사실도 잘 알고 있다. 이것이 바로 그들이 의사 가운을 처음 입을 때 선서한 내용 아니던가.

기부자들은 종종 푸에르토리코나 탄자니아에 대량의 필수 의료 물품을 실어 나르는 컨테이너선의 모습처럼 실질적이고 긴급해 보이는 일에 자금을 지원한다는 사실에 동기를 부여받는다.

그런 국가들에서 절실히 필요로 하는 것을 보내는 일은 실로 간단하지만 막대한 파급 효과를 일으킨다.

현지의 보건 단체들은 유용한 물품의 지원을 간절히 바란다. 자율성을 보장한다면, 그들은 자체의 기술과 네트워크를 최대로 동원할 것이다.

좋은 취지는 무수히 많지만, 항상 좋은 성과로 이어지는 것은 아니다. 부틴의 전략은 서로 다른 시스템이 협력하여 각 참여자가 자랑스러워할 만한 결과를 만들어낼 수 있다는 것을 제대로 보여주었다.


## 107.
## 불공정의 영속화

시스템이 관련된 모든 사람에게 도움되는 경우는 드물다. 이런 상황을 바꾸기는 매우 어렵다. 예를 들어 취업 전선에 처음 뛰어드는 사람들은 기존 시스템으로부터 제대로 된 지원을 받지 못하고, 이들을 고용하려는 조직들도 마찬가지다.

구직 시스템은 불공정하고, 비효율적이며, 불투명하다. 그리고 일단 채용된 신입 직원은 제대로 교육받지 못하고, 각종 회의에서 시간을 낭비하며, 조직에 기여할 방법을 찾는 데 어려움을 겪는다.

그런 직원들이 한두 단계 올라가 관리직에 들어서면, 똑같은 시스템에 의존하며 반대 진영에 서게 된다.

의대생들은 수련 과정이 너무 고되고 비인간적이라고 생각하지만, 그렇게 버텨서 의사가 된 사람들은 자신이 참여했던 그 시스템을 바꾸기 위한 별다른 노력을 하지 않는다.

그들이 나빠서가 아니다. 오랜 세월 지속된 시스템이 여간해선 물러서지 않기 때문이다. 개인으로서는 할 수 있는 일이 아무것도 없는 것처럼 보인다. 우리는 종종 시스템이 약속한 것을 받아내면, 시스템에 고착되고 시스템이 만들어내는 현상 따윈 신경 쓰지 않게 된다.

어제를 반복하는 일은 앞으로 나아가는 데 결코 유용한 방법이 아니다.


## 108.
## 독성 시스템

시스템은 처음부터 이기적이지는 않지만, 회복탄력적인 시스템은 종종 그런 상태가 된다.

뷰티 및 패션 업계는 고객 모두를 이롭게 하진 않는다. 일부 고객이 자존감이나 건강 문제로 어려움을 겪게 하고, 또 어떤 고객들이 여성혐오적 편견의 피해자가 되어 사회적 능력을 제대로 발휘할 수 없게 한다. 패스트 패션은 의류의 대량 폐기로 생태계 파괴를 초래하는데, 그 대가는 우리 모두가 치른다.

인터넷은 '연결, 지식, 재미'라는 칭찬할 만한 목표를 가지고 시작되었다. 하지만 SNS와 다크 패턴소비자를 속이기 쉽게 설계한 사용자 인터페이스-옮긴이, 감시 자본주의로 인해 많은 사람이 희망을 잃었고, 서로 분열하며, 절망에 빠졌다.

시스템은 보통 점진적으로 부작용을 만든다. 그 부작용이 생각보다 더 치명적이라는 사실을 인식하기 전까지, 각 노드는 단계마다 항상 합리적인 선택을 하는 것처럼 보인다.

게다가 문화적 압력과 관성이 작용하는 까닭에 우리는 어느새 SNS에서 벗어나지 못하고, 독촉받거나 정체된 기분에 사로잡힌다.

독성 시스템은 저절로 사라지지 않는다. 우리는 공동체 행동과 동료의 지원을 통해 새로운 시스템을 구축하는 데 필요한 발판을 마련할 수 있다. 그 새로운 시스템이 힘을 얻고 영향력을 발휘하기 시작하면, 기존 시스템도 주의를 기울이고 행동방식을 바꾸기 시작한다.

# 109.
## 무엇이든 할 수 있지만 모든 것을 할 수는 없다

게임의 요소, 즉 모든 것을 가질 수도, 실행할 수도, 요구할 수도 없다는 '희소성' 개념을 받아들인다면 우리는 이점을 얻을 수 있다.

모든 전략은 선택을 요구한다. 그리고 이러한 선택에는 종종 우리가 할 수 있지만 하지 않을 일을 포함한다.

* 우리는 일부 고객을 외면할 것이다.

* 일부 기회는 회피할 것이다.

* 다른 것을 희생하면서 한 가지에 집중할 것이다.

하루를 일로 가득 채우고 싶은 유혹에 빠질 수 있다. 틱톡, 링크드인, 페이스북 페이지를 업데이트하고 인스타그램으로 이동했다가 다시 이메일로 돌아가는 식으로 일할 수도 있다. 또 끝없는 작업 목록을 준수하고 모든 항목을 체크하며 일할 수도 있다. 그리고 모든 고객, 모든 이해관계자, 모든 동료에게 서비스를 제공하기 위해 일할 수도 있다. 마음에 여유를 가지고 다른 이들에게 서비스의 책임을 넘길 수도 있음에도 말이다.

모든 곳에서 모든 사람과 경쟁한다면, 당연히 많은 성과를 올릴 수 없다.

## 110.
## 심사받는 것에 대하여

누구에게 당신을 심사할 권한을 줄 것인가?

올림픽 피겨 스케이팅 경기에 출전한다면 심사위원이 누구인지 명확히 알 수 있다. 그들은 팻말을 손에 들고 특별한 자리에 앉는다.

금메달을 놓고 경쟁할 때 심사위원을 무시하거나 심사받을 생각이 없는 것처럼 행동하는 것은 도움되지 않는다.

하지만 심사위원의 신원이 명확하지 않은 경우도 많다. 이 경우 잠재적인 심사위원은 어디에나 존재할 수 있다. 우리는 모두가 심사위원이라고 상상하거나 아무도 심사위원이 아니라고 대담하게 가정하고 싶은 유혹에 빠진다.

청사진의 기초 중 하나는 우리가 어떤 심사위원에게 심사받기 위해 준비할지, 어떤 심사위원을 무시해도 될지 구분하는 것이다.

# 111.

## 고객을 선택하고 미래를 선택하라

모든 프로젝트에는 고객이 있다. 비영리단체의 경우, 단체가 지원하는 환자일 수도 있고 후원금을 내는 기부자일 수도 있다. 카페 점원으로 일할 때는 가게에 들어오는 손님일 수도 있고 상사일 수도 있다.

고객을 선택할 때 우리는 그들의 세계관과 그들이 속한 시스템을 받아들이게 된다. 고객의 예산이 우리의 예산으로 이어지고, 고객의 우선순위가 우리의 우선순위에 영향을 미친다.

고객은 선택할 수 있는 대상이다. 우리는 수동적으로 그저 고객이 생기는 대로 받아들일 수도 있고, 능동적으로 함께 일하고 싶은 고객을 찾아 나설 수도 있다.

예전에는 단순했다. 가게에 들어와 돈을 내밀며 거래를 원하는 고객을 상대하면 그만이었다. 매장을 열고 소문을 내면 고객이 찾아왔다.

하지만 이제는 모든 주문을 받아들이거나 단순히 다음 주문을 기다리면 되는 상황이 아니다. 특정한 메시지를 전달해서 잠재 고객에게 우리가 그들을 위해 존재한다는 사실을 적극적으로 알려야 한다.

고객이 좌우할 수 있는 선택 요소가 많아졌기 때문이다. 예를 들면 다음과 같다.

  * 가격
  * 지원 및 서비스
  * 독점성
  * 콜라보레이션
  * 내구성
  * 브랜드가 안겨주는 지위
  * 브랜드의 대중적 페르소나
  * 지속 가능성

만약 맞춤형 작업과 저렴한 가격, 많은 개인 서비스를 기대하는 매우 까다로운 고객을 섬기기로 했다면, 당신은 그에 맞춰 하루를 보내게 될 것이다.

만약 가격을 30% 인상한다면, 당신은 가성비를 중시하는 고객 대신 높은 가격을 고품질의 신호로 여기는 고객을 맞이할 수 있다. 이때 우리는 단순한 상품이 아니라, 스토리와 메시지를 교환하는 것이다.

가령 심야 홈쇼핑에서 슬리퍼를 판다면, 정보력이 떨어지고 덜 까다로운 고객을 유치할 수 있다. 그러나 매체의 경제적 요구에 밀려 과장 광고를 펼치거나 품질이나 서비스의 일부를 포기할 수밖에 없을지도 모른다.

프리랜서 고용 플랫폼 업워크에 자신의 작업이나 서비스를 올린다면, 주로 가격에 민감한 단기 고객들과 거래하게 될 것이다. 하지만 같은 기술을 가지고도 소수의 장기 고객과 거래하는 매우 다른 프로젝트를 구축할 수 있다.

우리는 종종 고객 루프에 갇혀, 새로운 고객을 찾는 데 시간과 자원을 투자하는 대신, 기존 고객을 위해 더 빠르게 움직이는 데 치중한다.

프리랜서가 성공할 수 있는 가장 좋은 방법은 더 나은 고객을 찾는 것이다. 더 나은 고객은 더 많은 비용을 지불하고, 더 많은 것을 요구하며, 입소문을 퍼뜨린다. 더 나은 고객을 찾는 것은 당연히 쉬운 일이 아니다. 그래서 많은 사람도 얻을 수 있는 고객을 확보하는, 가장 일반적이고 편리한 접근방식을 취하는 것이다.

당신은 고객을 선택할 수 있고, 관심을 유지하기 위해 고객을 교육하고 보상할 수 있다. 특정한 행동방식에 보상하고, 지켜야 할 약속을 확실히 정하며, 모종의 기준을 확립함으로써 당신은 원하는 고객을 확보할 수 있다. 고객이 행동하도록 훈련시킬 수 있는 몇 가지 사항은 다음과 같다.

* 예의 바르게 행동하기(아니면 무례하게 행동하기)

* 인내심 갖기(아니면 이기적으로 굴기)

* 만족감을 다른 사람과 공유하기(아니면 혼자만 향유하기)

* 개인적인 서비스 요구하기

* 다음 버전을 조바심 내며 기다리기

* 후하게 나오기(아니면 구두쇠처럼 굴기)

* 받는 대로 감사하기(아니면 세심한 배려를 기대하기)

* 사치를 추구하기(아니면 공짜를 요구하기)

* 충성도 유지하기(아니면 몇 푼 아끼려고 소비 브랜드를 바꾸기)

* 브랜드의 판단을 신뢰하기(아니면 회의적인 태도 갖기)

당신이 주의를 기울이거나 차단하는 고객은 당신이 하루를 보내는 방식을 바꾼다(일부 고객을 차단하지 않는다면, 찾아오는 모든 사람에게 당신의 미래를 내주게 된다).

당신은 함께 일하고 싶은 고객을 식별하고 그들에게 보상할 수 있다. 마음만 먹으면 그렇게 할 수 있는 자유와 권한이 있다.

내가 원하는 것을 다른 사람도 원하도록 설득하는 일은 쉽지 않다.

당신이 데려가고자 하는 방향으로 이미 가고 싶어 하는 사람을 찾는 것이 훨씬 더 생산적이다.

## 112.

## 경쟁을 선택하고 미래를 선택하라

사이클 선수 랜스 암스트롱 Lance Armstrong이 속임수를 쓴 것은 놀라운 일이 아니다. 그가 경력을 쌓는 동안, 최고 수준의 자전거 경주에서 도핑 없이 우승하는 것은 불가능했다.

다른 선수들도 모두 그랬다.

희소성이 생기면 경쟁이 뒤따른다.

만약 당신이 단기적 이득과 도덕적 전략이 이득이 되는 곳에서 경쟁하기로 했다면, 그와 동시에 이미 당신은 시간을 어떻게 쓸지 결정한 것이다.


## 113.
### 인정의 출처를 체크하고 미래를 선택하라

당신은 누구를 만족시키려고 하는가? 누구에게 인정받고 싶으냐는 뜻이다.

그 인정이 당신이 원하는 방식의 보상과 결실에 부합하는가?

미국 유명 가정식 체인점 크래커배럴Cracker Barrel은 〈뉴욕타임스〉의 음식 평론가를 기쁘게 하려 하지 않는다.

이 식당은 자사가 만족시키려는 대상에 대해 늘 명확하고 일관된 태도를 유지한다. 대상이 되는 커뮤니티를 기쁘게 하는 것이 자사가 보상받고 목표를 달성하는 방식임을 잘 알고 있다.

리뷰를 읽고, 평론가들을 만족시키며, 가장 시끄럽게 불평하는 고객의 목소리에 귀를 기울이는 일은 전략적 선택 문제에 해당한다. 만약 그것이 프로젝트의 목표 달성에 도움이 된다면 이를 수용하라.

하지만 많은 조직이 종종 둘 사이의 불일치로 인해 스트레스를 받는다. 이런 경우 차라리 프로젝트의 비판자들을 외면하는 게 나을 수도 있다.

우리가 인정받고자 하는 곳과 우리가 하고자 하는 작업, 그리고 우리가 받고자 하는 보상을 일치시킬 때 전략은 올바른 체제를 갖추게 된다.

## 114.
## 유통 방식을 선택하고 미래를 선택하라

유통은 내가 만든 것을 원하는 사람들에게 전달하는 행위다. 유통은 시각화하기는 쉽지 않지만, 궁극적으로 다른 선택들만큼이나 중요한 요소다.

오디오 인터뷰 프로그램은 어떻게 유통하는 게 좋을까? 라디오에 내보낼까, 팟캐스트로 배포할까, 아니면 CD에 담아 돌릴까? 방송을 지역 커뮤니티 센터에서 라이브로만 진행할 수도 있다. 대화의 내용은 같겠지만, 유통 방식에 따라 다른 시스템에 속하고, 다른 압박을 겪으며, 다른 보상을 받는다.

벤처캐피털리스트 미치 래스키Mitch Lasky는 이 부분이 비디오 게임 회사들에 얼마나 중요한지 강조한 바 있다. 그러나 이는 영향력을 행사하고자 하는 모든 조직에 중요한 문제다.

FTD는 꽃의 유통 방식을 바꾸어 꽃 판매 사업을 변화시켰다. 재배 방식은 변하지 않았고 꽃도 바뀌지 않았지만, 꽃집 업계는 변했다.

세계 최대 디지털 게임 유통망 스팀Steam은 게임 개발자들이 CD와 플로피디스크에서 벗어나도록 지원함으로써 비디오 게임 업계를 변화시켰다.

심부름 중개 사이트 태스크래빗Taskrabbit은 가구를 옮기고 조립하며 열심히 일하는 사람들의 하루를 변화시켰다. 조립 작업 자체는 그대로지만, 고객을 찾는 방식과 고객을 대하는 상호작용 및 절차는 완전히 혁신되었다.

애플은 마케팅 방식뿐만 아니라 앱스토어에서 유통될 앱의 실제 디자인도 관여한다. 기술적인 이유 때문만은 아니다. 총체적인 유통 방식은 사용자의 태도와 앱의 성공 여부를 결정한다.

단순히 적합한 중개자를 찾으라는 말이 아니다. 유통 시스템이 바뀌면 유통 대상의 성격도 달라진다.

## 115.
# 뉴스와 아이디어, 유통의 변화

책은 400년 동안 거의 같은 방식으로 유통되었다. 저자, 출판업자, 서점, 독자.

서점은 강력한 게이트키퍼였다. 출판사는 서점을 고객으로 여겼고, 모든 일이 서점을 만족시키는 데 집중되었다.

뉴스는 한 세기 동안 같은 방식으로 공유되었다. 기사를 쓰는 사람들은 고유한 방식을 따랐고, 뉴스를 만드는 사람들(정치인이나 홍보 관계자 등)은 그에 맞춰 행동했다.

그리고 오늘날, 불과 한 세대를 거치며 우리는 책과 뉴스를 전과 다른 방식으로 공유하게 되었다.

유통의 변화는 글을 쓰는 사람의 수(훨씬 많아짐)와 글의 정교함 및 편집 수준(훨씬 떨어짐), 그리고 정보가 퍼지고 사라지는 속도에 변화를 일으켰다.

심지어 이 변화는 뉴스 자체에도 영향을 미쳤다. 전 세계에서 시시각각 변모하는 사건들 하나하나가 이제는 바로 뉴스에 유통된다.

어떤 유통 방식을 선택하느냐에 따라 당신의 미래가 결정된다.

## 116.

## '모두'는 잡기 어렵다

우리는 모든 사람에게 영향을 미칠 수 없다. 누구도 그럴 순 없다.

하지만 그렇다고 해서 어떤 누군가를 위해 더 나은 환경을 만들 수 없다는 것은 아니다.

이 진술에는 우리의 전략이 누군가를 뒤처지게 하거나, 무시하거나, 심지어 비난받게 할 수도 있다는 뜻이 내포되어 있다.

만장일치의 기립 박수가 필요하다는 말은 함정이다.

탈출구는 있다. 당신이 필요한 사람, 당신에게 혜택받을 누군가가 있지 않은가. 모든 사람을 만족시킬 수 없다는 이유로 상품 출시를 망설인다면, 그것은 당신을 필요로 하는 사람에게서 혜택을 빼앗는 것이나 마찬가지다.


## 117.

## 당신은 무엇을 원하는가?

"당신은 무엇을 원하는가?" 이는 실로 대답하기 어려운 질문이다. "당신의 전략은 무엇인가?"라는 질문이 뒤따르기 때문이다.

우리가 진정으로 원하는 것이 무엇인지 고민하기 시작하면 불안감이 싹튼다. 바라는 바를 이뤘는데 마음에 들지 않으면 어떻게 할 것인가? 혹은 변화의 타당성을 신봉하고 맹렬히 추구하다가 그것을 이룰 수 없다는 사실을 알게 되면 어떻게 할 것인가?

그냥 포기하고 시스템이 요구하는 대로 따르는 것이 더 쉽게 느껴질 수 있다.

전략은 이러한 딜레마에 대한 대응책이다.

## 118.
## 그것은 무엇을 원하는가?

진화한 유기체나 시스템을 이해하는 유용한 방법은 그것이 무엇을 원하는지 묻는 것이다.

생존하거나 번성하기 위해 그것은 타자에게 어떤 행동을 유도했는가?

꽃은 꿀벌이 방문하기를 원하고, 열매는 새가 먹어주기를 원한다.

분명히 그들에게 의식적인 의도는 없겠지만, 이 '욕구'가 세대를 거치면서 그들의 진화를 이끈다. 그들이 원하는 것을 더 많이 얻으면 더 많은 무언가가 전개된다.

상품이나 조직도 마찬가지다.

잘 디자인된 공구는 사람들이 칼날이 아닌 손잡이를 잡고 자주, 안전하게 사용해주길 원한다. 이름난 명품은 당신이 다른 사람들에게 과시하고, 특정한 기분을 느끼길 원한다.

스마트폰은 당신의 주의를 원한다. 가능한 한 많이, 그보다 더 많이. 외부 세계를 당신이 있는 곳으로 끌어들여 끊임없이 불안을 조성하거나 공포를 유발하거나 만족을 제공하며 '여기'의 친밀함과 '지금'의 마법을 침해함으로써 주의를 끈다.

병원이 원하는 것은 모든 병상이 꽉 차되 지나치게 붐비지는 않는 것이다. 또한 최고위급 의사들이 자신의 지위에 안정감을 느끼는 것이다. 물론 의인성 감염이나 의료과실 소송 같은 일이 일어나지 않기를 간절히 바란다.

대부분 기업이 원하는 것은 고위 경영진이 충분한 보수와 존경을 받는 것이다.

인터넷이 원하는 것은 우리가 항상 그것을 사용하면서 모든 데이터의 흔적을 남기는 것이다.

케빈 켈리Kevin Kelly는 저서 《기술의 충격》에서 이렇게 말했다. "기술이 우리 세상을 어떻게 변화시키는지 이해하는 가장 쉬운 방법은 기술 역시 자신의 틈새를 채우고 확장하기 위해 진화하는 또 다른 종이라고 상상하는 것이다."

시스템이 우리를 놀라게 했다면, 그것은 아마도 우리가 원하는 것을 시스템도 원한다고 상상했거나 우리가 바라는 대로 시스템이 움직여주길 기대했기 때문일 것이다.

하지만 우리가 아무리 시스템이 다르게 움직이길 원하더라도, 시스템은 자체의 목적에 부합하는 일만 할 뿐이다.

냉소적으로 말하는 것이 아니다. 우리가 원하는 것을 얻기 위해(또는 시스템이 하는 일을 바꾸기 위해) 기존 시스템과 어떻게 협력하면 좋은지, 그 방법을 찾을 때 도움될 요점을 간결하게 전하려는 것뿐이다. 사람들에게 공감이 필요하듯, 시스템 역시 공감이 필요하다.

동시에 나는 "시스템의 목적은 그 시스템이 하는 일로 정의된다."는, 영국의 경영 사이버네틱스 권위자 스탠포드 비어Stanfford Beer의 경험칙을 완전히 신뢰하지는 않는다.

날씨는 시스템이지만, 비는 그 시스템의 목적이 아니다. 날씨 시스템에는 사실 목적이 없다. '목적'이란 용어의 일반적인 의미로 보면 그렇다. 날씨는 어떤 일을 하려고 애쓰지 않는다. 그저 존재할 뿐이다.

시스템의 행동방식을 예측하거나 우리의 목표를 달성하는 데 도움이 된다면, 우리는 시스템이 무엇을 원하는지 생각해봐야 한다. 하지만 인간이 만든 시스템에는 반드시 목적이 있지는 않으며, 설령 목적이 있더라도 그것을 따르는 경우는 드물다.

따라서 "시스템은 시스템이 하는 일로 정의된다."라고 하는 것이 더 정확할 것이다.

당신이 시스템에 바라는 바가 무엇인지는 중요하지 않다. 시스템이 하는 일을 지켜보면 그 시스템이 무엇인지 이해할 수 있다.

나는 시스템이 의식이 있다거나, 명백한 목표를 가지고 있다거나, 사악한 초능력자에 의해 움직인다고 주장하는 것이 아니다. 하지만 시스템을 이해하는 가장 쉬운 방법은 시스템이 그럴 수도 있다고 상상하는 것이다. 태양은 지구가 자신의 주위를 돌기를 '원하지는' 않지만, 분명히 그러는 것처럼 행동한다.

시스템은 무언가를 원한다. 시스템에 참여하기 전에 시간과 열정을 투자하여 시스템이 원하는 것이 무엇인지 이해하면 여러 가지로 득이 된다.

스스로 원하는 방향으로 움직이고 있는 시스템과의 협력을 선택하면 큰 성과를 거둘 수 있다.

## 119.
### 폭주의 조건

때때로 만족을 모르고 폭주하는 피드백 루프가 생긴다. 그런 피드백 루프는 사회에 의해 활성화되고 강화되면서 거의 항상,

예기치 못한 부작용을 초래한다.

1800년대, 유럽의 부유한 남성들이 비버 모자와 코트를 선호하기 시작했다. 이는 지위 경쟁의 양상을 만들었고, 비버 가죽에 대한 수요가 폭증하면서 현지 공급량이 빠르게 고갈되었다. 가격이 오를수록 수요가 더 늘어났다. 피드백 루프가 미쳐 날뛰기 시작했다.

이는 미국과 캐나다의 기업가들에게 기회였다. 존 제이콥 애스터John Jacob Astor는 가능한 한 많은 비버 가죽을 확보하고 판매하느라 애썼다.

그는 원주민 비버 사냥꾼들에게서 더 나은 거래 조건을 끌어내기 위해 할인가로 술을 제공했다. 만성 알코올 중독이 그들의 건강과 가족 관계를 망치고 있다는 사실을 잘 알면서도 말이다.

가죽에 대한 수요가 계속 증가하자 밀렵꾼들은 점점 더 깊은 숲속으로 들어갔고, 결국 북미 지역 상당 부분의 풍광을 바꿔놓았다.

대부분의 피드백 루프에는 조절 장치가 내재한다. 극단적 상황은 결국 평준화되고 시스템은 안정적인 평형 상태로 돌아간다. 회복탄력적인 시스템은 통제되지 않는 탐욕적인 노드를 혐오한다.

우리는 피자에 대한 끝없는 욕구를 느끼지 않는다. 몇 조각을 먹고 나면 말이다. 더 먹을수록 좋아지는 게 아니라 오히려 나빠진다. 선택지에 대해서도 마찬가지다. 슈퍼마켓의 한두 선반에 피자가 진열된 것은 좋지만, 한 통로 전체가 피자로 가득 찬 것은 부담스럽다.

하지만 자본주의는 더 많은 돈에 대한 끝없는 욕망을 부추길 조건을 창출한다. 돈을 지위 및 소속감과 연결하며 더 많은 돈이 돈에 대한 더 큰 욕망을 낳게 한다.

일부 사람들 사이에서 벌어지는 '더 많은 것'을 향한 질주는 통제 불가능한 변수다.


## 120.
## 확장하는 것들

시장 경제가 아무리 많은 것을 창조하고 발명하고 판매해도 인간에게는 결코 완전히 충족되지 않는 모종의 욕구가 남는다. 아무리 채워도 채워지지 않는 것이 존재한다는 뜻이다.

이 모든 욕망의 연결고리는 바로 돈이다. 돈 그 자체는 아무것도 아니지만, 돈에 얽힌 이야기들을 보면 돈이 많은 것을 대변하고 있음을 알 수 있다.

이동 및 통신 속도의 변화는 많은 이에게 거부할 수 없는 긴장을 불러일으킨다. 전보가 나왔을 때도, 페덱스나 DM이 등장했을 때도 마찬가지였다. 네트워크 시스템의 일부가 속도를 업그레이드하면 다른 부분도 그에 맞춰 속도를 높이게 된다.

모든 인간은 자신의 지위를 인식한다. 어느 정도 지위를 얻은 사람들은 대개 그것을 유지하고 확장하며 과시하고 싶어 한다. 안장에서부터 요트, 맨 앞줄 좌석 티켓에 이르기까지 사치품에 대한 욕구가 뒤따른다. '나는 지금보다 더 많은 것을 원해.'라는 생각이 끝없는 피드백 루프를 만들어내는 것이다.

미국 정책입안가 팀 우Tim Wu는 생존이 걱정되지 않을 정도의 여유가 생기면 사람들은 편리함을 추구한다고 설파했다. 사람들은 게으름을 부추기거나 자유 시간을 늘려주는 선택지가 주어진다면 거의 무엇이든 내놓으려 할 것이다.

이를 통해 우리는 대부분 시스템에서 대부분 사람이 원하는 것은 안도감이라는 사실을 알 수 있다. 두려움으로부터의 자유. 오늘도 괜찮고 내일도 괜찮을 것이라는 확신.

소외감과 외로움을 호소하는 사람들이 늘어나는 것을 보면, 사람들이 온라인에서 소위 '연결'되며 다른 사람들과 엄청나게 많은 시간을 보내고 있음에도, 진정한 교감과 상호 돌봄이 있는 사회적 환경은 갈수록 부족해지고 있음을 알 수 있다. 그러한 한 가지 이유는 사람들이 명성을 갈망하기 때문이다. 인플루언서 신화, 소외된 자의 외로움, 연결과 의미를 찾으려는 욕구…. 이 모든 것이 결국 사람들에게 자기 생각과 삶을 공유하도록 부추긴다.

이러한 욕구 대부분, 특히 지위에 대한 욕구는 결코 쉽게 채워지지 않는다. 시스템이 우리의 욕망을 보상하고 부추기면, 우리는 더 많은 것을 얻기 위해 다시 시스템을 찾곤 한다. 큰 영향력을 행사하고 싶다면 만족할 줄 모르는 욕망을 활용하는 것이 방법이다.

세계의 모든 사람이 성공을 추구하고 위안을 얻고자 애쓰기에, 지위, 안전, 소속감, 호기심과 같은 욕구가 보편적으로, 끊임없이 상호작용한다.

우리는 모든 사람에게 영향을 미칠 수 없다.
누구도 그럴 순 없다. 우리의 전략이 누군가를 뒤
처지게 하거나 무시하거나, 심지어 비난받게 할
수도 있다는 뜻이 내포되어 있다.
만장일치의 기립 박수가 필요하다는 것은 함정
이다.

# 121.
## 시스템을 위해 일하기

"닭은 단지 달걀이 또 다른 달걀을 만들기 위해 이용하는 수단일 뿐이다."

신부는 웨딩 산업 복합체가 다음 주에 결혼식장을 채우기 위해 이용하는 수단일 뿐이다. 결혼식장은 그렇게 다음 신부가 될 수도 있는 사람들로 가득 차게 된다.

오늘 모든 것이 순조롭다 해도, 회복탄력적인 시스템은 안정성을 유지하기 위해 피드백 루프를 갖추고, 지속성을 보장할 프레임워크를 구축하는 식으로 미래에 투자한다.

시스템은 우리가 목표를 이루도록 돕기 때문에 생겨나는 경우가 많다. 하지만 시간이 지나면서 강력해진 시스템은 실제로 우리의 목표를 바꾸고, 우리가 우리의 니즈가 아닌 시스템의 니즈를 충족시키는 쪽으로 움직이게 만든다.

시스템은 문화를 만들고, 문화는 영향력이 없던 곳에 영향력을 창출하며, 동시에 시스템이 은밀히 지속되기 위해 이용하는 수단이 된다.

## 122.
## 누가 주도하는가?

12세 아이를 둔 한 엄마가 다가오는 열세 번째 생일 파티 때문에 걱정이라고 털어놨다. 특히 100명의 아이들을 초대하고 수만 달러를 써야 한다는 동료 집단의 강한 압력이 신경 쓰인다고 말이다.

"그냥 무시해버리세요!" 나는 그녀를 격려했다. 그녀의 아이는 친구의 범위가 매우 좁았고, 그런 사교적 행사와 큰 비용이 누구에게도 진정한 행복을 안겨줄 것 같지 않았기 때문이다.

그런데 왜 이런 고민이 생기는 걸까? 많은 상황에서 사회적으로 "아니오"라고 말하기가 어렵기 때문이다.

왜 우리는 SNS가 우리를 불행하게 만든다면서도 계속 사용하는 걸까? 왜 우리는 현대의 뉴스 환경에 지쳐 있으면서도 그곳을 벗어나지 못하는 걸까? 우리에게 도움이 되지 않는데도 왜 끊지 못하는 걸까?

우리의 욕망이 만족을 모르기 때문이다.

우리가 닭인가? 우리의 유일한 역할이 또 다른 달걀을 낳는 것인가?

맞다. 거의 확실하다.

독감 바이러스는 우리가 죽기를 바라지 않는다. 우리를 아프

게 만들어서 기침과 재채기로 다른 사람에게 자신을 퍼뜨리게
할 뿐이다. 이런 식의 확산 방법을 구사하지 못하는 바이러스는
소멸된다. 우리의 삶을 지배하는 것처럼 보이는 사회 시스템도
마찬가지다.

하지만 우리에게는 닭처럼 사는 대신 전략을 세우고 주체성을
발휘할 기회가 있다. 우리는 단지 시스템을 만족시키기 위해, 달
걀을 낳으려고 존재하는 것이 아니다.

우리가 바랄 수 있는 최선은 시스템이 우리를 이용하는 만큼
우리도 시스템을 이용하는 것이다.


## 123.
### 스냅샷과 동영상

우리는 시간을 직접 볼 수 없다. 시야에는 스냅샷 같은 순간순
간이 연속적으로 나타날 뿐이다.

흐름이 있어야 강이듯, 전략은 시간을 고려할 때 비로소 유효
해진다. 시간이 지남에 따라 조건이 바뀌고, 선택지와 도전 과제
도 달라진다. 전략은 시간 전개에 따라 내가 프로젝트와 어떻게
상호작용할 것인지를 설명하는 내러티브다.

노래의 모든 음을 한꺼번에 연주하면 소음이 된다. 음과 음 사

이에 간격이 없으면 음악이 되지 않는다.

지금 이 순간은 중요하지만, 그것만으로는 충분하지 않다. 오늘, 내일, 그리고 그 이후의 내일이 쌓여야 프로젝트가 완성된다.

## 124.
## 내가 데릭 시버스를 만난 날

2009년 6월 10일, 나는 모종의 움직임을 촉발한 '3번 남자'에 대한 짧은 단상을 블로그에 올렸다.

1번 남자는 공원 옆 야외 공연장에서 혼자 춤추기 시작한 미친 남자였다. 그는 구릉으로 올라가 스스로 하고 싶은 일을 했다.

2번 남자는 용감한 지지자였다. 그도 합류해 춤추기 시작했다.

하지만 역학관계를 바꾼 것은 3번 남자였다. 그의 동참 덕분에 4, 5, 6, 7번도 편안하게 참여했다.

이제 가만히 앉아 있는 것이 일어나는 것보다 사회적으로 더 위험해 보이는 분위기가 조성되었다.

그래서 8~20번까지 동참했다.

그리고 그것은 하나의 큰 움직임이 되었다.

이와 같은 상황이 전개되면 우리는 1번 남자를 미화하는 데 많은 시간을 할애한다.

하지만 진정한 이해는 시간을 인식할 때 생긴다. 모든 일이 한꺼번에 일어나는 법은 없다는 사실을 인정하는 것이다.

우리가 주목해야 할 사람은 3번이다.

지구 반대편에 있던 데릭 시버스Derek Sivers라는 기업가가 같은 날 같은 동영상에 대한 단상을 올렸다. 결국 우리는 친구가 되었고, 나는 그의 첫 번째 책을 출판했다. 이후 이 주제에 관한 그의 테드TED 강연 조회수는 수백만에 이르렀다.

하지만 사람들이 한꺼번에 본 것은 아니다. 그게 요점이다.


## 125.
## 황제펭귄과 군중 그리고 공포

남극의 황제펭귄은 생후 6개월이 되면 물속에 뛰어들 준비를 마친다. 물론 물은 당장 얼어붙을 만큼 차갑지만, 이들은 펭귄이다. 대부분 펭귄은 빙원에서 미끄러져 30~60cm 정도 높이에서 뛰어내리는 방식으로 물속에 들어간다.

하지만 최근 '내셔널지오그래픽'에서 드론으로 촬영한 영상은 일부 펭귄 무리가 다르게 행동한다는 것을 보여준다.

수백, 수천 마리의 펭귄이 본능에 이끌려 얼음으로 덮인 깎아지른 절벽의 가장자리로 뒤뚱뒤뚱 걸어간다. 수면까지 15m 정도 되는 낭떠러지다. 대부분 동물에게 치명적일 수 있는 높이다. 게다가 이들은 생후 6개월밖에 되지 않은 새끼 펭귄들이다.

절벽 가장자리에 모여든 새끼 펭귄들은 서로 몸을 부대끼며 추락에 대한 (충분히 이해할 수 있는) 두려움과 싸운다. 그러다 한 마리가 뛰어내린다(어쩌면 떠밀린 것인지도 모른다). 다른 펭귄들이 놀란 눈으로 광경을 지켜본다. 그 펭귄이 무사히 헤엄치는 것을 본 두 번째 펭귄이 뛰어내리고, 결국 세 번째 펭귄이 뒤따른다.

그렇게 몇 분 만에 뒤뚱거리는 펭귄 무리가 차례차례 물속으로 뛰어들기 시작한다.

한동안 움직이지 못하던 펭귄들이 이제는 망설이지 않는다. 하지만 그 모든 일이 한순간에 일어나는 것은 아니다.

몇 마리의 펭귄이 먼저 나섰다.

그러자 생각이 퍼져나갔다. 또래 압력이 생겼다.

마침내 모든 펭귄이 물속으로 들어갔다.

분명히 말하자면, 펭귄과 마찬가지로 인간도 문화 시스템 속에서 살아가는 군집 동물이다.

누군가의 행동이 의심스러운 상황에 처하면 두려움을 찾아보라. 당신이 마주한 놀람의 원인은 두려움일 가능성이 크다.

## 126.

## 불을 피우고 싶다면

어렸을 때 모닥불 피우는 법을 배웠을 것이다.

장작이 필요하다.

하지만 불쏘시개도 필요하다. 장작이 클수록 불쏘시개가 더 많이 필요하다. 나무가 젖었다면 더 많은 불쏘시개가 필요하다.

장작의 크기가 불쏘시개 공급량을 초과할 때 우리의 전략은 실패한다.


## 127.

## 광범위한 변화를 이루는 5단계

변화는 소규모 집단에서 시작된다. 이 핵심 집단은 욕구를 공유한다. 좌절감이나 소외감을 느끼기 때문일 수도, 더 나은 것 또는 새로운 것을 추구하기 때문일 수도 있다. 이들은 일반적이지 않다.

먼저 이러한 집단에 연결성, 지위, 진전, 기회, 통찰력을 제공하라. 이들은 일반적인 대중과는 다른 방식으로 이것들을 받아들일 것이다.

둘째, 작은 승리의 기회를 극대화하라. 작은 승리는 발전의 증거다. 작은 승리는 집단의 결속력과 헌신을 강화하고, 무엇보다 그들이 선전할 수 있는 무언가를 제공한다.

셋째, 핵심 집단에 그들이 하는 일을 설명할 방법을 제공하라. 그들이 다른 사람들에게 전하는 내용은 거의 분명히 당신이 처음에 그들에게 전한 것과 다를 것이다. 하지만 핵심 집단은 메시지를 조정하여 사람들의 공감을 이끌어내야 하며, 당신의 욕구가 아니라 다음 세대의 욕구에 부합하는 이야기를 제공해야 한다.

넷째, 또 다른 승리의 가능성을 창출하라. 스토리에서 행동, 결속으로 이어지는 이러한 단계적 프로세스는 반복적으로 실행할 수 있다. 종종 추진력 자체가 유일한 호소 수단이 되기도 한다. "이런 일이 벌어지고 있어요. 같이 할래요?"가 "무엇이 가능한지에 대해 모두 설명할게요."라고 말하는 것보다 더 강력할 수 있다는 뜻이다.

마지막으로 새로운 지위 역할, 소속의 기회, 정보 교환 체계를 확립해 시스템의 지속성을 보장하라. 인프라가 먼저 생기지는 않는다. 사실 인프라는 훨씬 나중에, 사람들이 새로운 시스템의 일원이 되는 일에 충분히 관심을 기울일 때 구축된다.

## 128.

# 샌드힐 로드

누군가가 전 세계 수십억 명이 거의 모든 시간을 온라인에서 소비하도록 유도하여 우리 문화의 구조를 바꾸고, 극소수의 후원자와 기업가들을 부유하게 만들 계획을 세운다고 가정해보자.

실제로 그런 프로세스가 약 50년 전 캘리포니아주 멘로파크의 샌드힐 로드에서 시작되었다. 클라이너 퍼킨스Kleiner Perkins가 그곳의 오피스 단지에 입주한 최초의 벤처캐피털리스트였고, 이어서 세쿼이아 캐피털Sequoia Capital과 메이필드 펀드Mayfield Fund, 엑셀 파트너스Accel Partners 등이 뒤따랐다.

당시 이들은 한 번에 100만 달러가 넘지 않는 돈을 투자하는 경우가 많았다. 그러면서도 애플, 아타리Atari, 썬마이크로시스템즈Sun Microsystems 등의 성공 사례를 창출했다. 이러한 초기 성공은 더 많은 기업가를 불러 모았고, 더 많은 유한책임 조합원들이 자금을 투자하게 만들었으며, 주식시장의 더 많은 주목을 끌어냈다.

프로세스는 동일하게 유지되었지만 시간이 지남에 따라 행동 양식이 진화했고, 연이은 성공이 오늘날까지 이어지는 시스템을 확립시켰다. 단순히 기업들의 사옥뿐 아니라 문화와 모델, 시장이 만들어진 것이다. 그들이 구축한 시스템은 금융, 법률, 기술,

교육 등의 기존 시스템과 깊이 결합했다.

오늘날 수천 개에 달하는 벤처캐피털은 모두 한 마을이나 지역의 오피스가에서 형성되고 다듬어진 모델을 기반으로 한다. 초기의 벤처캐피털이 모두 사라진대도 그들이 구축한 시스템과 문화는 지속된다.


## 129.
## '100'은 탁월한 출발점이다

다음은 변화할 준비가 된 시스템이 어떻게 변화를 수용하는지 보여주는 사례다.

1979년, 캘리포니아주 리버모어의 유치원 교사인 린 테일러 Lynn Taylor는 인형 하나와 1페니 동전 100개를 들고 교실에 들어왔다. 그녀는 원생들에게 '등원 100일 기념일'이라는 개념을 소개하고 곧 다가올 그 날을 기념일로 만들자고 했다(물론 유치원에 적응하지 못하고 그만두는 원생이 발생하지 않게 하려는 의도였다).

이듬해에는 그녀의 취지에 공감한 다른 몇몇 교사들도 이 과정을 모방해 성공시켰다.

1981년, 그들은 '수학의 방식Mathematics Their Way'이라는 교수 프로그램에서 발행하는 국제 뉴스레터에 짧은 글에서 3가지 개

넘을 통해 이 과정을 설명했다.

이를 한번 들여다보자.

* 핵심 집단
* 작은 승리
* 활동을 쉽게 소개하고 알릴 방법

당신은 이 작은 승리를 매년 반복할 수 있다. 안전할 뿐 아니라 다른 선생님들과 연대감을 창출할 수 있으며, 활동의 리더로서 지위도 올라간다. 기념일을 놓치면 되돌아오지 않으므로, 긴장감을 조성할 수도 있다.

계획표, 소책자, 전통이 생기고, 조만간 활동은 '우리가 늘 하는 일'이 된다.

린 테일러 교사는 시스템이 필요로 하는 것을 정확히 제공했을 뿐 아니라, 도중에 시스템에 변화를 주기도 했다. 〈시카고트리뷴Chicago Tribune〉은 이렇게 소개했다. "100이라는 수를 제대로 이해하는 일은 일종의 통찰이다. 숫자의 마법을 엿볼 수 있기 때문이다. 방대한 수의 가능성, 무한을 이해하는 열쇠다. 100을 이해하면 200도 이해하게 된다. 200을 이해하면 300과 400도 선명해지고, 1,000의 개념도 자연스럽게 잡힌다. 일상생활을 해독하는 데 필요한 대부분의 숫자가 이해되기 시작한다."

이 활동은 유치원 교육 시스템을 완전히 바꿀 만큼 획기적인 것은 아니었다. 그러나 그것은 받아들여졌기에 효과가 있었고,

관련된 사람들의 목표를 진전시켰기에 받아들여졌다.


## 130.

# 장기 기증의 역학 관계는 왜 바뀌지 않는가?


신장 기증에 관한 내 경험은 앞선 유치원 개선 이야기와 비슷하게 들리지만, 결말은 그렇게 긍정적이지 않다.

가족 중 한 명이 신장을 필요로 해서, 나는 장기 기증자가 부족한 실태를 직접 마주했다. 어떤 사람들은 대기자 명단이 길지 않은 지역을 찾아 이사함으로써 문제를 해결했다. 일각에서는 일부 국가에서 시행하는 것처럼 장기 기증 방식을 '동의서 제출opt-in'에서 '거부하지 않을 시 자동 참여opt-out'로 전환하자는 제안도 나왔지만, 그다지 호응을 얻지 못했다. 최근에는 사망한 친척의 장기를 기증하는, 빈곤한 가족에게 금전적 보상을 제공하자는 섬뜩한 방안도 거론되었다. 이는 끔찍할 정도로 미끄러운 경사면slippery slope, 특정 원칙이 무너지면 관련된 다른 원칙들도 순차적으로 무너지는 효과 - 옮긴이을 만들 뿐이다.

이해관계가 극적으로 얽힐 수밖에 없는, 이런 문제도 게임의 성격을 띤다. 희소한 자원의 할당 문제, 자원 경쟁에서 앞서기 위한 전략이 존재하는 게임 말이다. 문제는 이 게임이 낭비적인 데

다가 불필요한 트라우마까지 유발한다는 점이다.

나는 간단한 변수를 추가하여 장기 기증자 목록의 우선순위를 정하는 방식에 변화를 주자고 제안했다. 그 변수는 바로 "기증자 명단에 이름을 올린 지 얼마나 되었는가?"였다.

윤리적으로 신장을 기증받을 의향이 있는 사람이라면, 자신이 사망했을 때 기꺼이 신장을 기증할 의향도 있어야 한다. 살아 있을 때 신장을 기증받을 의향이 있다면 당연히 사망한 후 기꺼이 신장을 기증할 의향도 있어야 한다는 의견에 대부분 동의할 것이다.

기증자 명단에 일찍 이름을 올려야 한다는 경쟁 압박이 생기면 의사와 환자 사이의 대화가 달라질 것이다. 의사들은 모든 환자에게 가능한 한 빨리 기증자 명단에 등록하도록 권유해야 하는 긴급한 장려책을 갖게 될 것이다.

이런 규칙 변화 하나만으로도 기증 장기의 수를 크게 늘릴 수 있다. 대기자 명단이 필요 없을 정도로 충분한 공급이 이루어질 수도 있다.

나는 친구이자 동료인 조너선 새크너 번스타인Jonathan Sackner Bernstein 박사와 함께 이 아이디어를 논문으로 발전시켰다. 번스타인 박사는 존경받는 의학 연구자이고, 그의 전문성과 지위 덕분에 우리는 짧은 논문을 2004년 〈트랜스플랜테이션Transplantation〉 저널에 게재할 수 있었다. 이 논문은 1년 후 〈예일대 보건, 정책,

윤리 저널Yale's Journal of Health, Policy and Ethics〉에도 인용되었다. 하지만 규칙 변경에 대한 진전은 거의 이뤄지지 않았다.

이 아이디어는 확산하지 않았다. 유치원 등원 100일 기념일과 무엇이 달랐던 걸까?

유치원 교사들은 하루 일정을 구성하는 데 상당한 자유를 누린다. 그들 중 다수는 새로운 아이디어에 개방적이며, 이를 시도해보기 위해 별도의 회의를 거칠 필요가 없다. 이 얼리 어답터들은 의욕적이고 수용적이다.

그러나 이식 및 공공 정책 분야의 최상위층 전문가들은 사정이 다르다. 그들은 확실한 증거를 원하며 실수를 피하려 한다. 무엇보다도 그들은 수없이 많은 회의에 참석해 현 상태를 고수하려는, 분노한 사람들과 맞서는 상황을 꺼린다. 그래서 결국 현 상황을 그대로 두는 쪽을 택한다.

우리 제안의 가장 큰 난제는 활용할 수 있는 작은 승리가 없다는 것이었다. 논리적으로는 타당하지만, 몇몇 지역에서 효과를 거둔 후 민들레 홀씨처럼 여기저기 퍼뜨릴 수 있는 성격의 아이디어가 아니었다. 시스템 전체에 적용되거나, 그렇지 않거나, 둘 중 하나였다.

또 다른 문제는 조너선과 내가 이 아이디어를 확산하기 위해 5~10년 정도 헌신하지 않았다는 점이다. 우리는 컨퍼런스를 찾아다니며 발표를 이어가지도, 보다 정교한 연구를 위한 지원금을 구하지도 않았으며, 무엇보다도 아이디어를 확산하기 위해 이익을 얻을 수 있는 핵심 인물들에게 지위를 부여하지도 않았다.

좋은 아이디어는 필수적이지만, 그것만으로는 결코 충분하지 않다.

## 131.
### 믿지 않는 사람들을 피하라

아이디어가 공동체에 퍼져나갈 때, 먼저 참여하는 얼리 어답터 중 일부는 사명에 공감하고 아이디어가 성공하도록 열렬히 돕고 싶어 한다.

하지만 우리가 만나는 대부분은 회의론자다. 이들은 기존의 방식을 그대로 유지할 쉬운 방법을 찾는다. 이들은 변화가 야기하는 긴장을 불편해하며, 사려 깊은 피드백을 가장한 반대 의견으로 두려움을 감추려 한다.

그런 것은 피드백이 아니다.

변화를 확산시킬 수 있는 핵심 집단을 중심으로 변화가 추진력을 얻고 있다면, 리더십에 요구되는, 어렵지만, 필수적인 자질은 회의론자를 무시하는 것이다.

사려 깊은 조언, 더 효율적인 방법, 타협을 통해 인플루언서와 협업할 기회 등 모든 것을 무시하라.

물론 격식은 차려야 한다. 내 농담을 이해하지 못했다면, 애초에 이 책은 당신을 위한 게 아닐 것이다.

아이디어를 희석하고 확장할 시간은 나중에 충분히 생긴다.

당신이 헌신해야 할 과제는 모두를 설득하는 게 아니다. 설문조사를 멈추고, 당신의 아이디어를 지속해서 기꺼이, 반복해서 증명할, 변화를 원하는 사람들을 찾는 일이야말로 당신이 헌신해야 할 과제다.

## 132.
### 얼리 어답터 이해하기

종형 곡선을 떠올릴 수 있는가? 그렇다. 통계에서 항상 볼 수 있는, 가운데가 불룩 솟아 있는 표준 곡선이다.

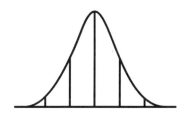

우리 마을에 사는 사람들의 키를 모두 측정해보면, 약 3분의 2에 해당하는 사람들이 152~183cm 가운데에 모여 있다는 것을 알 수 있다. 왼쪽으로 이동하면 10~15%가 152cm 미만이고, 오른쪽으로 이동하면 또 다른 15%가 183cm 이상이다.

여기까지는 이해하기 쉽다.

그런데 혁신확산이론을 만든 사회학자 에버렛 로저스Everett Rogers는 이 곡선의 의미를 완전히 새롭게 해석했다. 키 대신 시간을 가로축에 넣을 수 있다는 사실을 깨달은 것이다.

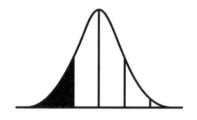

처음에는 소수의 사람, 즉 얼리 어답터들만 새로운 것에 관심을 보인다(검은색으로 표시된 부분). 그들은 내일쯤 다른 몇몇 사람들에게 그것을 알릴지도 모른다. 한 달 또는 1년 혹은 10년이 지나면 이 아이디어를 받아들이는 사람들의 수가 늘어나 곡선의 가운데 불룩한 부분을 형성하고, 거기서 또 수년이 지나면 수가 줄어들어 마침내 곡선의 끝에 이른다. 대부분은 중간에 위치한다. 이들은 먼저 움직이지 않는다.

1976년에는 이메일을 사용하는 사람이 거의 없었다. 1984년에는 맥을 구입하는 사람이 거의 없었다. 아이폰을 출시한 첫날에 구입한 사람도 거의 없었다.

첫 번째 그룹은 어댑터adapter, 적응자가 아니라 어답터adopter, 채택자다. 이들은 새로운 것을 찾는 열정적인 사람들이다. 시스템에서 이들이 수행하는 역할은 혁신을 가져오는 것으로, 더 나은 것을 찾음으로써 지위와 만족을 얻는다.

이들은 전체 인구의 3% 미만이다. 이는 곧 새로운 것을 세상에 내놓으면 당신이 상호작용하는 사람들의 97%는 받아들이지 않는다는 뜻이다.

곡선의 맨 끝에 있는 사람들은 어댑터다. 이들은 변화에 맞서 싸운다. 변화를 위협으로 느끼기 때문이다. 어댑터들은 온갖 반대 의견을 제시하지만, 실제로 그들이 하고 싶은 말은 "두렵다."이다.

영업계의 비즈니스 리더 앤서니 이안나리노Anthony Iannarino는 영업팀의 임무가 사람들이 구매하도록 설득하는 것이 아니라 새로운 것을 시도하고 싶은 사람들을 찾아 거기에 집중하고, 관심을 기울이지 않는 사람들이 정중하고 신속하게 제 갈 길을 가게 하는 것이라고 말한다.

마케터의 역할은 이 소수의 어답터들이 주변 사람들에게 떠벌리지 않고는 못 배길 정도로 놀라운 무언가를 만드는 것이다. 소문을 퍼뜨리는 것은 당신이 아니라 그들이다. 이러한 현상은 수십 년 전부터 분명하게 드러났음에도 불구하고, 사람들은 계속해서 지름길을 찾고 있다.

전체 시스템을 바꿀 지름길.

모든 사람에게 아이디어를 홍보하고 새로운 방식이 더 나은 이유를 설명할 지름길.

선택받기 위한 지름길.

아이디어가 별로여서 거절당할 수도 있다. 하지만 단지 새롭기에 거절당할 가능성이 훨씬 더 크다.


## 133.
### 시간은 간과되는 축이다

다이어트를 지속하면 체중 감량에 도움이 될까?

아마도. 하지만 오늘은 아니다. 끝까지 가봐야 안다.

획기적인 신제품이 문화를 바꾸고 수익을 안겨줄까?

아마도. 하지만 오늘은 아니다. 끝까지 가봐야 안다.

우리는 하루 종일 그래프를 그릴 수도 있다. 하지만 대부분은 그래프가 의미하는 바를 진정으로 파악하고 이해하려 하지 않는다. 제품 채택 수명 주기나 탄소 배출량 증가에 대한 그래프를 보며 고개를 끄덕이고 이해하는 척하지만, 우리는 주로 3차원 세계에서 살아가는 인간이다. 왼쪽과 오른쪽, 위아래, 앞뒤가 있는 3차원 세계 말이다.

그래프가 실제로 보여주는 것은 그런 것이 아니다. 그래프는 네 번째 차원, 즉 시간을 보여준다.

어떤 그래프든 사실 하나의 그래프가 아니다. 어제에 대한 그래프, 내일에 대한 그래프, 그리고 그다음 날에 대한 그래프가 차곡차곡 쌓인 그래프의 집합이다. 신문 한 부는 어제 무슨 일이 있었는지 알려준다. 하지만 신문 3,000부를 읽으면 10년 동안 무슨 일이 일어났는지 이해할 수 있다.

시간은 분명히 존재하지만 간과되는 경우가 많다. 오늘의 시간은 실감하기 힘들고, 내일의 시간은 전혀 알 수 없는 미지의 영역이다.

하지만 전략을 세우려면 오늘에서 내일로 그리고 그 이후의 내일로, 시간여행을 해야 한다.

## 134.

## 스냅샷에 익숙해지기

익숙해지면 무슨 일이 일어날까?

유튜브에 영상을 올리고 7명에게 링크를 보내 그것을 보게 한다.

그러고 나면?

그중 한 명이 그 영상을 다른 3명과 공유한다.

그리고 누군가가 그것을 자신의 재밌는 영상 목록에 올리고, 영상의 조회 수는 1,000회에 이른다.

하지만 공유되지 않고 서서히 사라질 수도 있다.

모든 단계는 채택 곡선의 '한 지점'이다. 어떤 일이 일어나고 나면 다른 일이 벌어진다(혹은 벌어지지 않는다).


## 135.

## 반감의 간극을 인정하라

새로운 아이디어가 퍼지기 시작하면, 대부분은 그것을 싫어할 것이다.

새로운 아이디어, 제안, 도전정신, 혁신에 대해서는 아무도 모

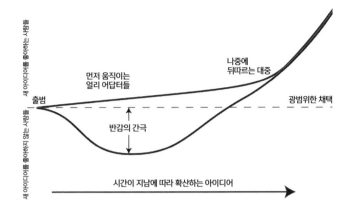

새로운 아이디어를 좋아하는 자

출범

새로운 아이디어를 좋아하지 않는 자

먼저 움직이는
얼리 어답터들

나중에
뒤따르는 대중

광범위한 채택

반감의 간극

시간이 지남에 따라 확산하는 아이디어

르는 상태다(위 그래프의 왼쪽을 보라).

홍보를 시작하면 대부분 사람들(그래프의 하단선)은 이해하지 못한다. 그들은 그것이 위험한 계획이라거나, 아무도 겪지 않는 문제에 대한 해결책이라거나, 너무 비용이 많이 든다고 생각한다(또는 이 가운데 2~3가지를 조합해 생각하기도 한다).

그리고 몇몇 사람들(그래프의 상단선)의 반응을 제외하고는 대부분 반응이 사라진다. 그 몇몇이 얼리 어답터이자 신봉자이며, 그중 일부는 '적극적인 아이디어 유포자'다. 이들은 가능한 한 모든 사람에게 당신의 새로운 아이디어에 대해 이야기한다.

이때가 위험한 순간이다. 만약 당신이 새로운 아이디어를 싫어하는 모든 사람을 추적하고 있다면 당신은 당장 포기하고 싶어질 것이다. 반감의 간극은 최대로 벌어진다. 전화, 웹, 랩 음악도 이 과정을 거쳤다. 당신의 아이디어를 사람들이 충분히 인지하더라도, 새로운 추종자들의 수(상단선)는 기존의 가치를 지키려는 사람의 수 혹은 잘못 판단한 사람의 수(하단선)보다 훨씬 적을 것이다.

때로는 포기하지만 않으면, 상단선의 추종자들에게 당신이 만들어내는 가치가 축적된다. 그러면 추종자들은 충성도가 높아지고 반대하는 사람 중 일부를 한 명 한 명씩 변화시킨다. 그렇게 한 사람 한 사람이, 회의론자에서 새로운 현상의 수용자로 바뀌는 것이다.

반감의 간극이 커질수록 회의론자들을 추적하지 말라. 대신 상단선에 속한 사람의 수를 늘리는 데 집중하라.

## 136.
### 과소평가된 확산력

'나비효과' 이론으로 유명한 기상학자 에드워드 로렌츠Edward Lorenz는 1963년에 논문 한 편을 작성하여 저명한 과학 저널에 발표했다. 다음의 도표는 그의 논문을 인용한 다른 논문의 수가 세월이 흐름에 따라 어떻게 변화했는지를 보여준다.

* 1963~1973: 연간 몇 건의 인용

* 1974~1989: 꾸준한 성장, 수백 건의 누적 인용

* 1990~1999: 가속화된 성장, 수천 건의 누적 인용

* 2000~2022: 급속한 성장, 1만 건 이상의 누적 인용

그의 논문은 카오스 이론의 기초로 간주되며, 거의 모든 과학 분야에서 인용되고 있다.

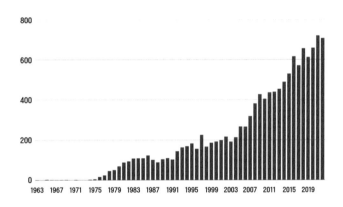

이 논문은 발표 당시에는 실패작이었는가? 언제 성공작이 되었는가? 이 논문이 학계에 확산하는 60년 동안 논문 자체에는 어떤 변화가 있었는가?

확산하는 아이디어가 승자다. 그런데 이 과정에서 확산력은 과소평가된다.

# 137.
## 패턴이 보이면 파도 타기가 더 쉬워진다

1995년, 미국의 정보기술 연구 및 자문회사 가트너Gartner의 연구원이던 재키 펜Jackie Fenn은 가트너 하이프 사이클Gartner Hype Cycle이라는 것을 개발했다. 사실 이것은 이름처럼 '순환 주기'는 아니지만, '로저스의 곡선새로운 아이디어나 기술, 제품이 사회에 어떻게 퍼져나가는지 설명하는 개념 – 옮긴이'과 마찬가지로 아이디어가 우리 문화에 어떻게 확산하는지를 보여주는 그래프다.

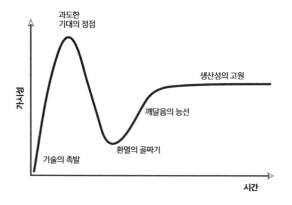

(원래 신기술의 성숙 과정을 표현하는 시각적 도구로 개발된 까닭에) 하이프 사이클의 광범위한 적용 가능성에 대해서는 논란이 있지

만, 문화 변화에서 시간의 역할을 파악하기 위한 완벽한 도구다.

처음에 새로운 아이디어나 기술 또는 유행이 도입된다. 논의의 도화선에 불이 붙는 단계다. 하지만 첫날에는 (첫날이기 때문에) 거의 아무도 이에 대해 논의하지 않는다.

이어서 하이프, 즉 과대선전이 나오면서 본격적인 논의가 시작된다. 얼리 어답터와 미디어에 의해 유행이 언급된다. 학회나 컨퍼런스에 소개되고, 가장 먼저 움직임으로써 지위를 얻고 싶어 하는 '개척자'들에 의해 공유된다.

해당 논의가 폭발적으로 확산하면, 곧 어디서나 보이고 들리게 된다. 이것이 바로 NFT나 어그부츠 등이 유행한 과정이다. 과도한 기대의 정점은 시간이 어느 정도 지나야만 형성될 수 있다. 바다에서 점점 커지는 파도처럼, 이 폭증 현상은 목소리들이 증폭되고 연결된 결과물이다.

휴메인 AI 핀Humane AI Pin, 2024년 상반기에 미국 휴메인 사에서 나온, 몸에 붙여 쓰는 웨어러블 AI 제품 – 옮긴이은 엄청난 기대와 과대선전을 불러일으키고 수십만 개의 선주문을 받으며 과도한 기대의 정점에 올랐다. 하지만 기대치가 너무 높아진 나머지 추진력이 무너져 내렸고, 그에 따라 제품의 미래가 불안해졌다.

우리는 이 파도가 왼쪽에서 오른쪽으로 천천히 움직이다가 점점 빨라진 후 결국 조류와 함께 물러나는 것을 느낄 수 있다. 이런 일이 반복해서 일어나면 무작위적인 사건의 연속이 예측 가능한 패턴으로 바뀐다. 시스템은 끊임없이 패턴을 만들어낸다.

유용한 전략은 이를 고려한다. 패턴이 보이면 파도를 타기가 더 쉬워진다.

## 138.
## 캐즘에 대한 이해

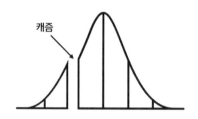

마케팅 전문가 제프 무어Geoff Moore는 아이디어가 시간의 흐름에 따라 문화에 퍼지는 방식을 중점적으로 탐구하여 로저스의 개념을 발전시켰다.

앞서 살펴봤듯이 혁신가와 얼리 어답터는 먼저 움직이는 소수 집단이다. 하지만 이들도 초기에 다수에게 영향을 미치는 경우는 드물다.

문화 혁신가들 사이에는 강한 소속감과 결속력이 존재한다. 이들은 서로 동조하면서 지위와 안도감을 찾는다. 한 사람이 새로운 노래를 듣거나 새로운 디자이너의 옷을 입거나 새로운 형식의 기술을 사용하기 시작하면 곧 커뮤니티 전체가 이를 따르게 된다. 그러나 대부분 트렌드는 여기서 멈춘다. 캐즘Chasm에 부딪히기 때문이다.

이는 문화 혁신가와 대중 사이에 놓인 해자와 같다. 문화 혁신가들은 먼저 나아가는 것을 선호하지만, 대중은 현상 유지를 선호한다.

우리가 추구하는 변화는 대개 이런 캐즘에 부딪힌다. 이 경우 현상 유지의 수호자인 시스템은 변화를 막으려 할 것이다.

어떻게? 회의론자, 가격에 민감한 소비자, 편리를 추구하는 이들은 물론이고 정책과 불확실성, 공포까지 동원해 변화를 저지한다.

당신의 비영리단체는 재단으로부터 자금을 지원받지 못할 수 있다. 당신에게 중요한 정책이 정부로부터 공정한 심의를 받지 못할 수 있다. 당신의 내부 혁신이 상사에게 채택되지 않을 수 있다.

이는 개인적인 문제가 아니다. 시스템이 힘을 유지하기 위해 작동할 뿐이다.

절대주의자나 극단주의자들은 종종 이런 단절 상황에서 좌절한다. 헌신적인 사회 운동가, 시급하고 중요한 변화를 추구하는 사람들도 마찬가지다. 이러한 이타적 활동의 원동력은 종종 더 나은 세상을 만들고자 하는, 타협하지 않는 열망에 기초한다. 지금 당장 변화를 이루고자 하는 열망 말이다.

그러나 시스템은 당신이 원하는 것이 아니라 스스로 원하는 것을 추구한다.

타협하지 않는 열망을 지니고도 타협할 방법은 있다. 성공적으로 확산력을 행사하고, 필연적인 발전의 마법과 맞바꿀 계기로 삼는 것이다.

노벨 평화상 수상자 왕가리 마타이Wangari Maathai는 그린벨트 조성 운동을 출범시켜 3,000만 그루 이상의 나무를 심는 성과를 거두었다. 하지만 첫날, 첫 주, 첫 달에는 몇 그루조차도 심지 못했다.

시스템 문제에는 시스템적 해결책이 필요하다. 현상 유지의 수호자들이 우리의 운동을 기꺼이 받아들일 여건을 조성할 때, 우리는 캐즘이라는 단절 지점을 건널 수 있다.

신문 한 부는 어제 무슨 일이 있었는지 알려준다. 하지만 신문 3,000부를 읽으면 10년 동안 무슨 일이 일어났는지 이해할 수 있다.

시간은 존재하지만 간과되는 경우가 많다. 하지만 전략을 세우려면 오늘에서 내일로 그리고 그 이후의 내일로, 시간여행을 해야 한다.

# 139.

## 비계의 필요성

우리가 에베레스트산을 등반한다고 해보자. 꼭대기까지는 아닐지라도, 시작은 그런대로 잘해낼 수 있을 것이다.

에베레스트 정상을 향한 등반은 전설적으로 어렵다. 이는 루클라Lukla라는 도시에서 베이스캠프까지 9일간 걸어서 이동하면서 시작된다. 그 9일 동안 등반가들은 숲과 초원을 지나 매일 약 300m씩 고도를 높이고, 길목 길목의 찻집에서 쉬어간다.

이 긴 도보 여행에서 등반가들은 고도에 적응하고, 추진력을 만들어내며, 사명감을 증폭시킨다. 그동안의 매몰 비용 때문에 10일째에 포기하는 사람은 거의 없다. 실제로 정상으로 진입하는 마지막 구간에서는 등반가들이 줄을 서서 수 시간씩 기다리기도 한다.

다른 산들은 이 마지막 구간이 훨씬 더 가파르게 시작되기 때문에, 전체적으로 난이도가 높지 않더라도 접근성은 떨어질 수 있다. 그런 산에서 어떤 사람들은 절벽을 보자마자 집으로 돌아가기도 한다.

"비계는 새로운 아이디어나 실행 사항을 채택하는 초기에 우리가 얻는 문화적·조직적 지원이다."

에베레스트 등반의 비계는 바로 루클라다. 그곳은 친근하고,

누구에게나 열려 있으며, 유명한 시작점이다.

어떻게 하면 사람들이 은퇴를 위해 저축하게 할 수 있을까? 또 어떻게 해야 사람들이 자녀에게 예방접종을 맞히게 할 수 있을까? 중요하고 유익한 많은 실행 사항이 그렇듯, 이러한 것들은 즉각적인 보상을 안겨주지는 않는다. 그 길의 시작은 두려움이나 불편함을 동반하고, 나중에야 그에 대한 보상을 받게 된다.

이러한 변화에 필요한 비계는 또래의 지지다. 이 비계는 소속감에 대한 욕구이기도 하다. 남들보다 앞서 나가고 미래를 신중하게 준비하고, 좋은 부모가 되어 안정과 평판을 얻는 일 말이다.

교육 심리학자 레프 비고츠키<sup>Lev Vygotsky</sup>는 100년 전 아동 발달과 학습에 관한 연구에서 비계에 대해 설명했다. 그가 제시한 '근접 발달 영역<sup>ZPD</sup>'이라는 개념은, 개인이 혼자서 할 수 있는 것과 숙련된 파트너의 지도와 격려를 통해 할 수 있는 것 사이의 거리를 의미한다.

예를 들어, 누군가가 롤러블레이드를 타고 옆에서 핸들을 잡아준다면 자전거를 훨씬 쉽게 배울 수 있다. 몇 시간 후면 자전거를 타지 못하던 때가 언제였는지 기억할 수조차 없게 된다.

이러한 비계는 문화적 응집력, 상호운용성, 네트워크 효과가 더해질 때 배가된다. 이미 방법을 알고 있는 사람들로 둘러싸여 있으면 여정은 훨씬 수월해지고, 앞으로 나아갈 때 따르는 긴장이 두려움보다 더 큰 동력이 된다.

처음 시작할 때는 비계가 필요하다. 하지만 비계의 강력한 힘은, 당신이 타인에게 비계를 제공할 수 있다는 사실을 깨달을 때 발현한다. 당신이 도모하는 변화가 다른 사람들의 동참에 달려 있다면, 이를 설득력 있게, 참여하기 쉽게 만드는 일이야말로 가장 중요하고 유일한 과제다.

시스템을 변화시키려 하면서도, 다른 사람들의 동참을 돕는 비계를 마련하지 않는다면, 시도가 성공할 가능성은 그리 높지 않다.


## 140.
## 비계와 마케팅

비계는 마케터의 임무를 다시 생각해볼 기회를 제공한다. 마케팅은 단순히 소문을 퍼뜨리는 일이 아니다. 분주한 영업활동이나 과대선전, 판촉, 과시성 행사 등에 관한 것도 아니다.

마케터의 임무는 비계를 세우는 것이다.

우리는 사람들이 우리가 가고자 하는 곳으로 따라오게 할 여건을 조성해야 한다. 우리는 긴장감, 지위 욕구, 소속감 등을 이용해 사람들이 현재 위치에서 그들이 원하는 곳까지 도달하도록 이끌어야 한다.

사용자 경험은 어떻게 구축해야 할까? 한 스토리 뒤에 어떤 스토리를 심어둬야 할까? 사람들에게 어떤 얘기를 들려줘야 하는가?

브랜드는 로고가 아니다. 브랜드는 초대장이자 약속이며, 어떤 사람이 될 수 있는지에 대한 기대이고, 어떤 여정이 펼쳐질지에 대한 예고다.


## 141.
## 레버리지 시스템의 딜레마

성공하면 시스템이 당신을 받아들일 것이다.
받아들여지기 위해서 당신은 성공해야 한다.


브랜드가 많은 제품을 팔고 있다면, 매장에 진열 공간을 확보할 수 있다. 물론 많은 제품을 팔기 위한 유일한 방법은 진열 공간을 확보하는 것이다.

때로는 돈을 비계로 사용할 수도 있다. 초기 투자를 늘려 자산을 구축하고 판촉 행사를 진행한다. 그러면 지속적인 추진력에 필요한 순간적인 동력을 만들 수 있다.

하지만 이는 감당하기 어려울 정도로 비용이 많이 든다. 따라서 점진적으로 확산력을 구축하는 것이 보다 회복탄력적인 경로다.

최소한의 유효 고객층은 시스템의 강력한 노드들이 움직이기 훨씬 전에 참여한다. 우리는 이들에게 생산적이고 즐거운 무언가를 제공하고 더 큰 지위와 소속감을 얻을 수 있는 문을 열어줘야 한다.

이 작은 그룹에 과잉 투자하며 그들의 경험을 중심으로 비계를 창출해 다른 사람들이 참여하고 싶게 만들어야 한다.

작가 애드리엔 마리 브라운adrienne maree brown(나름의 의도로 이름에 대문자를 쓰지 않는 인물이다)은 신뢰의 속도에 맞춰 움직이라고 조언한다. 임계점보다 중요한 것은 임계 연결이다. 목표는 대규모 집회를 주최하는 것이 아니다. 충분한 사람들이 몇 번이고 다시 돌아올 수 있는 여건을 조성함으로써 진정한 변화를 위한 핵심 집단을 형성하는 것이다.

## 142.
## 유별난 사람은 유별나게 대하라

새로운 아이디어에는 입증된 아이디어보다 더 많은 비계가 필요하다. 혁신가들은 먼저 나아가기를 좋아하는 사람들로, 뭐든지 스스로 알아내어 똑똑함을 느끼고 싶어 한다. 이들은 주머니 칼과 납땜인두만 들고 사막에 들어가 영웅적으로 문제를 해결하는 개척자들이다.

이들은 자신의 지위를 높이기 위해 동료들에게 자신이 얼마나 똑똑하고 용감하며 혁신적으로 나아가고 있는지 은근히 자랑한다.

얼리 어답터들도 일찍 시작하는 것을 좋아한다. 특히 혁신적인 친구들과 비교되어 바보처럼 보이길 원하지 않는다. 이들은 당신의 도움이 필요하다. 당신이 제공하는 비계는 이들이 빠르게 역량을 키울 수 있도록 도우며, 자신을 이끄는 혁신가들에게 동질감을 느낄 수 있게 해준다. 하지만 직접 납땜하고 싶어 하지는 않기에, 당신의 아이디어와 그 이점을 빨리 경험하게 할수록 좋다.

당신의 프로젝트가 일으키는 변화를 중심으로 얼리 어답터 집단을 만드는 데 성공하면, 그들이 친구나 동료들에게 자신의 경험을 전할 가능성이 커진다. 이 친구와 동료들이 바로 초기 다수 집단으로, 변화나 새로움을 추구하진 않지만 더 잘 작동하는 상품을 원하는 일반인이다.

그런데 이 집단을 혁신가들처럼 대하면, 실패할 가능성이 크다.

모든 아이디어나 시도가 여기까지 도달하는 것은 아니다. 많은 혁신이 결국 캐즘에 갇히고 만다. 대중이 좋은 아이디어에 도달할 충분한 비계를 갖추지 못한 경우다.

하지만 어떤 프로젝트는 비계가 충분해도 다수의 소비자에게 도달하지 못한다. 사실 거의 모든 프로젝트가 이 범주에 속하는데, 그렇다고 실패는 아니다. 최소한의 유효 고객층은 여전히 유효하기에 그렇다.

## 143.
## 대중으로의 타깃 전환

얼리 어답터에서 대중으로의 타깃 전환은 매우 중요하지만, 종종 간과되는 개념이다. 따라서 잠시 멈춰서 이 개념이 어떻게 작용하는지 주변을 살펴볼 필요가 있다. 프로젝트가 업계 전반에 확산되기 시작하면 편의성과 신뢰성, 유용성이 추진력으로 작용하는 가운데 점차 완성도 높은 솔루션으로 발전해나간다.

초기의 PC는 거대한 조립형 기기였으며, 작동에는 스위치가 필요했다. 오늘날 같은 기능을 하는 기기는 주머니에 쏙 들어가며, 음성을 인식하고 온갖 번거로운 수고를 덜어준다.

음악가 프랭크 자파Frank Zappa의 초기 음악은 후에 상업적으로 성공한 그의 기발한 히트곡들보다 훨씬 실험적이고 어려웠다.

이 초기작들은 지적인 팬들만을 위한 것이었다. 하지만 나중에 만든 노래들은 음악을 가볍게 즐기는 사람들이 원하는 바를 정확히 전달했다.

미국의 초콜릿 제조회사 샤르펜 버거Scharffen Berger의 오리지널 빈투바(bean-to-bar, 원료에서 제품까지 모든 공정을 직접 관리한다는 의미) 초콜릿은 처음에는 한 농산물 직판장에서 5,000원짜리 덩어리로만 판매되었다. 요리사들을 주 고객으로 삼았다는 뜻이다. 지금은 허쉬Hershey's에서 스낵 팩으로 출시하고 있다.

순수주의자들은 여전히 아날로그 니콘 카메라로 사진을 찍고 직접 필름을 현상한다. 다른 모두가 스마트폰으로 시도 때도 없이 수많은 사진을 찍는데 말이다.

대중에게 도달하려면 수평적으로 움직여야 한다. 하지만 아직도 그렇게 움직이지 않는 프로젝트는 많다. 이들은 특정한 고객층만을 대상으로 훌륭한 작품을 만든다.

색소폰 연주자 카마시 워싱턴Kamasi Washington은 비범한 음악을 만든다. 그의 재즈 앨범은 비평가와 진지한 청취자들에게 사랑받는다. 하지만 대중음악 라디오 방송에서는 들을 수 없다.

파리 유명 푸알란 베이커리의 가업을 잇는 3대 손녀 제빵사 아폴로니아 푸알란Apollonia Poilâne은 빵을 더 싸고 쉽게 구할 수 있도록 노력하고, 유통기한을 늘리기 위해 타협하지 않는다. 그럼에도 어떤 사람들은 단지 그녀의 빵 한 덩어리를 사기 위해 비행기를 타고 파리로 날아간다.

대중은 선택의 대상이다. 당신은 그들에게 헌신할 수도, 그들을 의도적으로 무시할 수도 있다.

## 144.
### 품질에 대한 오해

일반적으로 '품질'은 완성도와 고급스러움의 일정한 조합으로 이해된다. 이러한 관점에서 보면 롤스로이스는 도요타 캠리보다 더 높은 품질의 자동차다.

하지만 이는 품질의 유용한 정의가 아니다.

윌리엄 데밍William Deming과 필립 크로스비Philip Crosby 등 품질경영 분야의 선구자들에 따르면, 품질은 단순히 '사양의 충족도'를 의미한다.

이 정의에 의하면, 오히려 캠리가 더 높은 품질의 자동차다. 캠리는 차량마다 품질 편차가 없고 고장도 잘 나지 않으며 약속한그대로의 성능을 제공한다.

품질을 추구할 때 우리는 2가지 과제를 수행해야 한다.

* 목표 고객에 걸맞은 사양을 명확히 정한다.

* 제품이나 서비스가 그 사양을 충족하도록 보장한다.

새로운 모델과 최신 스타일을 가장 먼저 원하는 얼리 어답터는 모든 이음새가 완벽히 맞아떨어지는지, 테스트가 완료되었는지 등에는 크게 신경 쓰지 않는다. 이들은 설령 완성도 낮은 제품일지라도 남다른 사양, 즉 지금 곧 출시되는 사양을 선호한다.

일반적인 사용자들은 가격과 성능이 균형을 이루는 사양을 선호한다. 이들은 검증된 것, 편리한 것, 저렴한 것을 원한다.

그리고 마지막에 움직이는 후발주자들은 무엇보다도 싸고 단순한 것을 선호한다.

프로젝트의 시간이 지남에 따라 사양은 변한다.

'더 나은 것'에 대한 당신만의 정의는 중요하지 않을 수도 있다. 우리는 다른 사람들의 '더 나은 것'을 참고하여 제품의 사양을 재설정할 수 있다.

## 145.
### 유용한 비판

프로토타입은 아마추어에게 박수를 받는 경우가 드물다.

일반적인 자동차 소유주에게 신차 디자인의 초기 모델을 보여주면, 그들은 제대로 작동하지 않는 부분, 디자인의 조화로움, 마감 등의 문제점에 집중할 것이다.

반면 나는 나이가 들면서 책이나 프로젝트의 초안에 대해 비판, 수정안, 의견을 구하지 않는 법을 배웠다. 특히 선의는 있지만, 전문적인 관점에서 유용한 조언을 제공할 줄 모르는 사람에게는 더욱 그렇다.

관심을 가지고 도와주려는 사람들을 비난하는 것이 아니다. 단지 프로토타입 단계에는 그들의 도움이 적절치 않다는 말이다.

이 단계에 유용한 비판은 시간에 대한 이해를 바탕으로 한다. 나무가 자랄 것임을 이미 알고 있는 정원사에게 "이 나무는 너무 작아요."라는 조언은 전혀 도움되지 않는다.

유용한 조언은 시간의 역할을 인정한다. 창작자는 그것을 알고 있다. 진정한 질문은 "어떻게 하면 사양을 더 좋게 만들 수 있을까?"와 같은 것이다.

단순히 마음에 드는지를 묻는 대신 이렇게 물어야 한다. "시간이 지나면서 많은 요소가 개선될 겁니다. 그 점을 감안해서 우리가 목표 고객들을 위해 추가하거나 보완해야 할 부분은 무엇이라고 생각하는지요?"

## 146.

## '더 나은 것'에 대한 명확한 정의

'더 나은 것'에 대해 논의하는 것이 현학적으로 보일지 모르지만, 사실 이것은 전략의 핵심이다.

"누구에게 더 나은 것이어야 하는가?"

우리에게 '더 나은 것'은 무엇인가? 더 저렴한 것인가, 더 빠른 것인가, 더 탄력적인 것인가, 더 지속 가능한 것인가, 더 높은 지위를 부여하는 것인가, 더 잘 연결되는 것인가, 더 편리한 것인가, 더 비싼 것인가, 더 맛있는 것인가, 더 건강한 것인가, 더 재미있는 것인가, 더 짧은 것인가, 더 긴 것인가, 더 무거운 것인가, 더 가벼운 것인가, 적극적으로 추천되는 것인가?

타인 혹은 고객의 다양한 '더 나은 것'을 상상할 수 있는 공감능력이 부족하면, 당신은 좌절의 길로 접어들게 될 것이다.

## 147.

## 채택 여부를 결정할 때 스스로 던져야 할 질문

우리에게는 선택의 자유가 있다. 우리는 고객이나 시민, 근로자 또는 구매 담당자로서, 어떤 아이디어나 제품 혹은 기술이 대중에게 수용되는 과정을 단계별로 설명하는 '채택 곡선'의 어느 지점에 서게 된다.

어쩌면 당신은 (기술이나 패션, 화장품 등의 분야에서) 얼리 어답터일 수도 있다. 혹은 선택지가 좁아지면서 구매 압력이 커질 때까지 기다리는 후발주자일 수도 있다.

어떤 사람들은 최신 분자생물학 이론에 관한 토론에 흥미를 느끼면서도 매주 같은 땅콩버터를 산다. 또 어떤 사람들은 유행을 선도하는 레스토랑이 빨리 문을 열길 기다리면서도 매일 똑같은 스타일의 신발을 신는다.

당신은 어느 지점에 서 있든, '할 것인가 말 것인가?'라는 질문을 던지고 있을 가능성이 크다.

에버렛 로저스는 기술 변화에 관한 글에서, 문화적 또는 경제적 변화의 타당성을 평가하는 데 도움이 되는 질문들을 정리했다. 나는 여기에 전략적·문화적 사고방식에 기초해 몇 가지 질문을 추가했다. 타인까지 염두에 두고 이러한 질문에 답하려면 공감 능력이 필요하지만, 어쨌든 이는 필수적인 과정이다.


엔지니어링 및 성능
* 이 혁신은 이전 솔루션에 비해 어떻게 개선되었나?
* 이 혁신을 사용하면 어떤 이점이 따르는가?
* 비용이나 속도, 효율성 등의 지표로 개선 사항을 측정할 수

있는가?

상호작용 및 네트워크 효과

* 이 혁신이 최소한의 유효 잠재고객의 가치와 신념 그리고 현재의 니즈와 일치하는가?
* 대상 고객이 이미 사용 중인 기존의 시스템이나 관행 또는 기술과 호환되는가?
* 더 많은 사람이 이용할수록 더욱 효과적인가?
* 이 혁신은 대상 고객의 사회적·문화적 맥락에 얼마나 부합하는가?

편의성 및 단순성

* 이 혁신은 이해하고 사용하기가 얼마나 쉬운가?
* 시간에 따라 학습의 변화를 도식화한 '학습 곡선'이 어떤 모양을 그리고 있는가?
* 수용을 방해할 수 있는 복잡성이나 기술적 장벽은 없는가?

위험 감소

* 전면적 채택을 결정하기 전에 제한적으로 이 혁신을 테스트할 수 있는가?

* 소규모 그룹이나 잠재고객 일부를 대상으로 이 혁신을 시

범 운영할 수 있는가?

* 시험 결과를 얼마나 쉽게 측정하고 분석할 수 있는가?

비계

* 새로운 사용자에게 지위나 조직적 이점이 제공되는가?
* 이 혁신의 이용 결과가 다른 사람들에게 가시적으로 분명 하게 드러나는가?
* 혁신의 성공 사례나 이점을 잠재적 채택자에게 어떤 방법 으로 보여주거나 전달할 수 있는가?
* 기존 사용자가 혁신의 사용을 주저하는 사람들에게 긴장을 유발하는가?

## 148.
## 단기 게임과 장기 게임

타인 및 그들이 속한 시스템과의 상호작용은 게임으로 볼 수 있다. 단기 게임은 결과가 있는 개별적인 상호작용을 뜻한다. 몇 가지 예를 들어보겠다.

* 교통 위반 딱지를 피하기 위해 경찰과 대화하는 것
* 프리랜스 프로젝트를 마무리해 고객을 만족시키는 것

* 관심을 끌기 위해 온라인에 게시물을 올리는 것

* 파트너와 논쟁을 벌여 이기는 것

장기 게임은 일련의 단기 게임의 총합이다. 예를 들어보겠다.

* 하룻밤 포커 게임의 결과

* 브랜드 관리자로서의 10년 경력

* 온라인 업무용 플랫폼 구축

행동 과학과 리더십, 조직 관리 분야에서 활동하는 작가이자 컨설턴트인 루카 델라나Luca Dellanna는 모든 단기 게임에서 이기는 것이 장기적인 성공을 위한 최선의 전략이 아니라고 말한다. 그는 일련의 게임을 효과적으로 수행하기 위한 몇 가지 방법을 제안한다. 여기 3가지를 소개한다.

* 단기 게임을 활용해 신뢰나 습관과 같은 장기적인 소프트 자산을 구축하라.

* 오늘이 다시 주어진 과거, 기회라고 생각하며 플레이를 성실하게 반복하라.

* 의도적으로 리스크를 감수하되, 핵심 자산을 잃을 가능성에는 노출되지 않게 하라.

단기 게임에서 패배하더라도 다시 게임에 초대받을 수 있는 방식으로 패배하는 것이 중요하다. 무엇에 관해서도 폭주하거나, 돌이킬 수 없는 지점까지 나아가서는 안 된다.

성공적인 전략은 의도적으로 게임을 선별해 참여하고, 시간을 두고 상호작용을 축적해나가는 것이다. 당신을 찾는 전화가 울리길 기다리며 다른 사람이 정해준 아젠다에 따라 움직이고 싶지 않다면 말이다.


## 149.
### 무한한가? 유한한가?

게임에는 무한 게임과 유한 게임이 있다.

유한 게임은 이기기 위해 플레이하는 게임이다. 여기에는 플레이어들이 있고, 시작과 결말이 있다.

무한 게임은 플레이 자체가 목적인 게임이다.

레슬링 경기는 유한 게임이고 선거도 마찬가지다. 조카와의 공놀이는 무한 게임이다. 캐치볼도 마찬가지다. 이기려고 하는 것이 아니라 그저 즐기고 싶을 뿐이다.

유한 게임과 무한 게임 개념으로 유명한 제임스 카스James Carse는 게임 안에 항상 게임이 존재하며, 기여와 연결이라는 무한 게임에 집중하는 것이 가치 있는 삶의 방식이라고 설파했다.

유한 게임의 영역을 보면 어떤 게임은 풍요에 기반하고 어떤 게임은 희소성에 기반한다. 예를 들어 선거는 희소성 게임이다. 승자와 패자가 존재하며, 당신이 표를 얻으려면 다른 사람의 표를 빼앗아야 한다.

대부분 산업은 희소성을 기반으로 한다. 농업은 한정된 땅에서 수확량을 늘리는 것이 목표다. 네트워크 TV는 다른 방송사들을 누르고 시장 점유율을 높이는 것이 목표다.

하지만 풍요를 기반으로 하는 유한 게임도 있다. 출판업자들은 한 권의 책으로 다른 책과 경쟁하는 경우가 거의 없으며, 시장에서 전체적으로 더 많은 책이 팔릴 때, 더 큰 기회가 생긴다는 것을 잘 알고 있다. 서점에서 책들이 경쟁하는 것처럼 보이지만, 책은 다른 책들 옆에서 가장 잘 팔린다.

모든 전략에는 게임이 있다. 우리는 우리가 플레이하는 게임을 선택하고 이해해야 한다.


## 150.
### 희소냐? 풍요냐?

봅슬레이에서 금메달을 따려면 다른 모든 팀을 이겨야 한다. 이것은 승자독식의 희소성 게임이다. 4위에게는 메달조차 없다.

부동산 중개인은 희소성에서 이익을 얻는다. 6명이 같은 펜트하우스 아파트를 원하는 경우, 가장 많은 돈을 지불하는 사람이 그 아파트를 갖게 된다.

특정 종류의 희소성에 기반한 시스템에 진입하려면, 당신의 프로젝트가 기존의 솔루션보다 더 많은 가치를 창출해야 한다. 태양광 패널이 석탄보다 적은 비용으로 전기를 생산할 수 있다면 이를 더 쉽게 판매할 수 있다. 현금은 한정되어 있고, 전기의 수요는 실재하며, 사용에 따른 혜택도 분명하다.

대부분의 경제 모델과 일상적인 전략에서는 희소성이 게임의 핵심이다. "채용 인원은 한 명입니다.", "숙박비에 배정된 예산은 300달러뿐입니다.", "영화는 한 번에 한 편만 볼 수 있습니다."

저작권 산업 역시 명품과 마찬가지로 희소성을 기반으로 한다. 모두가 접근할 수 있다면 가치는 떨어질 수밖에 없다.

하지만 최근에는 풍요를 기반으로 하는 게임이 놀라울 정도로 빠르게 증가하고 있다.

정보와 연결을 기반으로 구축되는 네트워크는 희소성을 싫어한다. 생성을 목적으로 구축되는 것이기에 그렇다.

앞서 소개한 신장 기증 제안이나 유치원 등원 100일 기념 아이디어는 생성적이다. 누군가의 무언가를 빼앗는 것이 아니라 존재하지 않았던 새로운 가치를 창출하는 것이다.

생성적 접근방식은 이렇게 가치를 창출하며 풍요를 통해 희소성을 해결할 기회를 제공한다.

내가 살아오는 동안 세상은 70억 개의 일자리를 창출했다. 생산적인 사업은 보다 생산적인 사업을 위한 환경을 직접 조성한다는 사실이 드러난 셈이다.

확산하는 아이디어가 승리한다. 사람과 사람을 연결하면 2 더하기 2가 7이 될 수도 있다. 이것이 바로 인터넷이 빠르게 성장한 이유 중 하나다. 네트워크 효과는 참여하는 모든 사람에게 이익을 안겨준다.

희소와 풍요는 종종 상반된 방식으로 작용하므로, 우리가 지금 어떤 종류의 게임을 하고 있는지 혼란스러울 수 있다. 하지만 흐름을 거슬러 희소성을 풍요로 또는 그 반대로 바꾸면 종종 놀라운 일이 발생한다.


## 151.
### 지배냐? 연대냐?

어떤 게임은 지배로, 어떤 게임은 연대로 승리한다.

예를 들어, 도시에서 가장 성공적인 의사가 되고 싶다면 다른 모든 의사를 지배하는 방향을 잡으면 안 된다. 대신 그들과 연대하는 방식을 취하는 것이 바람직하다. 당신에 대한 추천은 당신에게 패배한 사람이 아니라 당신을 신뢰하는 사람에게서 나온다.

반면에 우리가 참여하는 많은 게임에서는 상대를 제압하는 것이 승리의 방법이다('상대'라는 표현 자체에 이미 답이 담겨 있다).

프로레슬링뿐만이 아니다. 예전 프랑스 레스토랑의 셰프들은 직원들을 지배하며 복종을 강요했다. 많은 기업 문화 역시 공동체나 네트워크 효과가 아니라 시장 점유율과 소유권을 중심으로 구축되었다.

소매점의 진열 공간은 한정되어 있다. 브랜드가 승리하는 방법은 진열대를 장악하는 것이다. 이를 위해 브랜드는 제품의 평방cm당 판매량을 늘려 상점이 더 많은 재고를 보유하도록 유도한다. 더 나아가 소매업체에 더 많은 진열 공간에 대한 대가를 선불로 지급하고, 판촉행사와 광고에 투자함으로써 진열의 이점을 더욱 강화한다. 더 많은 광고로 지원되는 더 많은 진열 공간은 소매업체에 더 큰 수익을 안겨주고, 이는 더 많은 진열 공간으로 이어진다.

상점이 신경 쓰는 유일한 것은 어떤 브랜드가 평방cm당 가장 높은 수익을 안겨주느냐는 것이다. 그들이 당신의 제품을 좋아해야 할 이유는 없으며, 당신이 얼마나 열심히 일하는지 신경 쓸 필요 또한 없다.

지배함으로써 승리하는 게임에 준비되어 있지 않다면 아예 시작하지 않는 것이 좋다.

## 152.

# 베풀기 vs. 보답하기

보답한다는 것은 호의를 주고받는다는 의미다. 호혜성은 인간의 자연스러운 본능이며, 문화에 의해 증폭된다. 누군가 나에게 좋은 일을 해주면 나도 그에 대한 보답으로 좋은 일을 해주고 싶어진다.

베푼다는 것은 아무런 조건 없이 누군가에게 무언가를 제공하는 것을 의미한다.

문화를 먹여 살리는 이 행위는 오늘 당장 무엇을 얻을 수 있는지에 초점을 맞추지 않는다. 다만 문화가 전승될 수 있는 여건을 조성하는 것이다.

태평양 북서부의 크아크아카와Kwakwaka'wakw, 하이다Haida, 틀링깃Tlingit 같은 원주민 문화에서는 '포틀래치'라는 전통이 생겨났다. 이 단어는 대략 '주다'라는 뜻으로 번역된다. 포틀래치는 공동체 내에서 주최자의 지위와 명성, 관대함을 보여주기 위해 부와 선물을 재분배하는 의식 성격의 잔치다. 이 의식에서 주최자는 음식과 의복, 귀중품 등 가치 있는 다양한 것을 나눠주곤 했다. 극단적인 경우, 주최자가 가진 모든 것을 나눠주어 빈손이 되기도, 심지어 알몸이 되기도 했다.

포틀래치는 지위를 드러내는 것 외에도 공동체 내 여러 가족 및 씨족 간의 사회적 위계와 관계를 강화하는 기능도 했다.

반면에 수전노는 가진 것을 지키는 데 집착해 낯선 이에게 문조차 열어주지 않을 정도로 불안에 떨며 산다. 그들은 가진 것을 지키려는 욕망의 덫에 갇혀, 베풀지도, 보답하지도 않는다.

## 153.
### 유지나? 대체냐? 가능성이냐?

'유지 게임'은 현상을 보존한다. 영화 '듄Dune'의 속편이 계속 나오는 것과 비슷한 맥락이다. 한 공기조화HVAC 설비 공급업체가 고객에게 다른 공급업체를 찾지 않을 만큼의 고객 서비스만 제공하는 경우도 해당한다. 식당에서 단골손님이 소외감을 느끼지 않도록 초기부터 있던 기존 메뉴를 유지하는 것도 같은 맥락이다.

백화점들도 이 게임을 한다. 그들은 부동산 임대 계약을 지키기 위해 애쓴다. 사실 대부분 전통적인 조직은 매몰 비용을 받아들이고, 가진 것을 잃지 않기 위해 노력한다.

'대체 및 개선 게임'은 반란군이 기존 업체가 제공하는 것보다 더 나은 것을 고객에게 약속할 때 발생한다. 성공적인 대체품은 긴장을 창출하고, 기존 제품을 고수하는 이들이 지위와 소속감을 잃을 위험을 감수하도록 환경을 조성한다. 대체품은 (뒤처질 수 있다는) 두려움과 지위 욕구의 조합을 통해 현상을 고수하려는 사람들의 마음을 흔든다.

그렇다면 '가능성 게임'은? 이는 미래에 베팅하는 게임으로 종종 더 어려운 도약으로 여겨진다. 새로운 것이 완전한 해결책이 아닐 수 있기 때문이다. 위험하게 느껴질 수도 있지만, 얼리 어답터들이 원하는 것은 바로 이런 것이다. 이 게임은 곧 더 나아질 것이라는 약속을 내세운다. 얼리 어답터들은 증명을 요구하지 않는다. 대신 구체적인 믿음의 대상을 원한다.


## 154.
## 기술, 행운, 특권의 게임

어떤 게임에서는 시스템, 전략, 환경이 특정 플레이어에게 유리하게 작용해 승리가 결정된다. 또 어떤 게임에서는 단순히 운에 의해 승리가 좌우된다.

계급과 특권의 시스템은 많은 사람에게 불리하게 작용한다. 과거와 현재의 문화적·경제적 편견 역시 게임의 판도에 영향을 미친다. 우리 모두에게 존엄성과 생산성 측면에서 손해를 끼친다. 우리는 함께 이러한 게임을 보다 공정하게 만들기 위해 노력해야 한다.

그럼에도 여전히, 여러 곳에서 우리는 실력을 겨루는 게임의 기회를 얻는다. 이러한 게임에서는 재능과 자산에 대한 접근성은 물론이고 준비, 전략, 노력의 복합적 조합이 승리를 결정한다.

쉬워 보이지만, 쉽지 않다. 자신만의 회복탄력적인 커리어를 개발하는 데 관심이 있다면, 기술을 필요로 하는 게임에 집중하고 그에 필요한 실력을 쌓아보라.

## 155.
## 목표가 다양한 게임

단체 스포츠와 같은 경쟁 게임에서는 모든 플레이어가 같은 목표를 원한다고 가정한다.

단 한 명의 억만장자만이 돈과 권력을 가질 수 있다. 단 한 명의 단거리 선수만이 가장 빠른 기록을 가질 수 있다.

하지만 현실 세계의 게임 플레이어는 대부분 서로 다른 결과를 추구하는 경우가 많다. 그렇기에 많은 상호작용이 원원win-win 시나리오로 해결되기도 한다.

식당 주인은 생산성과 회전율을 높이길 원한다. 지역 주민은 혼잡을 피하고 비용을 훨씬 적게 들이고 싶다. 서로 다른 목표를 겨냥하고 있지만, 지역 주민들은 기꺼이 이른 시간에 저녁 먹으러 식당을 찾을 수 있다.

시스템의 노드들이 우리가 원하는 것과 다른 것을 원할 수 있다는 사실을 깨달으면, 그들과 대립하는 대신 협력하는 쪽으로 거래의 기회를 늘릴 수 있다.

이런 게임을 찾아내야 시스템을 변화시킬 윈윈 해결책을 구상하고 구현할 수 있다.

## 156.
## 시작하기 전에 반드시 해야 할 것

'체스복싱Chess boxing'은 플레이어들이 규칙에 동의하기 때문에 성립된다(규칙이 실로 황당하다. 한번 검색해보기를 바란다). 일단 링에 올라가면 룩을 교환하거나 주먹을 주고받는 등 명확한 전략을 구사할 수 있다. 나는 원칙적으로 누구에게든 체스복싱을 권하고 싶지 않다. 하지 않는 것이 현명한 선택이다. 무엇보다도, 그 규칙에 동의하지 않은 상대와는 절대로 체스복싱을 해서는 안 된다.

대부분의 경우 우리가 하는 게임은 게임으로 명시되지 않으며, 모든 플레이어가 규칙에 동의하지 않는다. 또한 대부분 다른 플레이어들은 우리와는 다른 목표와 전술, 접근방식을 가지고 있다.

6명의 상속인이 유언장에 이의를 제기한다고 가정해보자. 격렬한 싸움을 피하고, 적은 액수를 받더라도 가능한 한 빨리 매듭짓기를 원할 수 있다. 다른 형제는 신속한 해결보다 모든 당사자가 목소리를 내고 충분히 존중받는 결론을 우선시할 수 있다. 다른 형제는 형제자매 중 한 명(항상 엄마를 실망시킨 그 인간)이 아무것도 얻지 못하도록 하는 데만 관심이 있을 수 있다. 그리고 또 다른 형제는 단순히 싸움을 벌이기 위해 결론에 이를 모든 기회를 회피할 수도 있다.

협상에 관한 대부분의 비유담에서는 솔로몬 같은 왕이 규칙을 정하거나 모든 당사자가 존중해야 하는 명확하게 이해된 경계가 정해진다.

하지만 진짜 어려운 상황은 그런 비유담이 시작되기 전에 벌어진다. "확실하게 할 준비가 되지 않았다면, 시작도 하지 말라." 협상을 어떻게 진행할 것인지 협상하는 단계에서부터 어려운 상황이 전개된다. 이것이 바로 중재가 강력한 도구가 되는 이유 중 하나다. 중재에 동의하면 과정과 결과에 대한 상호 동의 역시 보장된다.

상호 동의가 없으면, 협상은 무너진다. 필수적인 사전 협상을 생략하고 이 시스템이 우리가 원하는 규칙에 따라 작동할 것이라고 가정하는 순간 모래 늪에 빠지게 된다. 각 플레이어가 동일한 규칙을 상상하리라 착각하는 것은 위험한 실수다.

## 157.
## 이길 수 없는 게임에 베팅하지 말라

광범위한 시스템 게임과는 다른 전략이 필요한 특정한 종류의 미시적 게임도 있다. 잠시 집중해서 살펴볼 가치가 있을 것이다.

앞서 보았듯이 어떤 게임은 실제로 당신과 다른 한 명만 참여하는 2인 게임이다. 적어도 당신이 게임에 집중해야 할 중요한 순간에 외부의 힘이 개입되지 않는다.

예를 들면, 렌터카 업체 카운터와의 상호작용이나 직장 동료와의 관계 또는 고속도로에서 스쳐 지나가는 누군가와의 순간적인 접촉 등이 이에 해당한다.

문명화된 세상에서 이러한 상호작용 대부분이 긍정적이고 친절하다. 하지만 때로는 대립적인 상황이 발생하기도 한다. 내가 지지 않으면 자신이 이길 수 없다고 상대방이 판단한 경우다(또는 그 반대일 수도 있다).

이렇게 누군가가 우위를 점하려는 의도로 비생산적 대결의 조건을 조성하기도 한다. 이 경우 상대방이 원하는 유일한 성공적

결과는 내가 지는 것이기에, 타협이나 윈윈의 여지가 생기지 않는다. 또한 상대는 승리를 위해 규칙을 어기거나 극적으로 과도하게 투자할 수도 있다.

이런 상황의 문제는, 당신이 이기든 지든 장기적으로는 번영하지 못할 가능성이 크다는 것이다. 그렇다면 어떻게 해야 할까? 잠시 멈추어라. 시간을 아군으로 활용하라. 더 큰 시스템에 영향을 미칠 수 있는 방법을 찾아보라. 아니면 아예 물러나서 더 나은 상대와 더 나은 게임을 하라.

지금 당장 상대에게 교훈을 주려고 하면, 그렇게 해서 얻는 가치보다 더 큰 대가가 따를 수 있다.

그런 대립적인 게임은 피클볼테니스나 배드민턴과 같은 네트코트 게임 – 옮긴이 코트에서나 열심히 하자. 현실에서는 잘 통하지 않으니까.


## 158.
### 독립적인 전략이란 있을 수 없다

유한 게임에서는 모든 플레이어가 같은 의도를 가지고 플레이할 때 이기적인 행동이 나오기 마련이다. 하지만 '단기적인 이기주의'와 단기적인 이익을 넘어 지속 가능하고 안정적인 성장을 추구하는 '장기적인 극대화' 사이에는 분명한 차이가 있다.

차가 막힐 때, 우리는 교통체증에 갇혀 있는 것이 아니라 교통체증을 유발하고 있다. 누구나 게임을 할 때면 모종의 이기심을 발동한다.

보드게임 모노폴리부루마블의 원형 - 옮긴이를 할 때, 다른 플레이어들에게 높은 집세를 받기 위해 보드워크에 집을 짓는 것은 괜찮다. 모노폴리 게임의 방식이 그렇다. 하지만 이 가상 모델을 현실 세계에 그대로 적용하면 문제가 발생할 수 있다.

우리 모두가 다른 사람들과 함께 생활하고 일하며 번영하는 시스템에서 살고 있기 때문이다.

예를 들어 패스트푸드 쓰레기를 차창 밖으로 버리는 이기적인 단기 전략은, 가능한 한 빨리 차 내부를 깨끗하게 만들겠다는 목표를 위해 타인에게 미칠 악영향을 고의로 무시한다는 논리로 이해할 수 있다.

하지만 이런 전략은 유용하지도, 지속 가능하지도 않다. 일단 이런 행동이 퍼져나가면 (나를 포함한) 모든 사람이 그 대가를 치르기 때문이다.

모든 지속 가능한 전략은 '우리'와 '현재'의 원을 확장하는 작업에 기반한다.

파리 유명 푸알란 베이커리의 가업을 잇는 3대 손녀 제빵사 아폴로니아 푸알란Apollonia Poilâne은 빵을 더 싸고 쉽게 구할 수 있도록 노력하고, 유통기한을 늘리기 위해 타협하지 않는다. 그럼에도 어떤 사람들은 단지 그녀의 빵 한 덩어리를 사기 위해 비행기를 타고 파리로 날아간다.

대중은 선택의 대상이다. 당신은 그들에게 헌신할 수도, 그들을 의도적으로 무시할 수도 있다.

## 159.

# 마지막 도넛 부여잡기

경쟁이 치열할수록 전략의 중요성이 커진다.

20세기에서 21세기로 넘어가던 무렵, 나는 월마트의 초청으로 아칸소주 벤턴빌에 강연하러 갔다. 그 당시 월마트는 아마존이라는 신생 기업의 도전을 받고 있었다. 아마존의 연 매출이 30억 달러에 불과했지만 말이다. 나는 강연장에 들어서다 연단 위에 걸려 있는 현수막을 보고 매우 놀랐다. "아마존의 방식으로는 아마존을 이길 수 없다You can't out-Amazon Amazon." 세계 최대 소매업체가 승산이 없다고 판단되는 싸움은 포기하기로 결정한 것이었다. 24년이 지난 지금, 아마존의 매출은 그때보다 200배 늘었다. 하지만 월마트의 매출과 수익도 급증했다.

시장 점유율이나 지배력 또는 마지막 도넛을 놓고 경쟁하는 상황은 당장 눈앞에 놓인 게임에 긴급하게 집중시킨다.

그런 상황에서 고려할 수 있는 몇 가지 접근방식이 있다.


약자 제압

비겁해 보일 수 있지만, 사실 가장 일반적인 접근방식이다. 강점을 활용해 지배적인 제품의 이점을 부각함으로써 약한 경쟁자를 제거한다. IBM은 수십 년 동안 컴퓨터 시장을 독점했다. 테일러 스위프트는 계속해서 음악 판매 기록을 경신하고 있다. 시장 리더는 안전성과 기술력, 신뢰성, 레버리지의 조합을 통해 기존 시스템에 쉽게 서비스를 제공할 수 있다.

### 강자에 대한 도전

반란을 도모하는 신예에게는 이것이 최선의 선택일 수 있다. 지배적인 플레이어가 갈 수 없거나 가지 않으려는 곳에 진입하면 상대적으로 작은 규모와 경험이 오히려 자산이 된다.

### 영역 고수

자신의 영역을 지키는 것이 반란군에 맞서는 시장 선도 기업에는 적합한 전략이 될 때가 많다. 월마트의 경영진은 재무 구조와 비즈니스 모델을 바꾸는 방식으로 아마존을 차단하면, 이미 지배적 위치를 점하는 시장에서 수십 년간 쌓아온 성장을 포기해야 한다는 사실을 잘 알고 있었다.

### 협력

가장 흔하게 간과되는 선택지다. 제휴와 네트워크 형성, 정보 흐름의 재구성은 단순히 가치를 점유하는 것이 아니라 새로운 가치를 창출하는 것이다. 이 영역에는 제로섬 게임이 거의 없다. 상상력을 발휘하기만 하면 된다.

그렇다면 효과가 없는 접근방식은 무엇인가? 고집부리기와 더 열심히 노력하기, 시장 리더를 모방하면서 다르다고 주장하기 등이다.

## 160.
## 시스템은 번성하다가 시든다

1973년, 생물학자 리 밴 발렌Leigh Van Valen은 생물종이 멸종하는 것은 오래되었거나 기운이 다해서가 아니라 환경이 변하기 때문이라는 사실을 입증했다.

다른 종들도 동시에 진화하는 까닭에 어제 어떤 유기체에 유효했던 방식이 오늘 더는 통하지 않을 수도 있다. 안정적 지위를 확보하기 위한 경쟁이 끊임없이 벌어지지만, 설령 그 자리를 차지해도 오래 지속되지는 않는다.

레드 퀸Red Queen 이론은 세상이 왜 이토록 혼란스러워 보이는지 이해하는 데 도움을 준다. 각각의 종은 진보하기 위해서뿐 아니라 끊임없이 변화하는 환경에서 살아남기 위해서도 지속적으로 적응하고 진화해야 한다는 개념을 담은 이론이다. 처음에는 AOL초창기 미국 온라인 시장을 이끈 포털사이트 - 옮긴이이 인터넷 시장을 제패한 것으로 보였지만 뒤이어 야후가, 그다음은 구글이, 이어서 페이스북이, 지금은 틱톡이 시장을 장악했다.

끝은 새로운 규칙으로 운용되는 새로운 게임의 시작이다.

"우리의 전략은 어느 시점까지만 유효할 것이다."

우리의 전략이 시스템에 영향을 미치기 때문에 시스템도 변화한다. 단순히 우리의 작업 때문만이 아니라 다른 전략들에 대한 반응으로도 변화한다.

알렉산더 그레이엄 벨이 웨스턴유니온에 전화 특허를 제안했을 때, 그들은 이를 거절했다. 전신 사업을 일관적이고 안정적으로 운영한다는 사명을 완벽한 전략으로 삼고 있었기 때문이다. 변화의 촉발 요인이 게임의 규칙을 다시 쓰지 않았다면, 그들은 지금도 여전히 그 사업에 매달려 있을 것이다.

수년 후 AT&T는 팩스부터 초기 인터넷에 이르는 통신 분야의 모든 혁신을 활용하지 못하는 실수를 저질렀다. 웨스턴유니온이 저지른 바로 그 실수, 즉 다른 혁신 주체가 날아오를 기회를 제공하는 실수를 반복한 것이다.

당신이 누리는 현재의 성공은 분명 어렵게 얻은 것이리라. 하지만 미래는 당신이 생각하는 것만큼 그것을 중요하게 여기지 않는다.

## 161.
## 뉴욕에 가려면

항공 시스템은 실로 기적과도 같다. 누가 이를 총괄하는 것도 아닌데 전 세계 수백만 명의 사람들을 매일, 온종일 원하는 목적지로 안전하게 실어 나른다.

로스앤젤레스에서 뉴욕으로 가는 가장 좋은 전략도 매우 간단하다. 시스템이 이미 갖춰져 있기에 신분증과 돈을 가지고 시간에 맞춰 공항에 가기만 하면 아무런 문제 없이 뉴욕에 도착할 확률이 매우 높다.

반면에 캐나다 온타리오주 머스코카와 뉴욕을 오가는 정기 항공편을 개설하도록 항공사를 설득하고 싶다면, 현재의 시스템으로는 결코 쉽지 않을 것이다. 몇 통의 전화와 신문사 기고문만으로는 변화를 이끌어내기 어렵다.

"대부분은 시스템 안에서 일하지, 시스템 위에서 움직이지 않는다."

하지만 이제 우리가 의존하던 많은 시스템이 변화하고 있다.

물론 그럼에도 대부분 시스템 안에서 살지만, 시스템을 바꿀 기회는 도처에 생겼다.

배에 구멍이 나면 온종일 양동이로 물을 퍼내며 시간을 보낼 수도 있다. 하지만 잠시 보트를 부두로 끌어올려 구멍을 막는 것은 어떨까.

시스템 '안에서' 일할 때 우리가 할 수 있는 일은 오직 물을 퍼내는 것뿐이다.

시스템 '위에서' 일할 때 우리는 상황을 개선할 기회를 얻는다.

## 162.
## 규격만 맞춘다면 모든 것이 허용된다

표준은 시스템 간의 연결을 돕는다.

유튜브는 당신이 시청 중인 영상이 재미있든 그렇지 않든 상관하지 않는다. 그저 영상을 제공할 뿐이다. 데이터를 담는 용기容器와 이를 전달하는 방식은 콘텐츠와 아무런 관련이 없다.

화물 운송 회사는 규격에 맞는 컨테이너를 운송할 뿐이다. 거기에 무엇이 들어가 있든, 리넨 제품들이 서로 뒤엉키든 말든 전혀 상관하지 않는다.

표준은 일관된 규격의 용기다. 이는 곧 그 용기에 맞는 것이라면 시스템이 무엇이든 자동으로 받아들일 수 있으며, 이를 통해 복잡하면서도 회복탄력적인 시스템을 구축할 수 있다는 의미다.

시장에는 데이터 패킷, 너트와 볼트, 법인체의 구조 등에 대한 표준이 존재한다. 그리고 사람들을 처리하는 방식에 대한 표준도 있다(예컨대 면접이나 환자 등록 절차 등).

우리는 각자 일종의 '패키지'에 들어 있는 셈이다. 어느 누구도 우리의 생각, 꿈, 약점 등을 모두 신경 쓰지 않는다. 표준에 맞는 패키지로 모습을 드러낼 때 우리는 시스템에 참여할 수 있다.

이 방식은 피자 한 조각을 거래하는 상황과도 유사하다. 해당 시스템은 피자 한 조각과 2달러를 교환하도록 설계되어 있다. 당신이 누구인지는 전혀 중요하지 않다.

우리는 스스로 충분히 표준화된 패키지에 넣으면 스타벅스에 취직할 수도, 테드엑스TEDx, 테드 조직위의 허가를 받아 주로 지역 현안에 초점을 맞춰 진행하는 소규모의 독립적 테드 - 옮긴이 강연에 청중을 모을 수도 있다.

출장이 잦은 여행객을 위한 가방을 제조하고자 한다면, 항공사 표준에 맞춰 제품을 만드는 것이 중요하다. 항공사에서 당신 회사의 가방만을 위해 규정을 변경할 가능성은 없기 때문이다.

하지만 패키지의 규격에 대한 이러한 표준화는 시스템이 불공정하거나 분열을 증폭하거나 편견에 근거할 때는 도움되지 않는다. 시스템의 부작용이 해로운 수준일 때도 마찬가지다. 그런 시스템에 직면하면 억지로 자신을 패키지 규격에 맞추는 일이 감당하기 어려울 수 있다. 이 경우, 시스템의 대체 가능한 일부가 되기보다는 시스템을 바꾸기 위해 노력해야 한다.

누군가가 반복적으로 시스템에 의해 거부당한다면, 그것은 그 사람 때문이 아니라 시스템이 인식한 패키지가 표준에 맞지 않기 때문일 수 있다. 시스템은 당신이 진정 어떠한 사람인지 모른다. 단순히 패키지를 인식할 뿐이다.

만약 그러한 표준이 유독하거나 우리 문화에 해를 끼친다면, 바꿔야 한다. 이것이 바로 문화적·시스템적인 변화다. 관료나 고객 서비스 담당자에게 교훈을 주려는 시도는 별로 의미가 없다. 그들은 패키지를 처리하고 체크리스트를 확인하느라 바쁘다. 분노에 차 불만을 쏟아내는 일은 결국 시간 낭비. 대신 시스템과 협력하기 위한 일을, 혹은 발언을 하는 것이 현명한 처사다. 그래야만 진정 중요한 순간에 보다 큰 영향력으로 긴급하게 시스템을 바꿀 자원을 찾을 수 있다.

때로는 부당한 시스템에 맞서 바로 그 자리에서 소리 지르는 쪽이 만족스러울 수도 있다. 하지만 그 순간, 시스템은 필시 우리의 말을 듣지 않을 것이다.

## 163.
### 시스템에 먹이 주기

한 친구가 조카의 진로와 관련해 조언을 구했다. 조카는 매일 수 시간씩 틱톡에 영상을 올리며 팔로워를 늘리기 위해 애쓰고 있었다.

본인은 깨닫지 못할 수도 있지만 조카는 고용된 것도, 급여를 받는 것도 아니면서 틱톡을 위해 일하고 있었던 셈이다. 그녀는 시스템이 원하는 것이 무엇인지 짐작하고 그것을 제공하기 위해 노력했다. 누군가는 거기서 '복권'에 당첨되겠지만, 아마 조카는 아닐 것이다.

시스템에 먹이를 주기 위해 가입할 때, 우리는 비슷한 제품이나 서비스를 제공하는 수많은 사람과 경쟁하게 된다. 고유한 자산을 구축할 기회는 거의 없고 대체물은 많기에 정당한 보상을 받을 가능성은 낮다.

시스템에 먹이를 주는 일은 재미있고 안전하기에 많은 이가 참여한다.

이는 결과를 충분히 예측할 수 있는 전략이다. 당신의 목적은 안정적인 일자리를 찾는 것일 수 있다. 하지만 때때로 시스템은 실현 불가능한 꿈을 팔기도 한다. 이런 게임은 피하는 것이 좋다.


## 164.
## 참여해서는 안 될 시스템

소매업이 잘되면 매장은 마진의 20%를 먹고 임대인은 80%

를 가져간다.

하지만 임대인이 마진의 105%를 가져가서 적자를 보기도 한다.

임대료와 수익의 차이는 임대차 계약을 맺고 장사하는 모든 사람에게 성공과 실패의 핵심 동인이 된다.

부동산의 공급은 제한적이기에 임대인이 소매업이나 주택 시장의 시스템을 주도할 수 있다.

뉴욕의 한 유명 셰프는 레스토랑들의 지속적인 영업을 돕는 취지로 임대료 환급제를 도입해야 한다고 주장했다. 하지만 이는 결국 임대료 인상으로 이어질 가능성이 크다. 입지 조건이 좋은 곳이 부족하므로 임대인은 시스템에서 발생하는 추가 수익을 흡수할 힘을 보유한다.

다른 해결책도 마찬가지다. 최저임금이 오른다고 해서 모든 식당이 문을 닫는 것은 아니다. 남아 있는 식당들은 시장에서 감당할 수 있는 수준의 가격을 매기고(원래 사업체의 경제적 유인이 여기에 있다), 임대인도 시장이 감당하지 못하는 수준으로 임대료를 올리진 않는다. 결국 부동산이 시스템을 주도하며 안정성을 유지하는 쪽으로 작용하는 것이다.

페이스북과 구글 역시 '임대인'이다. 이들은 '관심attention'을 파는 사업을 운영한다. 기업들이 '클릭 수'를 구매하고자 할 때, 이 거대 미디어 기업들은 알고리즘과 경매를 통해 판매 가능한 트래픽의 최고가를 결정한다. 광고주에게 트래픽의 가치가 더

높아지면 미디어 사이트는 해당 트래픽의 가격을 인상하고 부가
가치를 모두 흡수한다.

예를 들어 집단 소송을 위해 고객을 모집하는 로펌이 클릭당
100달러를 벌 수 있다면, 이들은 해당 트래픽을 확보하기 위해
클릭당 최대 99달러까지는 지불할 의향이 있을 것이다. 경쟁 로
펌이 있다면 그들은 결국 그 정도의 비용을 지불하게 되며, 부가
가치는 모두 구글이 차지한다.

교훈은 간단하다. 당신이 창출한 모든 가치를 시스템이 가져
가도록 조직된 일에는 참여하지 말라.

## 165.
## 규모가 마법이 되게 하라

조직의 규모가 아주 작으면 프로젝트를 진행할 때 나름의 이
점이 따른다. 잃을 것도 별로 없고 만족시켜야 할 사람도 적기 때
문에 마법을 창출할 수 있다. 소규모 팀의 소규모 프로젝트는 크
게 실패할 위험은 없다는 자신감으로 더욱 과감하게 실행된다.

프로젝트가 성공하면 규모를 확장하고, 더 많은 사람과 이를
나누고자 하는 욕구가 생긴다. 더 많은 사람에게 제공할수록 좋
다고 여겨지기 마련이다. 성공적인 레스토랑을 체인점으로 늘리

거나 작은 병원을 대형 의료기관으로 확장하는 일이 이에 해당한다.

그리고 그 과정에서 거의 필연적으로 프로젝트가 흔들리기 시작한다.

마법을 효과적으로 확장하는 유일한 방법은 규모 확장 자체가 곧 마법이 되게 전략을 세우는 것이다.

하인즈 케첩이 특별한 이유는 제품이 표준적이고, 안전하며, 보편적이기 때문이다. 이것이 바로 그들이 제공하는 마법이다. 디즈니의 상품은 예측 가능하고 대중적인 재미를 산업적 규모로 제공하므로 마법이 된다. 디즈니는 모순으로 느껴질 수 있는 이 조합을 오히려 모토로 바꿨다. 남들도 다 가는 곳에 가고 싶다면 가야 할 곳은 바로 디즈니다.

규모 확장이 마법인 프로젝트에는 네트워크 효과가 따른다. 더 많은 사람이 이용할수록 더 좋은 결과가 나타난다.


# 166.
## NPR이 팟캐스트에 밀린 경위

2012년 NPR미국의 비영리 공영 라디오 네트워크 – 옮긴이은 오디오 정보의 전달 방식을 혁신하는 데 필요한 모든 것을 갖추고 있었지만 기존의 방식을 고수했다. 10년 후, 인터넷에는 200만 개 이상의 다양한 팟캐스트가 호스팅되었고, 2023년에는 청취 시간이 180억 시간에 이르렀다. NPR은 결국 이 문화적 변화를 주도하고 수익을 창출할 호기를 놓친 셈이다.

가장 인기 있는 팟캐스트 중 상당수는 전직 NPR 라디오 직원이 직접 제작하거나 프로듀싱하고 있으며, 주요 청취자층도 기존의 NPR 청취자들로 형성되고 있다. 이 프로그램들은 확실히 NPR의 제작물과 유사한 콘텐츠를 들려준다.

기술력과 인력, 관심, 자금 등을 고려할 때 NPR은 이 분야에서 초기부터 수월하게 지속적인 선두주자가 될 수 있었다. 하지만 그들은 기회를 발견하고도 이를 활용할 수 있는 능력을 오히려 약화시키는 것처럼 보였다. 당시 나는 WNYC뉴욕시 공영 라디오 - 옮긴이의 경영진과 함께 이 기회에 대해 논의했다. 그러면서 별다른 일이 일어날 것 같지 않다고 느꼈던 기억이 난다.

시스템은 결국 시스템의 의도에 맞는 일을 수행한다.

전국 방송 네트워크의 수장은 권한이 거의 없다. 각 회원 방송국이 가장 귀중한 자원인 지역 방송 주파수를 통제하기 때문이다. 네트워크는 의사결정 권한을 지역 방송국에 양도하고 주로 각 방송국이 자체 주파수에서 내보내길 원하는 신디케이트 프로그램중앙에서 제작해 각 지역에 배급하는 프로그램 - 옮긴이을 제공하는 유통 허브 역할을 수행했다. 라디오 시대에는 다이얼의 주파수 자리가 가장 소중한 자산이었다.

지역 방송국의 운영자들은 스스로를 큐레이터로 여겼다. 특정 시간대에 방송할 수 있는 프로그램은 오직 하나였으며, 무엇을 내보낼지는 그들의 결정 사안이었다.

그들은 또한 청취자들의 압박 속에서 유명한(그리고 비싼) 신디케이트 프로그램을 계속 편성해야(그리고 자금을 지원해야) 했다.

다량의 새 프로그램(팟캐스트)을 만들어 홍보하는 것은 그들에게 가장 중요한 2가지를 훼손하는 것처럼 느껴졌다. 먼저 청취자들에게 '그들의' 방송국을 떠나 '다른 것'을 들으라고 내몰게 될까 봐 걱정했다. 그리고 하나의 프로그램만 신중히 선별해 소개하는 것이 아니라 한 번에 많은 프로그램을 제작해야 했기에 기존과 같은 방식으로 큐레이션할 수가 없었다.

무엇보다도, 팟캐스트에 대한 전 세계적인 홍보가 지역 주파수라는 개념을 약화시킬 수 있었다. 다른 방송국의 팟캐스트가 청취자를 빼앗아간다면 어떻게 공로를 인정받고 제작 역량을 강화할 수 있겠는가?

아이러니하게도, 최종 결과로 팟캐스트의 기술적 변화로 인해 각 방송국이 보호하려고 했던 주파수의 가치가 크게 감소했다.

새로운 기술이 규칙을 바꾸면 기존 시스템은 번성하기 어렵다.

## 167.
## 건강한 이기심

시스템에 속한 각 개인은 언제나 자신의 이익을 위해 행동한다.

그렇다고 반드시 이기적으로 행동한다는 의미는 아니다. 건강한 시스템은 개인의 이익을 위한 행동이 공동의 이익에 부합하도록 조직된다. 사람들은 자신이 원하는 것을 제공하는 시스템에 참여하고, 자신의 니즈가 충족되는 한 그 시스템에 머문다.

자신의 이익을 추구하는 노드는 지위와 소속감을 기준으로 의사결정을 내린다. 그들의 결정에는 다음과 같은 고려 사항이 포함될 수 있다.

* 이렇게 하면 승진할 수 있을까?

* 상사에게 뭐라고 말할까?

* 이것이 우리의 표준에 맞는가?

* 이 상호작용에서 누가 권한을 가지고 있는가?

* 내가 이 일을 할 권한이 있는가?

* 내가 두려워하는 것은 무엇인가?

* 이 일을 통해 내가 이익을 얻을 수 있을까?

* 나에게 가장 위험이 적은 선택은 무엇인가?

* 시스템이 찾는 지표를 최대화하려면 어떻게 해야 하는가?

* 저항이 가장 적은 경로는 무엇인가?

＊ 내게 걸맞는 일인가?

지위는 우리의 위치와 성취를 다른 사람들과 비교하며 형성된다. 소속감은 우리가 관계를 맺는 사람들이 우리의 행위를 승인할지 여부를 예측하는 데 기초한다.

앞선 질문들에 대한 답은 대개 노드들 간의 관계에 의해 결정된다. 우리는 그 관계가 제공하는(혹은 제공한다고 상상하는) 피드백 루프나 결과물, 입력과 출력에 둘러싸여 살아간다.

문화는 곧 "이게 우리 방식이야."라고 말하는 것이다. 노드들 간의 관계는 문화를 지속적이고 끈질기게 상기시킨다.

시스템이 특정한 입력에 어떻게 반응할지 예측하고 싶다면, 먼저 상호작용하는 각 노드가 추구하는 이익이 무엇인지 파악하라.


## 168.
## 우리가 하는 일의 가장 중요한 부분

우리는 결정을 내린다. 온종일 끊임없이 결정을 내린다.

이러한 결정은 우리의 기대치, 지위 및 소속에 대한 인식, 긴급성, 스트레스 수준, 확신 등을 바탕으로 이루어진다. 또한 우리의 결정은 우리가 속한 시스템 영역인 우리의 원, 현재의 원이 얼마나 커 보이는지에 따라 영향을 받는다.

모든 것을 종합하면, 결국 우리는 항상 최선이라고 생각하는 일을 하게 된다.

여기에는 낯선 이의 생명을 구하기 위해 차가운 호수에 목숨을 걸고 뛰어드는 것도 포함된다. 자선단체에 기부금을 보내는 것도, 앞 차가 끼어들 수 있도록 속도를 늦추는 것도 마찬가지다. 이런 행동 역시 결국은 자기 이익에 기반한다.

변화를 만드는 일은 사람들이 스스로 원해서 자신의 행동을 바꾸게 마음먹도록 돕는 것이다.

우리에게 중요해서가 아니라 그들 자신에게 중요하기에 행동을 바꾼다고 믿게 만드는 것이 핵심이다.


## 169.
## 자발적인 선택

사람들은 늘 선택한다. 각 개인은 여러 시스템의 일부이기에 시스템의 영향을 받더라도 선택의 여지는 남는다.

우리가 내리는 선택은 각자의 목표와 필요, 두려움과 욕망에 의해 결정된다. 시스템이라는 맥락 속에서 말이다. 완전히 혼자인 사람은 없으며, 완전히 무력한 사람도 없다. 우리는 공동체 속에 존재하고 연결을 추구하며 자신의 지위와 적응, 출세에 대해 고민한다.

좋은 전략에서 공감이라는 행위는 연결된 사람들의 주체성을 이해하고 존중하는 것이다.

## 170.
### "당신이 한다면 나도…"

이 말을 입 밖으로 내뱉는 경우는 드물지만, 우리는 결정을 내릴 때 종종 이 방식에 의존한다.

마이클 잭슨의 'We Are the World'는 역사상 가장 많이 팔린 노래 중 하나다. 이 노래의 제작 과정을 담은 다큐멘터리를 보면, 밤새 진행된 녹음 세션의 전략을 확인할 수 있다.

스튜디오는 팝 음악계의 거성들로 가득 찼다. 라이오넬 리치와 마이클 잭슨, 신디 로퍼, 밥 딜런, 브루스 스프링스틴, 티나 터너, 심지어 휴이 루이스까지 참석했다.

인터뷰에서 2가지 사실이 드러났다.

먼저 거의 모든 가수가 방 안의 다른 스타들에 압도당해 자신이 '가짜'처럼 느껴졌다고 했다. 밥 딜런은 어색하고 수줍은 듯 자신의 파트를 부르는 데 어려움을 겪었다. 우리는 흔히 다른 사람들은 결코 자신을 의심하지 않는다고 상상한다. 하지만 이 사례에서 보이듯 모든 사람이 막중한 자리에서는 유사한 불안과 긴장을 경험한다. 여기서 다음 질문이 떠오른다. 그렇다면 이들은 왜 불안감을 느끼게 될 것을 알면서도 그 자리에 참석했을까?

다른 사람들도 오니까 자기도 왔다고 모두가 말했다. 결국, 참석하지 않으면 소외되고 뒤처질 수 있다는 두려움 때문이었다.

우리는 지위와 소속감을 원하는 사람들에게 그것을 제공할 수 있을 때 가치를 창출할 수 있다. 팝 스타들도 예외는 아니다.

## 171.
## 마케팅에 전략 도입하기

3가지 단계가 있다.

* 신뢰할 수 있는 스토리를 전달하라. 사람들이 공감할 수 있는 스토리를 만들어 최소한의 유효 청중, 즉 실제로 귀를 기울이고 관심을 보이는, 즉 얼리 어답터에 속하는 작은 그룹에게만 들려주라. 긴장을 조성하라.

* 이들이 다른 사람들과 스토리를 공유해야 할 이유를 제공하라. 그들의 지위나 소속감을 향상시키거나 제품이나 서비스 또는 캠페인을 지지함으로써 그들이 얻는 효용을 증대시킬 무언가를 제공하라. 그리고 이를 수행할 비계도 마

런하라.

* 그들이 직접적인 이용 경험이나 내러티브를 통해 스토리를 자신의 것으로 각색할 수 있도록 도와라.

전략적 마케팅이란 아이디어가 시간이 지남에 따라 커뮤니티를 통해 확산되는 경로와 방식을 이해하는 데서 시작된다.

이를 위해서는 단순히 "고객님은 아무나 선택할 수 있습니다. 저도 그중 하나입니다."라는 식의 막연한 메시지가 아니라 구체적인 스토리가 필요하다. 우리가 존재하지 않는다면 아쉬워할 소수의 그룹을 목표로 삼아라.

이 그룹이 우리의 작업에 참여함으로써 소속감과 지위를 높이면, 자연스럽게 스토리를 다른 사람들과 공유할 조건이 마련된다. 그들은 처음에 매료되었던 스토리를 그대로 전달하지는 않을 것이다. 친구들을 끌어들일 수 있는 새로운 스토리를, 역시 신뢰성 있게 전할 것이다.

## 172.
### 밴에서 살기

몇 년 전, 나는 작은 음반사를 설립해 여러 장의 앨범을 제작했다.

내가 프로듀싱한 한 듀오는 재능 있는 뮤지션이었는데, 밴에서 먹고 자며 작은 카페에서 연주하고 다른 곳으로 옮겨 다니는 생활을 했다.

이런 무대는 가장 접근하기 쉬운 단계로, 누구나 마이크를 잡을 수 있는 '전국 노래자랑' 같은 행사보다 고작해야 한 단계 정도 높은 수준이었다.

나는 그들에게 밴 생활이 결코 도움되지 않는다는 점을 이해시켰다.

한곳에 일정 기간 머무르며 활동해야 관객을 확보하고 명성을 쌓을 수 있었다. 한곳에서 몇 차례 공연을 하면 더 큰 클럽의 메인 무대에 설 정도의 신뢰를 쌓을 수 있고, 시스템 내에서 활동을 이어가도록 돕는 관객층을 확보할 수 있다.

더 큰 클럽의 섭외 담당자들이라고 해서 더 나은 음악적 안목을 지닌 것은 아니다. 그들은 단지 시스템의 노드에 불과하며, 아티스트가 어디에서 왔는지, 관객을 끌어올 수 있는지 등에만 관심을 기울인다.

가장 접근하기 쉬운 노드에서 시작하는 것은 일종의 함정이다. 그럼에도 재능 있는 프리랜서들이 일상적으로 그런 함정에 빠진다. 프리랜서 중계 플랫폼인 파이버Fiverr나 업워크 같은 플랫폼에서 일감을 찾는 것은 쉬울 수 있다. 하지만 자신의 작업을 증폭시킬 수 있는 시스템과 연결되지 않으면 원하는 변화를 이루는 데 방해될 뿐이다.


## 173.
## 어떤 도토리는 떡갈나무가 된다

1993년 애플 컴퓨터는 수년간의 연구 끝에 뉴턴<sup>Newton</sup>이라는 획기적인 제품을 출시했다. 뉴턴은 출시 첫 주에 10만 대 이상이 판매되며 큰 성공을 거두었다. 하지만 불과 몇 달 만에 그것은 기업 역사상 가장 대중적인 실패작으로 전락하고 말았다.

약 14년 후, 애플은 아이폰을 출시했다. 이 제품은 초기에 그다지 좋은 평가를 받지 못해 출시 첫 74일 동안 100만 대가 팔리는 데 그쳤다. 뉴턴에 비해 크게 나아진 바가 없는 결과로 보였다.

하지만 아이폰은 이후 23억 대가 넘게 팔리며 역사상 가장 수익성이 높은 소비자 제품으로 자리 잡았다.

뉴턴과 아이폰은 출시 초반 성적이 비슷했다. 출시 초기의 열광은 과대평가되기 마련이다.

자연계도 이와 유사하다. 인간이나 코끼리, 대왕고래의 배아는 몇 주의 발달 과정을 거친 상태에서는 각각 양귀비 씨앗 정도의 무게에 불과하다.

미래는 출범 이후에 펼쳐진다. 시간을 인정하고 시스템을 받아들이면, 이후의 전개 과정은 자연스럽게 이뤄진다.

## 174.
## 시스템에는 다양한 목표가 존재한다

좋은 기내식이란 무엇일까?

상황에 따라 다르다. 무엇을 위한 것인지, 누구를 위한 것인지, 당신의 역할이 무엇인지에 따라 달라진다.

앤서니 맥닐Antony McNeil은 하루에 5만 2,000개의 기내식을 싱가포르항공에 공급하는 책임자다. 그중 일부는 소형차 한 대 값에 달하는 좌석을 구입한 승객을 위한 것이고, 다른 일부는 단거리 이코노미석 승객을 위한 것이다.

또 어떤 기내식은 채식주의자를 위해, 어떤 기내식은 튀긴 당근 케이크를 아침 식사로 기대하는 승객들을 위해 마련된다.

하지만 앤서니가 만족시켜야 하는 사람들은 승객만이 아니다. 적재가 늦어져 출발이 지연되면 크나큰 손실을 입게 되는 항공사 운영팀도 신경 써야 한다.

또한 비행의 안전을 보장하면서 갖가지 우선순위와 끝없는 세부 사항을 처리해야 하는 승무원들도 고려해야 한다.

기름얼룩을 처리할 시간이나 자원이 부족한 청소 직원들도 고려 대상이다.

게다가 당근 비용을 절감해 수익으로 연결하고자 하는 최고재무책임자CFO도 있다.

"저녁 메뉴는 무엇인가?"와 같은 간단한 질문이 이렇게 독립적인 변수와 상호 양립할 수 없는 목표를 지닌 시스템으로 인해 정답이 분명하지 않은 복잡한 문제로 변한다.

하나의 해결책은 없다. 많은 해결책이 존재하는 가운데 완벽한 해결책도 없다.

## 175.
## 문제를 해결하는 한 가지 방법은
## 시스템을 바꾸는 것이다

제트블루JetBlue가 안락한 저가 항공사로 출범할 계획을 짤 때, 최고마케팅책임자CMO인 에이미 커티스–맥킨타이어Amy Curtis-McIntyre는 항공사의 기내식 제공 및 서비스에 관련된 우선순위와 고착화된 시스템을 살펴보고 다시 생각해보았다.

"무엇을 위한 기내식인가?"라는 질문은 기내 고급 식사의 역사를 살펴볼 수 있는 렌즈를 제공한다. 값비싼 여행 수단의 원조인 기차는 오랜 세월 동안 식당차에 셰프까지 갖추고 식사를 제공했다. 심지어 애거서 크리스티의 소설에도 등장한 '오리엔트 익스프레스Orient Express' 같은 유명 열차도 식당차를 운영했다. 이러한 전통의 일부를 흡수한 여객기의 등장 이후 많은 엘리트가 항공 여행을 더 안전한 문화적 선택으로 받아들였다.

그리고 이 문화가 자리를 잡자 항공사들은 음식 경쟁을 통해 고소득 비즈니스 여행객을 유치하는 데 주력했다. 음식이 그다지 훌륭하지 않았고 고객의 선택에 큰 영향을 미치지 못했음에도 이 시스템은 계속 유지되었다.

그렇다면 아예 시스템을 포기하면 어떨까?

커티스-맥킨타이어는 그냥 가장 비싼 스낵(간식)을 구비한 다음 승무원들에게 승객이 원하는 만큼 가져가도록 권하라고 지시했다.

고급 스낵 브랜드를 마음껏 즐길 수 있는 인센티브를 제공했음에도 제트블루는 다른 항공사들이 기내식에 지출하는 비용의 극히 일부만을 썼다. 그 덕분에 프로모션과 같이 적은 금액이 투입되면 안 되는 일들에 더 많은 자금을 투입할 수 있었다.

지렛대가 있으면, 시스템을 바꿀 수 있다.

## 176.

## 우리의 선택은 이미 결정되어 있다

내 치과의사는 진료 방식을 바꿀 수 없다. 바꾸고 싶다고 해도, 그가 속한 시스템이 쉽사리 허용하지 않는다.

단순히 다른 물질이나 접근을 사용하지 못하게 하는 것은 규제 및 면허 기관 때문만이 아니다.

그가 한 명 이상의 치위생사와 함께 일하며 어느 치과에서든 관계자들끼리 원활하게 통하는 용어와 방법을 익힌다는 사실도 문제다.

또한 그는 수많은 치과의사를 상대로 진료의자와 조명, 기기 등을 생산해 판매하는 제조업체와 영업사원들에게도 의존한다.

우리는 전문 시스템에 너무 익숙해진 나머지 우리의 선택 대부분이 이미 결정되어 있다는 사실조차 알아차리지 못한다.


## 177.

## 시스템은 무엇에 반응하는가?

시스템은 저마다 다르지만, 작용 방식은 비슷한 경우가 많다. 사람들이 시스템에서 원하는 것이 무엇인지 파악하면, 시스템의 작용 방식도 더 쉽게 파악할 수 있다.

다음은 주로 서구의 상업 문화에 뿌리를 둔 몇 가지 예시다.

* 안도감: 가장 지배적인 요소다. 시스템은 시스템이 원하는 바를 지향하며 그중 한 가지는 지속성이다. 만약 시간과 돈을 들여 현재의 비상 상황을 피하고 모든 것이 괜찮을 것이라는 확신을 줄 방법이 있다면, 시스템은 그렇게 움직여 긴장을 완화하려 한다.

* 더 빠른 속도: 생산성 경쟁은 결코 수그러들지 않는다. 더 빠르게 움직이는 아이디어나 장치, 프로세스는 일반적으로 속도에 관심이 많은 이들에게 주목을 받으며, 채택도 더 빨라진다는 것을 의미한다.

* 더 많은 연결: 1850년 이래로 우리는 전 세계를 네트워크로 연결해왔다. 시스템은 본래 네트워크로서, 점점 더 빠른 속도로 노드를 더욱 긴밀하게 연결하는 접근방식을 취하고 있다.

* 더 편리한 것: 기술비평가이자 법학교수인 팀 우는 부유한 소비자는 편리함을 위해 거의 모든 것을 기꺼이 내놓는다고 지적했다. 식기세척기나 원클릭 쇼핑 같은 것이 이 스펙트럼에 속한다.

* 더 저렴한 것: 다른 모든 조건이 동일하다면(물론 실제로 그런 경우는 드물지만), 사람들은 보다 저렴한 것을 선택한다.

* 더 눈에 띄는 것: 선택의 폭이 넓은 시장에서는 눈에 띄는 것이 드물다. 따라서 주목할 만한 아이템은 그 자체로 회자된다.
* 더 높은 지위: 이것도 일종의 안도감이다. 시스템은 내부자든 외부자든 시스템을 존중하고 그 성공을 지지하길 원한다.

## 178.
## 대체 가능성과 고유성의 역설

최고의 프로젝트는 흔히 대체할 수 없는 고유한 가치를 제공하므로, 기성품처럼 가격경쟁에 휘둘리지 않는다. 그것은 여기서만 구할 수 있으며 다른 곳에서는 찾을 수 없다.

하지만 기존 시스템의 많은 구성 요소는 쉽게 대체할 수 있는 경우가 많다. 회복탄력적인 시스템은 기존의 상품을 선호한다. 다음과 같이 안정성이 보장되기 때문이다. "다른 모두가 이 절차, 이 부품, 이 유형의 공급업체를 사용하고 있으니 우리도 그렇게 하자. 게다가 여러 공급업체가 경쟁 입찰에 참여하면 최저가로 공급받을 수 있지 않은가."

한 조직의 조직도 혹은 채용 과정에서도 이런 현상을 볼 수 있다. 조직도에 네모 칸들이 있는 이유는, 그것을 설계한 사람들이 사람을 중심으로 자리를 만드는 것이 아니라, 대체 가능한 톱니바퀴, 즉 자리를 채울 사람을 찾고 있기 때문이다.

시스템은 규격 외의 변수를 경계한다. 현상 유지가 중요시될수록 시스템의 각 노드는 선도자가 되는 방식이 아니라 뒤따르는 자가 되는 방식으로 보상받을 가능성이 높아진다. 그래서 입찰을 위한 제안요청서RFP가 나오고, 위원회 회의가 열리며, 다른 사람들이 무엇을 하고 있는지에 많은 관심이 집중되는 것이다.

하지만 창작자들은 인식해야 한다. 대체재가 쉽게 생길 수 있는 환경에서는 수익성 높은 가치와 기억에 남는 스토리텔링을 창출할 기회는 거의 없다는 것을 말이다.


## 179.
## 소모적인 경쟁

기성품을 파는 것처럼 행동하면 기성품만 팔게 된다.

식수든 의류든, 심지어 화석연료든, 우리는 소비자에게 어디서도 찾아볼 수 없는 진정한 가치를 드러내기 위해 상품에 스토리를 결합할 수 있다.

하지만 시스템은 우리가 틀에 맞춰 기성품을 제공해야 한다고 압박함으로써 긴장을 줄이려고 한다. 이는 소모적인 경쟁에 뛰어드는 일이다.

성공적인 도전자는 이에 대한 대응으로 긴장을 조성한다. 이들은 FOMOfear of missing out, 소외에 대한 두려움 - 옮긴이를 조성하여 소비자 네트워크에 긴장을 유발한다.

배에 구멍이 나면 온종일 양동이로 물을 퍼내며 시간을 보낼 수도 있다. 하지만 잠시 보트를 부두로 끌어올려 구멍을 막는 것은 어떨까?

시스템 '안에서' 일할 때 우리가 할 수 있는 일은 오직 물을 퍼내는 것뿐이다. 시스템 '위에서' 일할 때 우리는 상황을 개선할 기회를 얻는다.

# 180.

## 장르에 대한 이해

장르는 '포괄적 갈래'를 의미하지 않는다. 사실 그 반대에 가깝다.

누군가가 '무역 박람회'에 간다고 하면 해당 업계에 종사하지 않더라도 그 사람이 어떤 경험을 하게 될지 즉시 상상할 수 있다.

장르를 선택하면 메시지를 보내게 된다. 이는 타깃 고객의 종류와 그들의 기대치를 반영하는 것이기도 하다. 또한 (어느 정도는) 인력 구성과 자금 조달, 생산 모델도 결정하는 것이다.

장르는 타인이 우리를 이해하는 데 도움을 주는 신호다. 예를 들어 사람들은 공항에도 책을 파는 서점이 있다는 사실은 알지만, 이를 작은 마을의 독립 서점과 같은 범주에 넣지 않는다. 그래서 기대하는 바도 다르다. 장르는 우리 자신을 이해하는 데에, 그리고 선택에 따른 특권과 책임을 이해하는 데에 도움이 된다.

모든 분야의 혁신가들이 인정받는 이유는 장르에 대한 기대를 뒤흔들었기 때문이다. 문화를 바꾸려고 시도했다가 실패한 많은 사례도 마찬가지다. 우리는 보통 장르에 대한 기대가 무너질 때, 그냥 이를 무시한다.

하지만 우리가 시스템을 바꾸는 한 가지 방법은 장르를 전복하는 것이다. 겉으로는 평범해 보이는 경험이나 제품이 일단 경험하고 나면 이전으로 되돌릴 수 없도록 우리를 변화시킨다. 이는 시스템을 바꾸는 힘이 된다.

## 181.

## 매체 vs. 메시지

한 친구가 투자 유치 자료를 검토해달라고 부탁했다. 잠재 투자자들에게 미팅에 앞서 보내는 10쪽 분량의 일반적인 파워포인트 자료였다.

'투자 유치 자료'는 명칭 그 자체로 매체를 정의한다. 누구를 위한 것인지, 그리고 무엇을 위한 것인지 쉽게 추측할 수 있다.

이것을 보내는 목적은 투자자를 확보하기 위해서가 아니다. 이메일로 파워포인트를 받고 다음 날 수표를 보내는 사람은 아무도 없다. 대신 이 자료의 목적은 다음과 같다.

* '투자'라는 장르를 이해하고 있고, 이전 투자 유치의 문법을 따를 준비가 되어 있으며, 상대방의 시간을 낭비하지 않을 것이라는 점, 그리고 이런 식으로 투자를 받는 사람들과 같은 부류임을 보여주기 위해서다. 이런 자료는 읽으라고 보내는 것이 아니라 훑어보라고 보내는 것이다. 그렇다고 훑어보면서 거절하고 싶은 생각이 들 만큼 허술하게 준비

해서는 안 된다.

* 긴장을 조성하기 위해서다. 소외되거나 뒤처질 수 있다는 긴장, 아직 이해하지 못하는 어떤 것을 마주할 때 느끼는 긴장, 그리고 무엇이 어떻게 될지 모른다는 불확실성에서 생기는 긴장 등이다.

10쪽 분량의 파워포인트에 너무 많은 것을 요구하는 것처럼 느낄 수도 있다. 하지만 어렵게 생각할 필요 없다. 불필요한 세부 사항은 모두 생략할 수 있다.


## 182.
## 가격에 대한 생각

가격은 스토리이고, 가격은 신호이며, 가격은 전략의 징후다.


저렴하다고 더 좋은 것은 아니다

시장 경제에는 더 싼 것에 대한 편견이 존재한다. 수요공급 곡선은 가격이 내려가면 수요가 올라간다는 것을 보여준다. 다른 모든 조건이 동일할 때 기성품의 경우 이 법칙은 그대로 적용된다.

하지만 다른 모든 것이 같을 수는 없다. 어떤 것이든 판매자가 기성품으로 취급하는 경우에만 기성품이 된다.


고객은 상사와 친구들에게 들려줄 스토리가 필요하다

"바뀐 게 없는데 더 싸졌다."라는 스토리는 매력적이고 유혹적이다. 판매하기도 쉽고 설명하기도 쉽다. "고객님은 아무거나 선택할 수 있습니다. 저는 그 아무거나 중에서 더 저렴합니다."

하지만 낮은 가격은 더는 할 말이 없어진 마케터의 마지막 피난처다.

잊지 말라. 우리가 판매하는 제품이나 서비스에는 다양한 요구가 따를 수 있으며, 시스템이 다른 종류의 '더 나은 것'을 필요로 할 수도 있다.


선한 영향력은 공짜를 의미하지 않는다

선한 영향력을 발휘하는 일은 정서적 노동을 요구한다. 이는 외면하지 않고 문제를 직시하는 일, 숨고 싶을 때 오히려 다가서는 일이다.

선한 영향력은 우리에게 책임을 부과한다. 선한 영향력이 우리를 사람들과 더 폭넓게 연결하기 때문이다.

선한 영향력을 행사하는 일은 사람들이 생각하는 것보다도 더 통찰력 있고 시급하며 이타적이다. 이는 결국 변화를 만들어내기에, 아무리 비싼 비용을 치르더라도 해볼 만하다.

그러므로 선한 영향력을 미치는 일의 슬로건은 "아무리 큰 비용이 들여도, 그 이상을 얻게 된다."가 될 수 있다. 그리고 태그라인은 "당신을 충분히 이해하고, 진심으로 마음을 쓰겠습니다."가 될 것이다.

지속적인 비용은 당장의 가격보다 간과되기 쉽다

보호소에서 강아지를 입양하는 데 드는 비용은 얼마일까?

아마도 400달러 정도면 충분하리라 생각할 것이다. 하지만 여기에는 14년간의 사료비와 물어뜯길 캐시미어 외투 교체 비용, 카펫 청소비, 펫시터 비용 등이 포함되지 않는다.

조직이나 가정은 항상 태그에 붙은 가격을 기준으로 의사결정을 내린다. 그러나 신중한 관리자는 총비용을 따져본다.

어느 시점에서는 돈 자체보다 돈에 관한 사람들의 스토리가 훨씬 더 중요해진다

성공적인 전략은 문제 해결을 위해 기꺼이 돈을 지불할 의향이 있는 고객을 찾는 것이다. 반대로 형편없는 고객을 찾고 싶다면 자원이 한정되어 있다는 두려움에서 비롯되는 '결핍 사고방식'을 가지고 있거나, 비용을 지출해 문제를 해결하기보다는 문제와 타협하는 것을 더 편하게 여기는 사람을 찾으면 된다.

명품은 효용성보다 낭비 자체에 목적을 두고 의도적으로 소비된다

명품은 가격이 비싸기 때문에 (일부 사람들에게) 더 가치가 있는 물건이다.

비용 자체가 구매 혜택인 셈이다.

예전에는 효용성과 가격 사이에 상관관계가 있었다. 1900년대의 에르메스 안장이나 루이비통 트렁크는 분명 다른 제품보다 더 효용성 높게 만들어졌을 것이다.

하지만 오늘날에는 비싼 리조트나 고가의 와인 또는 의류는 최고로 질이 좋은 제품이 아닐 가능성이 크다. 그저 구매자가 기꺼이 이해하고 과시할 수 있는 상징으로 작용하는 경우가 많기 때문이다. 실용성이 떨어지는 것조차 명품의 가치에 포함될 수 있다. 추가 비용을 지불할 여유가 있을 뿐만 아니라 발이 아파도 괜찮을 정도로 여유롭다는 의미가 되니까 말이다.

돈은 스토리이고 가격은 그 스토리를 전달하는 방식이다.


## 183.
### 공감해야 전략을 세울 수 있다

동정하라는 말이 아니다. 시스템의 노드들이 행동하는 방식에

동의할 필요도 없다.

"내가 만약 당신이라면…"이라는 생각도 필요 없다. 당신은 그들이 아니기 때문이다. 오직 그들만이 그들이다.

여기서 말하는 공감은 "나는 당신이 아는 것을 모르고, 당신이 보는 것을 보지 못하고, 당신이 믿는 것을 믿지 않지만, 그래도 괜찮다."와 같은 종류다.

다른 모든 사람이 우리의 관점에 충분히 관심이 있다고 가정하고, 동의할 것을 요구하는 전략으로는 성공할 수 없다. 아마 우리가 할 수 있는 최선은 사람들이 마음 깊이 도달하길 원하는 곳에 도달하도록 돕는 것이다.

진정 변화를 일으키길 원한다면, 시스템(그리고 그 안에 있는 많은 사람)이 당신이 원하는 것을 원하지 않거나 심지어 당신이 믿는 것을 믿지 않는다는 사실을 인정하고 공감할 수 있어야 한다.

물론 당신이 옳을 수도 있고, 그에 관한 진전을 이룰 수도 있다. 하지만 당신이 옳더라도, 당신이 아니라 사람들 자신이 옳다고 느끼게 해야 한다.

다른 곳으로 가라고 설득하는 것보다, 원하는 곳에 갈 수 있게 돕는 일이 더 쉽다.

## 184.

## 도로시와 친구들

도로시는 어떻게 사자와 양철나무꾼, 허수아비를 설득해 마법사를 만나러 가는 여행에 동참하게 했는가? 집이 너무 그립다고 호소하며 그들을 설득한 걸까?

이 이야기의 교훈은 다음과 같다. "그녀는 그들이 자신에게 동참함으로써 원하는 것을 얻을 수 있는 조건을 만들었다."

그들은 그녀와 함께 용기와 연민 그리고 지혜라는 각자의 목표에 더 가까이 다가갈 수 있었다. 나아가 그녀는 그들에게 지위와 소속감도 제공했다.

마법사라는 목표는 그들이 진정 가고자 하는 곳으로 이끌 디딤돌에 불과했다.

## 185.

## 모두는 항상 옳다

시스템은 우리의 행동을 위한 조건을 만든다. 지속해서 일관된 행동을 취하는 사람은 자신의 본성과 자신이 보는 것, 믿는 것, 그리고 피드백 루프에 기초해, 그것이 정확히 옳은 행동이라고 생각하기 때문에 그렇게 하는 것이다.

하지만 그런 사람도 다른 것을 보거나, 시스템에서 다른 피드백을 받거나, 자신의 지위가 변하면 행동도 바꿀 수 있다.

우리는 공감을 불러일으키는 스토리를 제시하고, 사람들이 다른 선택을 할 여건을 조성할 수 있다.

누군가에게 당신이 틀렸음을 납득시키는 일은 결코 쉽지 않다.


## 186.
## 지속성 있는 시스템은 모두 피드백 루프에 관여한다

이러한 루프는 시스템을 유지하고 안정시키지만, 때로는 다른 방향으로 작용하다가 중심을 이탈하고 궁극적으로 시스템을 파괴하기도 한다.

1952년, 레이 브래드버리Ray Bradbury는 〈천둥소리A Sound of Thunder〉라는 단편 소설을 발표했다. 소설에는 먼 과거로 시간 여행을 떠난 관광객이 나비를 밟고, 그 결과로 세계의 미래가 바뀐다는 내용이 담겨 있다.

카오스 이론은 작은 변화가 엄청난 결과를 초래할 수 있다고 예측하지만, 지속적인 시스템은 작은 변화에 저항하기 때문에 지속된다.

따라서 나비를 죽여도 내일의 문제와 도전은 변하지 않을 것이다.

피드백 루프는 양성일 수도 있고 음성(안정화)일 수도 있다. 마이크를 스피커에 가까이 대면 소리가 마이크를 통과하여 증폭된 후 스피커로 나갔다가 다시 돌아온다. 하울링은 점점 더 커져 소음이 된다. 하울링은 더 많은 하울링을 만들기 때문이다(초기 작용을 증폭시키는 양성 피드백 루프의 예다).

반면에 공항에서 누군가가 무모하게 행동하면, 방해를 줄이고 상황을 정상으로 되돌리기 위해 수많은 사회적·실제적 힘이 작용한다. 음성 피드백 루프는 '기세를 꺾는 반응'으로 이해하면 쉽다.

거실이 너무 더워지면 에어컨이 작동하고 너무 추워지면 히터가 돌아간다. 온도 조절 장치는 집 안을 안정적으로 유지하기 위해 환경의 작용에 대응한다.

생물학 작가 조너선 와이너Jonathan Weiner는 《핀치의 부리》에서 피터 그랜트Peter Grant와 로즈메리Rosemary 부부가 갈라파고스의 한 섬에서 태어난 핀치들의 부리 길이를 mm 단위로 측정한 이야기를 들려준다. 비가 많은 시기에는 부리가 긴 핀치가 먹이를 더 잘 찾기 때문에 번식 확률이 높아지고 결과적으로 부리가 긴 핀치의 비율이 증가한다. 그러나 기후가 건조해지면 긴 부리 핀치들이 먹이를 구하기 어려워지는데, 짧은 부리의 핀치들은 더 쉽게 먹이를 찾고, 결과적으로 다시 개체 수에 변화가 생긴다. 기후변화에 대한 이러한 진화적 대응은 핀치들이 멸종하지 않고 여전히 존재하는 이유다.

한편, 피드백 루프는 엉뚱한 방향으로 치달아 통제 불가능한 상태가 될 수도 있다. 간단한 예로 한 세기 전 호주에서 토끼들의 방사로 초래된 위기를 들 수 있다. 포식자가 없고 먹이가 풍부했던 까닭에 토끼들은 빠르게 번식했고, 결국 심각한 문제를 일으켰다.

오늘날 우리는 기후변화 상황에 만년설이 녹으면 어떤 일이 일어나는지 목도하고 있다. 얼음이 줄면 우주로 반사되는 햇빛의 양이 감소한다. 청색이나 회색의 물은 백색의 얼음보다 알베도(빛을 반사하는 비율)가 낮아 더 많은 열을 흡수하기 때문이다.

더 많은 햇빛을 흡수한다는 것은 더 많은 얼음이 녹는다는 것을 의미한다. 그렇게 피드백 루프는 계속된다……

우리는 하루 종일 피드백 루프와 함께 춤춘다. 때로는 작은 오류가 비극으로 이어지기도 한다. 때로는 우리가 바꾸고자 하는 시스템이 우리에게 저항한다. 더 강하게 밀어붙일수록 더 강하게 반발하는 것처럼 보이기도 한다.

더 나은 방향으로 나아가기 위한 전략을 세우려면, 먼저 시스템을 살펴봐야 한다.

우리가 시스템을 활용하고 있거나 시스템이 우리를 작동시키고 있거나 둘 중 하나다.

## 187.
## 모든 피드백 루프에서 예측 불가한 변수는 지연이다

우리는 뜨거운 난로로부터 손을 피한다. 고통의 피드백이 거의 즉각적으로 날아오기 때문이다. 반면에 담배를 피우는 사람은 수억 명에 달한다. 폐의 부정적 피드백을 받으려면 수십 년이 걸릴 수 있다. 이렇게 피드백이 지연되기 때문에 사람들은 단기적인 자기 이익을 좇아 자발적으로 자신에게 해로운 행동을 할 수 있는 것이다.

지연은 복잡한 시스템의 복잡성을 더욱 증폭시킨다. 마치 장갑을 끼고 피아노를 치는 것처럼 세밀한 대응을 방해한다. 지연으로 인해 실제 상황이 가려지는 것이다.

미국 연방준비은행이 금리를 인상해야 하는가? 지연을 고려하지 않으면 쉬운 질문일 것이다. 피드백이 나오기 전에 다양한 변수가 중첩되는 경우(세계 경제처럼 복잡한 시스템에서는 항상 그런 상황이 전개된다), 전략을 결정하기가 더욱 어려워진다.

그렇다면 전략 수립의 첫 번째 단계로 나중에 나타나는 결과의 전조가 될 수 있는 초기 신호를 찾는 식으로 지연 시간을 단축하는 방안을 모색해야 한다. 물론 애초에 시스템의 피드백에 지연이 발생하더라도 우리를 올바른 방향으로 이끌 전략을 수립한다면 더 좋겠지만 말이다.

## 188.
## 시스템 + 게임 이론 + 피드백 루프

시스템, 게임 이론, 피드백 루프를 결합하면 우리의 행동이 시간이 지남에 따라 어떻게 행동방식에 영향을 미치는지 알 수 있다.

다음은 전략적 영향력을 형성하기 위해 숙고해야 할 몇 가지 원칙이다.

* 미리 생각하고 거꾸로 추론하라: 대상과 목적 그리고 목표 달성 방안을 알면, 끝에서 시작해 거꾸로 거슬러 올라가며 계획을 세울 수 있다.

* 상호 이익이 되는 부분을 파악하라: 우리가 그다지 중요하게 생각하지 않는 것을 얻고자 하는 사람들이나 시스템과 협력하는 경우, 우리가 중요하게 여기는 것을 그들로부터 제공받을 수 있다면 소모적 경쟁이나 갈등을 피할 수 있다.

* 신뢰와 기대를 배양하라: 신뢰를 유지하고 다른 사람의 행

동방식에 영향을 미치려면 '약속과 위협'을 철저히 이행해야 한다. 이렇게 일관성 있게 행동한다면, 긴장이 실질적인 힘으로 작용할 수 있다.

* 의도한 결과가 나오도록 철저히 사전 검토하라: 전략이 예기치 않은 결과를 낳을 가능성까지 사전에 충분히 고려해야 최선의 성과를 얻을 수 있다.

* 정보의 비대칭성을 활용하라: 나만의 고유한 지식이나 정보를 유리하게 활용하되, 다른 사람들도 같은 방식으로 움직일 수 있다는 점을 염두에 두라.

* 게임의 규칙을 만들고 구체화하라: 규칙에 영향력을 행사할 수 있는 영역에서 활동하는 경우, 목표를 달성할 가능성이 더 커진다. 불리한 조건의 게임에서는 승리를 기대하지 말라.

* 기대치를 관리하라: 경험은 대체로 상대적이다. 보통 사람들은 자기 예상을 뛰어넘으면 더 좋다고 느낀다.

* 반복을 통해 협력을 강화하라: 반복적인 상호작용에 참여하고 호혜성에 대한 평판을 쌓음으로써 협력을 유도하라.

* 모든 전진은 위험과 보상을 수반한다: 시간과 돈, 평판을 투자해 긴장을 조성하는 대가로 얻고자 하는 것이 무엇인지 생각하라.

* 비계를 구축하라: 많은 사람에게 도약하라고 요구하는 것

보다는 자연스럽게 참여할 수 있는 여건을 조성하는 것이
더 효과적이다.

* 얼리 어답터들에게 노력과 비용을 요구하라: 개척자들과
일할 때는 노력을 요구하고 지위를 부여하라. 먼저 나서는
것은 편리하지도 않고, 쉽지도 않으며, 공짜도 아니다. 이런
행동에는 당연히 긴장이 따를 수밖에 없다. 대신 개척자들
의 노력을 인정하고 받아들여라. 위험 요소가 오히려 이 집
단에는 이점이 될 수 있다.

* 측정 대상을 명확히 하라: 성취를 측정할 간단하고 유용한
지표를 만들고, 이를 고수하라.

* 끈끈한 유대감을 창출하라: 팬들과 끈끈한 유대감을 구축
하는 시스템에 투자하고, 당신의 제품이나 서비스를 기성
품화하려는 회의론자들에게 휘둘리지 말라.

* 지속성에 보상하라: 사람들은 꾸준한 행동을 통해 변화한
다. 새로운 일을 지속해서 수행하는 이들에게 보상하라.

* 앞으로 나아가라: 래칫ratchet, 한쪽 방향으로만 회전하게 되어 있는 톱
니바퀴 – 옮긴이과 같은 시스템을 만들어 포기하고 뒤로 물러
나는 것보다 새로운 접근방식을 고수하는 편이 더 쉬운 상
황을 조성하라.

* 재투자하라: 초기 소비자들로부터 얻은 자원을 활용해 다
음 단계의 수요를 충족시키는 데 투자하라.

## 189.

## 제약 조건의 수용

디지털 아티스트 게이브 앤더슨Gabe Anderson은 더 큰 농구 골대 후프에 관한 비유를 블로그에 올렸다.

NBA 선수들은 골대의 후프가 너무 작다고 불평하지 않는다 (후프가 더 크면 결국 모든 게 더 쉬워질 테니까). 그 대신 플레이 속도 나 팀워크 또는 슈팅 정확도에 집중해야 한다는 사실을 받아들 인다.

모든 게임에는 제약이 따른다. 우리는 제약을 거부할 수도 있 고, 제약과 협력할 수도 있다.


## 190.

## 누가 혜택을 보는가?

시스템은 시간이 지남에 따라 진화한다. 완벽한 시스템은 없 지만, 모든 회복탄력적인 시스템이 지속되는 이유는 그 시스템 이 창출하는 동력이 시스템을 버리는 것보다 시스템을 고수하는 것을 더 쉽게 만들기 때문이다.

시스템에서 지속적으로 누가 혜택을 받는지 살펴보면, 시스템을 유지하기 위해 노력할 사람들이 누구인지도 알 수 있다.

현상 유지에 따른 안전과 안락이 이탈에 따른 잠재적 위험과 불확실성을 능가한다고 사람들이 인식하는 한 문화적 시스템은 유지된다.

## 191.
## 시스템의 6가지 함정

시스템은 우리를 만족시키기 위해 존재하지 않는다. 처음에는 그런 목적으로 만들어졌을 수 있지만, 오랜 세월 지속되는 시스템은 사람들을 만족시키기보다 단순히 현상을 유지하고 버티는 데 능하기에 유지된다. 시스템의 이러한 회복탄력성은 때로 우리에게 실질적인 해가 될 수 있다. 이로운 변화를 이끌어낼 지렛대 효과점을 파악하기 어렵기 때문이다.

시스템 이론가 도넬라 메도스는 시스템을 지속하게 만드는 함정에 대해 말했다. 이를 인식하는 것만으로도 우리는 변화를 만들고자 할 때 어떤 선택지가 있는지 파악할 수 있다. 다음은 내부자의 관점에서 시스템의 결함처럼 보이는 요소들이다. 하지만 실은 이것들은 시스템 내부에 처음부터 존재한다.

* 정책 저항: 시스템이 피드백 루프를 통해 스스로 존립을 유

지하며 중심을 잡는 것을 말한다. 우리는 경제를 회복시키거나 마약을 근절하거나 예산의 균형을 맞추려 노력할 수 있지만, 시스템은 이에 저항한다. 시스템 내의 개인이 고의로 정책 변화를 방해하려 하지 않아도, 균형 잡힌 시스템은 결국 시도를 뒤엎는다. 현상을 유지하고 버티는 데 능하기 때문이다.

* 공유지의 비극: 합리적인 개인들이 자원을 임의로 공유할 때 탐욕을 자제할 유인이 없다고 믿으므로 공유 자원이 고갈되는 현상이다. 예를 들어, 일정한 목초지를 공유하는 경우 농부들은 자신의 양들을 최대한 잘 먹이는 것이 이익이라고 생각한다. 그러지 않으면 다른 누군가가 그렇게 할 것이기 때문이다. 같은 이유로 '공기를 깨끗하게 만들기'와 같은 목표는 달성하기가 어렵다. 자신의 이익을 위해 행동하는 각 개인이 오염 행위를 줄이기 위해 수고를 투자할 동기를 찾기 힘들기 때문이다.

* 하향 순환: 낮은 성과를 다른 사람들의 더 낮은 성과와 비교함으로써 계속 기준을 낮추는 피드백 루프다. 한 동네가 지저분해지기 시작하면 신경 쓰지 않는 사람들이 늘어나 환경은 더 나빠지고, 이는 다시 사람들의 게으른 경향을 증폭시킨다.

* 하향 경쟁: 하향평준화와 다르다. 이것은 더 낮은 가격이나

더 나쁜 서비스, 더 많은 부작용, 더 미흡한 관리 등을 향한 의도적인 노력이다. 저가 정책이 에너지가 고갈된 마케터의 마지막 피난처가 되면, 시스템은 그의 게으른 경향을 증폭시킨다.

* 격화: 서로를 이기려고 애쓰는 상황을 말한다. 예컨대 군비 경쟁이나 가격 전쟁이 여기에 속한다. 또는 거짓말이나 분노, 쉬운 길만 찾는 행태 등이 갈수록 심해지는 정치인의 경우도 여기에 해당한다. 이러한 역학 관계에 휘말린 개인은 스스로 상황을 되돌리기 어렵다.

* 부익부: 제한 없는 시장에서 일부가 자신의 우위를 활용해 복리 방식으로 부를 증식하는 현상이다. 돈이나 지위가 있는 사람은 저축이나 투자, 수익 활동 등을 통해 더 많은 돈을 벌 수 있다. 자연에서 무리 지어 생활하는 사자들도 마찬가지다. 잘 먹은 사자는 빠르고 강해져서 더 많은 먹이를 잡고 더 강해질 수 있다.


## 192.

### 모제스의 조작

뉴욕의 행정가 로버트 모제스Robert Moses는 자칭 건축의 달인이었다. 그는 놀라운 수의 도로와 공원, 교량, 발전소 등을 건설할 여건을 조성했다. 그가 군림한 50년 동안 뉴욕시 전체가 재건되었다.

그는 또한 전략의 대가였다. 그는 시스템을 이해했을 뿐만 아니라, 시스템 함정과 사람들의 지위 욕구를 이용해 목표를 달성하는 방법도 잘 알고 있었다.

하지만 오늘날 그는 무엇보다도 조작의 달인이었던 것으로 평가된다. 그는 전략적 기술을 구사해 관련자들이 나중에 후회하는 결과를 만들어냈다. 단기적 성과에만 집중하며 자신의 결정이 장기적으로 미칠 영향에 대해서는 책임을 다하지 않았다. 결국 그는 마땅히 혜택을 입어야 할 국민들에게 도움되지 않는 사업이 진행되도록 권한을 남용한 인물이 되었다.

다음은 시스템 함정과 인간의 본성을 이용한 모제스의 조작 방식 중 일부다. 나는 권력을 조작하거나 극대화하는 방법을 안내하려는 것이 아니다. 목적이 항상 수단을 정당화할 수 없다는 점을 알리고, 제시하는 방법들을 올바른 방식으로 활용할 수 있게 도우려는 것이다.

* 말뚝 박기: 모제스는 공사 프로젝트를 가능한 한 빨리 개시하곤 했다. 종종 허가가 떨어지거나 자금이 확보되기도 전에 말뚝을 땅에 박아 시공을 알렸다. 이렇게 하면 프로젝트가 불가피한 것처럼 보이고, 프로젝트에 반대하거나 변경

하기가 더 어려워진다. 시스템은 일반적으로 속도를 늦추도록 최적화되지, 이미 진행되고 있는 일을 되돌리도록 최적화되지는 않는다.

* 경쟁 조장: 그는 대립적인 이해관계를 가진 집단들 사이에 위기를 조성해 서로 지위를 획득하는 데 집중하게 만들었다. 자신의 계획을 더 많이 지지하는 쪽에 권력을 부여함으로써 그들이 치열하게 경쟁하도록 조장한 것이다. 그의 게임은 일단 참여하기로 했다면 절대 지면 안 되는 경매와 같았다.

* 분열 조장: 비슷한 맥락으로 모제스는 반대 집단 사이에 이미 존재하는 갈등을 악화시키거나 새로운 갈등 요소를 제공해 자신의 계획에 반대하는 연합 전선을 붕괴시키거나 그 형성을 봉쇄했다.

* 정보 통제: 시스템은 정보에 반응한다. 모제스는 끊임없이 정보를 제한하거나 거짓말하거나 권력을 노리는 여러 노드에 각기 다른 정보를 제공함으로써 자신만이 실제 상황을 파악할 수 있는 환경을 조성했다.

* 외곽에서 시작하기: 이는 모제스의 가장 온건한 전술이었다. 공공장소를 차지하기 위한 경쟁이나 권력 쟁탈전이 훨씬 덜 치열한 뉴욕시의 외곽, 롱아일랜드에 자신의 권력 기반을 구축한 것이었다. 그는 일단 거기에서 권력을 획득한

후 더 중요한 무대로 진출했다.

* 괴롭히기: 괴롭힘은 언제나 자신보다 약한 사람을 타깃으로 삼는다. 모제스는 자신보다 힘이 약한 사람을 찾아 충성심과 지원을 요구했다. 만약 그에 응하지 않으면, 적극적으로 그 사람의 경력과 평판을 무너뜨리기 위해 힘썼다.

* 권력 거래: 근시안적 사고는 흔한 시스템 함정이다. 이는 곧 다른 누구보다 더 긴 게임을 하는 사람이 상당한 이점을 누린다는 의미다. 모제스는 장기적으로 지위와 통제력을 강화하기 위해, 다른 사람에게 단기적으로 유리한 전술적 또는 금전적 거래를 제안하곤 했다.


## 193.
## 회복탄력적인 시스템의 지속성

회복탄력적인 시스템은 기술, 문화, 조직이 바뀌어도 살아남는다. 시스템은 그에 능하다.

시장과 무역 시스템은 '무언가'를 필요로 하는 사람들이 있었기에 지금까지 존재해왔다.

스웨덴 은행Bank of Sweden은 1668년 세계 최초의 중앙은행으로 설립되었는데, 아직도 사라질 기미가 보이지 않는다.

튀르키예 이스탄불의 대형 상가 그랜드 바자르Grand Bazaar는 형성된 지 500년이 지난 지금도 여전히 명성을 이어가고 있다.

할리우드는 무성 영화에서 유성 영화로, TV용 영화로, 거기서 다시 여름철 블록버스터로 주력 상품의 중점을 옮기며 변화에 적응해왔다. 그러면서 극장 체인의 탄생과 쇠퇴는 물론이고 비디오와 DVD 대여를 주도했으며, 지금은 스트리밍 서비스와 호흡을 맞추고 있다.

시스템은 적응한다.

우리가 영향을 미칠 수는 있지만, 이를 단순히 대체하는 일은 결코 쉽지 않다.

## 194.

### 나를 중독자로 만들려는 시도

몇 년 전, 나는 심각한 감염증으로 화상 병동에 입원한 적이 있다.

그곳은 훌륭한 의료진을 갖춘 최고 수준의 시설이었다.

그들은 4시간마다 나를 깨워 약을 먹게 했다. 처음에는 약 쟁반에 뭐가 있는지 물어볼 정도로 정신이 말짱했다. "아, 그렇군요." 그렇게 나는 그들이 약을 건네줄 때마다 동의하고 복용했

다. 그러다 마침내 펜타닐Fentanyl, 강력한 마약성 진통제 - 옮긴이이 제공
되었다.

나는 거부하면서 차라리 통증을 참아보겠다고, 중독성 진통제
는 지금이든 나중이든 복용하지 않겠다고 설명했다.

4시간 후, 그들은 다시 펜타닐을 들고 왔다.

그리고 4시간 후에도 또.

결국 나는 내 우려를 충분히 강력한 수준으로 요구해 처방 명
령을 변경시켰고, 그에 반응한 시스템은 같은 처방을 내리지 않
게 되었다.

병원의 누군가가 내가 원하지도 않고, 필요로 하지도 않는 약
을 복용하길 바란 게 아니었다. 하지만 시스템은 그렇게 작동했
다. 물론 시스템의 의도도 아니었다. 시스템은 그저 루틴에 따라
움직였다.


## 195.
## 대리 지표를 제한하라

사람들은 지표에 따라 행동한다.

시스템의 각 노드는 저마다 목표를 달성하기 위해 작동하며,
그런 개별적인 노력은 조정자 없이도 조화를 이루면서 시스템의

전진 운동과 힘을 만들어낸다.

그런데 사람들은 무엇을 해야 할지 어떻게 아는가?

사람들은 자신이 무엇을 원하는지 알고 있다. 지위와 소속감, 편안함, 두려움으로부터의 해방, 편리함 등을 원한다. 그러나 이를 얻는 방법은 막연하게 인식한다.

그래서 우리는 '대리 지표'를 찾는다.

명문대 입학 자체가 욕구를 충족해주지는 않는다. 이는 목표이자 대리 지표로서 개인들에게 성공 스토리를 부여해준다. 돈을 벌고, 깔끔하게 외모를 가꾸고, 동네 사람들이 부정적인 생각을 하지 않게 편지함을 깔끔하게 비우는 모든 행위가 이런 작용을 한다.

시스템에 영향을 미치려는 사람에게 내가 추천하는 최선의 전술은 간단하다. 변화를 유도하는 데 유용한 대리 지표를 노출하고 적절하지 않은 대리 지표는 제한하는 것이다.

구글에서는 대부분 직원이 자사의 주가와 분기별 실적 수치를 알고 있다. 하지만 이 2가지 단기적 수치에만 집중하는 직원들은 근시안적 방식으로 일할 것이 자명하다.

다음과 같은 지표들이 명확히, 널리 배포된다면 어떨까?

* 검색 실패 비율

* 브랜드 충성도와 신뢰도 추세

* 산업 생태계의 건전성

* 자선 사업의 영향력

* 문맹률의 변화

* API어플리케이션 프로그래밍 인터페이스 – 옮긴이를 기반으로 구축된

  신규 프로젝트

* 일 평균 이메일 사용자 수

다들 10가지 정도는 더 떠올릴 수 있을 것이다.


## 196.
## 시스템은 변화에 내몰릴 때 그 모습을 드러낸다

내가 살아온 대부분 시간 동안, 도서 출판 시스템과 그것이 일
으키는 문화의 변화는 비교적 안정적이었다.

미국의 경우 책은 대개 매년 두 시즌에, 즉 가을과 봄에 가장
많이 출간된다. 그런 관행이 생긴 이유는, 뉴욕에서는 이리 운하
Erie Canal를 통해 지역별 서점들로 책을 배송하곤 했는데, 겨울에
는 매년 운하가 얼어붙어 배송이 불가능했기 때문이다.

이제 더는 바지선으로 책을 배송하지 않지만, 시스템은 남아
있었던 셈이다.

책은 통상 종이로 만들어졌기에 크기와 두께에 제한이 따랐
다. 12쪽짜리 책은 거의 없고, 4,000쪽짜리 책은 아예 없다. 매체

의 물리적인 특성은 가격과 비용, 다양성의 부분적인 결정 요소로 작용한다.

현재는 미국 출판업계의 매출 절반 정도가 디지털 형식에서 나오고 있다. 하지만 여전히 기존의 시스템이 건재를 과시한다.

책 한 권을 출판하는 데 상당한 비용이 들기 때문에 매년 출판되는 책의 종수 역시 한정된다. 수 세대 동안 그 수는 연간 4만 종 정도에 머물렀다.

독립 서점들은 대부분 사람이 중요하다고 생각하는 책을 취급할 수 있을 만큼 충분히 컸지만, 모든 책을 들여놓을 만큼 크지는 않았다. 따라서 서가 공간이 가장 중요했고, 홍보 전략이 많은 결정을 좌우했다.

실제로 출판되는 책의 종수는 일반적인 규모의 서점이 수용하기에 적절한 수준에 머물렀다.

인기 도서를 집중적으로 홍보하는 것이 수익성이 더 높았기에 출판사와 서점에서는 많은 부수가 팔린 책을 더 많이 홍보하곤 했다. 사람들이 베스트셀러만 읽으려 했다. 베스트셀러는 베스트셀러여서 더 많이 팔렸다.

출판 시스템은 그런 식으로 깊이 뿌리내렸다. 출판사들은 성공적인 서점과 공생 관계를 유지하려 애썼다. 독자들에게 직접 마케팅할 자금이 충분치 않았기 때문이다. 문화적으로 영향력을 행사할 수 있는 사람들은 대개 책을 많이 읽었기에 책에 의해 문화가 바뀌기도 했다.

이 모든 단계에 회복탄력적인 피드백 루프가 존재했다.

그러다가 시스템이 변화하기 시작했다. 처음에는 점진적으로, 나중에는 한꺼번에.

모든 책을 가장 저렴한 가격에 무료 배송으로 판매하는 거대 온라인 서점이 등장했다. 제작과 보관, 배송에 비용이 들지 않는 디지털 서적이 출현했고, 문화와 경제에 미치던 독립 서점의 영향력이 쇠퇴했다. 영상, 오디오, 텍스트 형식으로 즉각적인 아이디어를 무료로 전달하는 대안 매체가 등장했다.

미국에서 매년 출간되는 책의 종수는 (주요 출판사 기준으로) 10배나 증가했다. 반면에 신간 도서에 대한 서점의 초도 주문은 적어도 그만큼은 감소했다.

도서 출판업계의 선량한 사람들은 관행이 유지되기를 바랐다. 한동안은 버틸 수 있었다. 하지만 시스템의 기본 토대가 사라지면, 시스템은 변하기 마련이다.

이제 이리 운하는 이 산업에 아무런 영향력이 없다.

시스템이 예전처럼 작동하지 않을 때, 시스템은 가장 뚜렷하게 모습을 드러낸다.

# 197.
## 조직도를 좀 볼 수 있을까요?

그때 나는 이런 질문을 던질 생각조차 못 할 정도로 뭘 몰랐다.

때는 1994년, 우리는 인터넷 마케팅을 대행하는 일을 하고 있었다. 인터넷 마케팅이라는 용어조차 생소하던 시절이었다. IBM의 한 부사장과 미팅하고 있었는데, 그 부사장이 우리가 하는 일을 이해하고 마음에 들어 하는 게 분명했다.

그녀는 내 앞에 놓인 노트를 달라고 하더니 펜을 집어 들고 그림을 그리기 시작했다.

잠시 후, 그녀는 노트를 돌려 자신이 맡은 부문의 조직도를 내게 보여주었다.

그녀는 누가 실질적인 권한을, 누가 명목상의 권한을 가지고 있는지 설명하면서 몇몇 이름에 동그라미를 쳤다. "이 사람은 만나더라도 완전히 시간 낭비가 될 거예요. 친절한 사람이긴 하지만 아무도 그의 의견에 신경 쓰지 않아요. 반면에 이 사람을 설득할 수만 있다면, 일을 수월하게 진행할 수 있을 거예요…."

이것이 그들의 마케팅 부문에서 의사가 결정되는, 시스템의 양상이었다. 그녀는 이런 정보를 굳이 숨길 필요가 없다는 것을 이해하고 있었다. 공급업체에서 이 시스템이 어떻게 돌아가는지 모른다면, 모두의 시간과 에너지만 낭비될 터였다.

조직도의 각 인물은 각자 맡은 바 업무를 수행하기 위해 존재하며, 대부분은 좋은 의도로 직무에 충실히 임하려 할 것이다. 하지만 '예산을 사용할 권한과 배짱을 가진 사람이 누구인지'와 같은 지위상의 구조는 보이지 않는 힘이다. 전략적으로 접근해야 이를 다룰 수 있다.

## 198.

## 변화의 동인이란?

시스템은 변화한다. 시스템은 역동적이다.

시스템에 스트레스를 주는 이벤트가 발생하면, 시스템의 규칙이 바뀌고 결과물도 바뀐다.

우리의 생애에서 가장 중요한 변화의 동인 중 하나는 기술이었다.

60년 전 트랜지스터의 개발로 이어폰 연결도 가능한 저가의 포켓 라디오가 등장했다. 그 결과 처음으로 10대 청소년들이 부모의 값비싼 대형 스테레오를 이용할 필요 없이 혼자서 라디오를 들을 수 있게 되었다. 이는 음악 소비 방식의 변화를 가져왔고, 다양한 종류의 라디오 프로그램의 성장으로 이어졌으며, 나아가 음악 산업 전반을 변화시켰다. 몇 년 후 FM라디오가 도입되면서 이러한 변화는 더욱 가속화되었다.

제프 베이조스와 매켄지Mackenzie 부부는 인터넷이 많은 산업을 변화시킬 것임을 인식했다. 차를 몰고 뉴욕에서 시애틀로 이주하면서 어떤 사업부터 시작하면 좋을지 목록을 작성했다. 그들이 일으킨 작은 변화(책을 판매하는 단순한 온라인 상점)는 연쇄적으로 더 큰 변화로 이어지면서 물건의 설계와 제조, 배송, 판매 방식을 혁신했다.

컨테이너선은 미국의 가구 산업에 변화의 바람을 일으켰다. 노스캐롤라이나주를 중심으로 가구 매장과 목재 생산업체, 디자이너, 제작업체 등을 긴밀하게 연결하던 기존 시스템은, 해외의 새로운 경쟁업체들이 미국으로 가구를 매우 저렴하게 배송할 수 있는 수단이 등장하면서 송두리째 흔들렸다. 이후 시스템의 모든 요소가 바뀌었다.

유튜브는 마술사들에게도 격변을 안겨주었다. 대형 유튜브 채널을 보유한 펭귄매직닷컴PenguinMagic.com은 곳곳에 있던 마술용품 상점을 대체했다. 이제 마술사들은 어디서든 마술을 시연해 영상을 만들 수도, 온라인으로 수백만 팔로워를 확보할 수도 있다. 하지만 어떤 퍼포먼스든 시청자들로부터 해부되어 마술의 비밀이 공개되기도 했다. 배우고, 공연하고, 소통하고, 생계를 유지하는 등 마술에 관련된 모든 행위가, 실시간으로 일상을 공연으로 만들어주는 디지털 매체로 인해 완전히 바뀌었다.

태양광 랜턴은 인도를 위시하여 여타 농촌이 많은 나라의 마을 생태계를 변화시키고 있다. 밤에 불을 밝힐 수 있으면 학습 방식과 가정생활이 달라진다. 또 전기가 들어와 휴대폰을 충전해쓸 수 있으면 농산물의 가격을 비교해 제값을 받을 수 있게 되고, 농기구와 정보에 대한 접근성도 높아진다. 이로 인한 수익의 증가는 더 큰 규모의 전력 시스템을 구비할 수 있게 하고, 이는 다시 새로운 도구를 가동할 수 있게 하며, 결과적으로 일상생활의 본질이 바뀐다.

## 199.
## 변화의 동인 찾아내기

변화의 동인은 종종 다음과 같은 형태를 취한다.

* 커뮤니케이션

* 경쟁

* 공동체 행동 또는 규제

* 생산 수단 또는 자본 활용

* 제약의 완화 또는 신설

* 문화적 변화

어떤 시스템이든 자체의 구축 기반에 변화가 생기면 반격에 나선다. 하지만 그 기반에 일어나는 광범위하고 중대한 변화는 종종 영구적인 변화로 이어지기도 한다(그리고 이를 예견한 사람들에게 기회가 생기기도 한다).

벤처캐피털리스트들이 상업용 인터넷의 출현(그리고 나중에는 AI의 출현)에 흥분했던 이유 중 하나는 앞서 열거한 6가지 모두를 한꺼번에 충족했기 때문이다.

우리의 일상을 바꾼 몇 가지 변화의 동인을 살펴보자.

* 자동차는 드라이브 스루를 운영하는 패스트푸드 산업의 성장에 날개를 달아주었다.
* 온라인 벼룩시장 크레이그리스트Craigslist는 많은 신문의 비즈니스 모델을 파괴했다. 이 비즈니스는 여느 길거리에 횡횡하던 매춘 산업까지도 인터넷 속으로 자취를 감추게 만들었다.
* MTV는 지역 라디오 방송국의 영향력을 감소시킴으로써 뮤직비디오로 비주얼을 강조하는 랩 음악의 부상을 도왔다.
* 주택 개량 TV 프로그램은 특색없이 비슷한 모양으로 지어진 대량 생산 주택인 맥맨션McMansion의 인기를 이끌었다.
* 피임약은 여성 노동시장을 변화시키고, 가사노동 환경을 바꾸며, 간편 식품의 성장을 이끌었다.
* 800 무료 전화와 신용카드는 고객을 상대하는 모든 조직을 변화시켰다.

* 스마트폰은 여행객과 운전자에 대한 정보를 제공하여 우버가 택시 산업을 변화시킬 수 있게 했다.
* 미국 회사들에서 20세기 후반에, 주말을 앞두고 편안한 복장으로 일하자는 취지로 시작된 캐주얼 프라이데이Casual Friday, 평상복 출근일 – 옮긴이는 우리가 일상적으로 입는 옷의 제작과 판매에 연쇄적인 변화를 일으켰다.
* 엘리베이터는 부동산 개발업자들이 고층 빌딩을 짓고 도심의 개념을 새로이 정의하게 했다. 반면에 오늘날 재택근무 또한 이와 같은 작용을 하고 있다.
* 정크본드와 헤지펀드 등의 금융 상품은 대형 매장과 슈퍼마켓 체인 등 레버리지 의존도가 높은 사업체의 흥망성쇠를 이끌었다.
* AI는 농업을 변혁하고 있다.
* 탄소배출권 가격의 재조정은 거의 모든 분야를 변화시킬 것이다.

미국에서 흔히 접할 수 있는 직업 2가지는 트럭 운전사와 부동산 중개인이다.

두 직업 모두 매우 잘 정립된 시스템의 일부인데, 현재 기술과 법은 해당 시스템들을 뒤엎고 있다.

트럭 운전사를 변화시킨 첫 번째 동인은 데이터다. 화주들은 이제 공급망과 운송 조건에 대해 훨씬 더 많은 정보를 갖게 되었다. 여기에 자율주행 장거리 트럭까지 등장하면서 업계 전체가 변화하고 있다.

그리고 최근에 부동산 시스템에는 중개인이 수수료를 독점하던 기존의 관행을 뒤엎는 합의가 있었다. 또한 질로우Zillow 등과 같은 부동산 온라인 플랫폼이 데이터의 투명성을 확립해 부동산 업계가 변화의 물결에 휩싸였다.

이는 위협이 될 수도, 기회가 될 수도 있다. 현명한 전략은 변화에 베팅하는 것이다. 새로운 시스템은 변화를 받아들이는 용감한 사람들에게 어떠한 기회를 안겨줄 것인가?

할리우드는 무성 영화에서 유성 영화로, TV용 영화로, 거기서 다시 여름철 블록버스터로 주력 상품의 중점을 옮기며 변화에 적응해왔다.

극장 체인의 탄생과 쇠퇴는 물론이고 비디오와 DVD 대여를 주도했으며, 지금은 스트리밍 서비스와 호흡을 맞추고 있다.

회복탄력적인 시스템은 살아남는다.

## 200.

## 전신과 고층 빌딩

도시가 충분한 밀도로 발전하기 위해서는 고층 빌딩이 필요했다. 고층 오피스 빌딩이 생기기 전에는 넓게 퍼진 마을이 전부였다.

고층 빌딩을 위해서는 엘리베이터가 발명되어야 했다.

하지만 엘리베이터만으로는 충분하지 않았다. 전신 시대에는 사무실이 높은 층에 위치할 수 없었다. 수많은 배달원이 전보를 들고 빌딩에 드나드는 바람에 고층으로 올라갈 수 있는 어떤 수단이든 마비되기 일쑤였으니까.

지식 근로자들이 고층 빌딩에 사무실을 가질 수 있게 된 것은 전화가 발명된 이후였다. 알렉산더 그레이엄 벨이 부동산을 바꾼 셈이다.

변화의 동인은 찾고자 하면 분명히 보인다.

## 201.

## 치즈 카르텔

올리버 잔Oliver Zahn은 클라이맥스Climax라는 혁신적인 기술 기업을 운영하고 있다. 이 회사는 과학을 활용해 식물만으로 놀랍도록 훌륭한 치즈를 생산한다. 이 회사가 셰프들과 협업하여 제조한 치즈는 설명이 필요 없을 정도로 맛있다.

이에 대해 치즈 제조업자 마테오 켈러Mateo Kehler는 이렇게 말한다. "가짜 치즈라고 할 수 있어요. 치즈 장인들이 보기에는 사기나 다름없어요. 치즈처럼 생기고 치즈 맛이 날 수는 있지만, 치즈는 아니니까요. 치즈가 무엇인지에 대한 우리의 역사적 이해와 전혀 연결되지 않는 제품이에요."

이런 것이 바로 시스템의 반격이다. 치즈 업계의 익명의 권력자들은 막후에서 힘을 써 클라이맥스에 대한 굿 푸드Good Foods 상 수여를 철회시켰다. 식품 업계에서 권위와 위상을 자랑하는 상으로, 클라이맥스의 블루치즈가 (우유로 만든 치즈들을 제치고) 수상할 예정이었다.

열심히 일할 뿐만 아니라, 남을 배려할 줄도 아는 사람들이 왜 그렇게 새로운 종류의 치즈에 반발했을까?

지위와 소속감 때문이다. 켈러는 젖소 사업을 하는 사람이 아니다. 그는 일반적인 원재료를 고부가가치 식품으로 탈바꿈시키는 사업에 종사한다. 따라서 사실 그 원재료가 소에서 나온 것이든 병아리콩이나 견과류에서 나온 것이든, 그로서는 상관이 없어야 마땅하다.

하지만 상관이 있다.

이는 출판 산업이 움직이는 방식과 유사하다. 그들은 독자들에게 새로운 아이디어를 제공한다기보다 마치 나무를 베어내는 사업을 하는 것처럼 움직인다.

1960년 펜 센트럴Penn Central 철도가 항공 산업에 진출할 기회를 놓친 이유도 마찬가지다. 기차는 한 세기 동안 장거리 여행의 지배적인 형태로 군림했지만, 당시 비행기가 더 빠르고 더 높은 지위를 갖춘 연결 및 운송 수단으로 떠오르고 있었다.

웨스턴유니온처럼 그 이전에 지배적인 철도 회사였던 펜 센트럴과 같은 기업도 얼마든지 새로운 물결에 합류할 수 있었다. 하지만 경영학자 테드 레빗Ted Levitt이 전설적인 논문 〈마케팅 근시안Marketing Myopia〉에서 설명했듯이, 그들은 자신들이 운송업이 아니라 기차 사업을 하고 있다고 생각했다.

그들은 미래를 위한 시스템을 새로 구축하는 대신 익숙한 시스템을 방어하는 데 주력했다.

이 모든 사례의 '카르텔'들은 불합리하게 굴고 있지 않다. 그들은 단지 자신이 실제로 원하는 것을 표현하는 데 어려움을 겪는 것일 뿐이다. 그들은 "왜 하는가?"보다 "무엇을 하는가?"가 더 중요하다고 잘못 생각하는 것이다.

우리는 지위와 소속감 그리고 두려움에서의 해방을 추구한다.

우리는 전문성과 성공이 보장하는 지위를 추구한다.

한 세기 이상 안정적으로 유지되어온, 업계에서 한 자리를 차지하며 얻은 소속감.

미지의 세계에 대한 두려움을 피하고, 현상을 유지하고 보호하려는 욕구.

상황이 정리되고 돌아보면 이런 카르텔은 늘 편협한 사고에 빠져 무엇을 할지 몰랐던 것처럼 보인다. 하지만 어떤 시스템이든 자기 기반을 뒤흔들 미래를 당장 피할 수만 있다면, 권력과 권위를 동원하는 쪽으로 움직인다.

아이러니한 점은 혁신 세력을 방해하고 괴롭힐 수 있는 지위와 소속이 미래를 창조하는 데 강력한 도구가 될 수 있다는 사실이다.

## 202.
### 무단횡단의 간략한 역사

수천 년 동안 어디든 다닐 자유를, 거의 항상 무조건적으로 옹호받는 집단이 있었다. 바로 보행자다.

그런데 1913년에 자동차를 보행자보다 우위에 두는 움직임이 시작되었다. 무단횡단자jaywalker를 비난했다고 최초로 기록된 인물은 다름 아닌 산타클로스였다(당시 'jay'는 '촌뜨기, 촌놈'을 가리키는 모욕적인 용어였다). 산타클로스 분장을 한 배우가 뉴욕 시러큐스의 한 백화점 앞에 서서 보행자들에게 차가 지나갈 수 있도록 길에서 비키라고 큰소리로 외쳐댔다.

그리고 10년도 채 지나지 않아 자동차 업계는 도시의 문화를 바꾸기 위해 힘을 합쳤다. 신시내티주 시민들이 시 경계 내에서 자동차의 최고 속도를 제한하는 법안을 제안하자, 현지의 사업체들이 똘똘 뭉쳐 이를 무산시킨 것이다.

그렇게 수천 년 만에 처음으로 통행권의 위계질서가 바뀌고 있었다. 이기적인 운전자가 보행자에게 가하는 끔찍한 공격으로 묘사되던 충돌 사고가 이제 보행자의 실수로 규정되기 시작했다.

자동차는 부유한 고객에게 접근할 기회를 기업들에 제공했다. 자동차는 이동과 소통의 속도를 높였다. 기업들은 이런 흐름에서 소외되고 싶지 않았다. 자동차는 그들에게 더 많은 수익을 안겨주었다.

디트로이트시의 한 '안전 위원회'는 게으른 기자들에게 무료 퇴고 서비스를 제공했다. 기자들이 교통사고의 세부 사항을 제출하면 위원회 직원이 보행자에게 책임을 돌리는 방향으로 기사를 재작성해 건네주었다.

심지어 관련 단체들은 보이스카우트를 고용하여 시민들에게 길을 건너는 안전한 방법이 적힌 엽서를 나눠주게 했다.

산타클로스가 앞장선 지 10년도 지나지 않아 많은 도시에서 무단횡단 금지법이 제정되었고, 문화가 바뀌었다.

자동차는 이용자들에게 권력, 지위, 편리함, 네트워크 효과를 제공했다. 하지만 보행자에게는 그에 맞설 기회가 주어지지 않았다.


## 203.
## 무엇을 말해야 할까?

이 질문은 두 번째 질문이 되어야 한다. 그에 앞선 질문은 '왜 말해야 하는가?'이다.

이 네트워크가 나에게 어떤 도움이 될까? 내 지위를 높여줄까? 사회적 유대를 강화해줄까? 두려움을 줄여줄까?

네트워크 효과는 이 질답 과정을 통해서 우리에게 힘을 실어준다. 네트워크 효과는 우리에게 네트워크에 동참할 이유를 제공한다.

여기서 우리는 또 다른 질문을 제기해야 한다. 이 네트워크는 기꺼이 주변에 입소문을 낼 만한가?

프로젝트 기획자들은 일반적으로 자신의 프로젝트가 확장되기를 원한다. 더 많은 사람이 연결될 때 발생하는 효율성과 영향력으로부터 이점을 얻을 수 있기 때문이다. 예를 들어, 우버는 승객의 규모가 커야 운전자를 모집할 수 있고, 그 반대의 경우도 마찬가지다. 규모가 미미하면 실패한다.

작은 규모로는 네트워크 효과를 만들 수조차 없다.

네트워크 효과는 공감 현상이다. "왜 저 사람은 이 네트워크에 친구를 초대할까?"라는 질문이 핵심이다. 물론 사람들이 친구를 네트워크에 초대하는 이유는 프로젝트가 잘 되도록 돕기 위해서가 아니다.

팩스기는 네트워크 효과를 창출했다. 자기 자신에게 팩스를 보낼 순 없다. 그런데 팩스기는 팩스를 보낼 상대가 많을수록 효용이 커진다. 그래서 자연스레 사람들을 초대하게 된다.

네트워크 효과는 아이디어를 전파하는 사람에게 이점을 제공한다. 사회적 지위가 대표적 이점이지만, 보다 실용적인 것을 제공하는 경우도 많다. A가 자신의 도구나 아이디어에 대해 B의 호응이나 공감을 이끌어내면, A는 만족감을 느낀다. 아이디어를 전파할 기회와 더불어 이야깃거리까지 제공하는 경우다.

참여자에게 효용이나 지위 또는 소속감을 제공하면, 자신의 영향력이나 인맥을 통해 적극적으로 새로운 참여자를 끌어들이게 되고, 결과적으로 자연적인 확산 메커니즘이 창출될 가능성이 커진다.

## 204.
## 누가 "예"라고 말하는가?

우리가 시스템 안에서 일한다는 것은 "예"라고 말할 사람을 필요로 한다는 의미다. 어떤 사람은 그렇게 하는 것이 자신의 직무이기 때문에 "예"라고 말한다. 지위를 얻기 위해서 또는 상사를 기쁘게 하려고 "예"라고 말하는 사람들도 있다.

반면에 시스템을 바꾸기 위해 노력할 때는 "아니오"라고 말해야 보상받는 사람들을 만나게 된다.

그렇게 해서 현상이 만들어지고 유지되는 것이다. 시스템은 원래 잘 버티도록 설계되기 때문에 잘 버틴다. 시스템은 그에 능하다.

하지만 시스템 내 각 개인은 복합적인 인센티브를 갖는다. 개인에 대한 새로운 압박이 충분히 크고 그를 지탱할 스토리와 타이밍, 문화가 모두 일치한다면, 그는 결국 새로운 정보를 바탕으로 새로운 결정을 내릴 수 있다.

시스템을 변화시킨다는 건 "아니오"라고 말하는 사람을 "예"라고 말하게 만든다는 걸 의미한다. 시간을 두고 끈기 있게 노력을 기울이면 한 명의 변화를 다수의 변화로 연결할 수 있다. 그렇게 새로운 표준과 문화를 만들 기회가 생긴다.

# 205.
## 시스템을 활용하려면

…시스템을 이해해야 한다.

출판 산업의 예를 살펴보자. 1900~2015년에는 책 한 권으로 문화를 바꿀 수도 있었다. 그 시절의 시스템은 다음과 같았다. 에이전트를 찾아 적절한 출판사에 신호를 보낸다. 출판사는 자사의 출판 장르에 맞는 책에 대한 제안이 들어오면 검토하고 응답한다. 이후 서점과 미디어, 다른 작가들과 협력하고, 투어를 준비하며, 홍보용 가제본 책들을 뿌리는 등, 첫 주에 1만 부가 판매될 수 있도록 노력을 기울인다. 시스템의 일부인 〈뉴욕타임스〉는 그런 책을 베스트셀러 목록에 올린다. 이는 다음 구매자들에게 신호가 되며, 그 이후로는 독자들이 다른 독자들에게 입소문을 전달할 수 있을 만큼 강력한 아이디어가 책에 담겼는지에 따라 행보가 결정된다.

이제 그런 시대는 지났다. 새로운 지성계에는 위와 같은 단계에서 유의미한 영향력을 유지한다 싶은 것이 거의 없을 정도다. 소설가 레베카 야로스Rebecca Yarros의 《포스 윙》 같은 소설은 아마존에서 10만 개가 넘는 리뷰를 받았다. 이 책은 전 세계적인 베스트셀러가 되었지만, 저자는 그러한 성공을 거두기 위해 기존의 서적 판매 시스템을 거의 이용하지 않았다.

오늘날 책 이외의 매체가 아이디어를 전달하는 추세가 강해지면서 지성계에는 변혁이 일어나고 있다. 예컨대 틱톡 영상은 특정한 아이디어를 책보다 1,000배나 많은 사람에게 전달한다.

시스템이 변하기 시작했다는 것은 훨씬 전부터 시스템에 압력이 가해지고 있었다는 뜻이다. 바꿔 말하면 시스템에 가해지는 압력은 변화가 가시화되기 훨씬 전부터 존재한다.

## 206.
## 지금 눈앞에 있는 사람이 시스템의 일부다

그들이 시스템 자체인 것은 아니다.

시스템을 위해서 결정을 내리는 사람은 아무도 없다. 보이지 않는 손에는 주인이 없는 법이다. 사장이나 창업자, 최고운영책임자, 군주조차도 시스템을 완전히 통제할 수는 없다.

대신 시스템의 각 참여자는 어떤 행동을 해야 시스템이 유용하게 반응할지 상상한다. 어떻게 해야 '당장 자신에게' 유용할지, 말이다.

시스템의 일부 구성원은 새로운 결정이 시스템 전체에 어떤 영향을 미칠지 관심을 가지기에 충분한 시스템 감독 권한을 갖는다. 하지만 이들 또한 선의에 기반했더라도, 결국 시스템의 반응을 끌어내기 위해 무언가를 결정한다.

우리는 2가지 오류를 반복해서 범한다.

* 아이디어를 제시할 때 우리는 상대방이 시스템 혹은 시스템이 원하는 것을 염두에 두고 있다고 생각한다. 하지만 그렇지 않다. 심지어 대부분은 시스템을 총체적으로 인식하지 못한다. 그냥 자기 상사나 시급한 업무를 떠올리고, 때로는 그마저도 하지 않는다.

* 변화를 일으키고자 할 때, 우리는 지금 당장 눈앞에 보이는 주변인들을 먼저 바꾸려고 한다. 하지만 우리는 시스템 자체가 스스로를 변화시킬 수 있는 요인을 찾아야 한다.


## 207.
## 시스템이 작동하는 몇 가지 방식

시스템 내의 사람들은 시스템에 참여하려는 다른 사람들을 어떻게 대할지 시스템을 대신해서 기준을 세운다.

시스템에서 성공한 사람들은 시스템 내 다른 사람들의 지위에 빗대어 자신의 지위를 인식하고, 동료들과의 유대감을 추구한다.

사람들에게는 시간과 자원이 부족하기에, 일반적으로 지위적

모호함에 대한 리스크를 줄이려고 노력한다.

결국 기본적으로 지금까지 해오던 대로 움직이는 것이다.

때로 사람들은 지위를 유지하기 위한 방편으로 성과 지표를 찾는다.

또는 지위를 획득한 사람들과 관계를 맺으면 자신도 같은 지위를 얻을 수 있다고 생각한다.

보이지 않는 시스템이 더 강력한 경우가 많은데, 그 이유는 시스템 참여자들이 규칙을 읽고 따르기보다 나름대로 규칙을 상상해서 움직이기 때문이다.

지속적인 시스템은 현상을 유지하려 애쓴다.

시스템이 지속성을 유지하는 한 가지 방법은 현상 유지를 위협하는 사람들에게 단기적 혜택을 주지 않는 것이다.

또 다른 방법은 장기적으로 이단자를 처벌하는 것이다.

때로 시스템을 지지하는 사람이 제 역할을 하지 않는 듯 보인다. 하지만 그들은 시스템을 지지하는 역할을 시스템의 요구에 따라 수행하고 있을 수 있다.

가장 강력한 변화의 동인 중 하나는 시스템의 일부 사용자에게 더 많은 선택권을 주는 기술의 발전이나 혁신이다. 특히 그러한 선택이 지위 역학을 변화시키는 경우 더욱 그렇다.

정교한 전략은 이러한 경향을 비난하지 않고 그것에 적응한다. 각 노드가 원하는 것을 제공함으로써 가치를 창출하고, 그와 동시에 새로운 표준과 정보, 결과물도 창출한다.

## 208.
## 정교한 전략의 유형

낮은 비용과 저렴한 가격

가장 흔하게 추구되지만 달성되는 경우가 드물다. 월마트는 단순히 가격을 낮추는 것만으로 소매업을 재창조한 것이 아니다. 그들은 또한 비용을 낮췄고, 그 전략이 뻔히 드러난 상황에서도 수십 년 동안 누구도 따라잡을 수 없을 정도로 끈질기고, 일관되게 그것을 수행했다.

저비용은 단순히 더 열심히 노력한다고 달성할 수 있는 게 아니다. 이는 특정 조직에만 구축된 체계적인 이점이며, 규모가 커짐에 따라 더욱 향상되는 이점이다.

월마트는 컨테이너선으로 물건을 들여오기 때문에, 심지어 경쟁사들이 물건을 들여오는 가격보다 더 싸게 물건을 판매할 수 있었다. 또한 규모가 커지고 물량이 늘어나자 창고 물류의 효율성을 높여 물건을 받은 후 30일 이내에 판매하는 재고 회전율을 갖추었다. 이는 곧 물건을 더 싸게 들여놓을 수 있을 뿐 아니라, 제품을 판매한 이후에 공급업체에 대금을 곧바로 지급함으로써 성장에 따른 운전자본일상적인 경영활동에 필요한 자본 – 옮긴이을 무이자로 확보할 수 있었다는 뜻이다.

저비용은 주장하기는 쉽지만 실천하기는 어렵다. 많은 조직이 그렇게 하겠다고 주장하지만 결국 애초에 염가인 제품만을 그렇게 팔게 된다. 생산, 유통 등 과정에 상당한 우위가 없으면 계속 저렴한 가격을 유지하는 것은 거의 불가능하다.

저가로 하향 경쟁을 벌여 이길 수도 있다. 하지만 마진을 너무 잘라내면 남는 것이 없게 된다. 그러면 회복탄력성도 사라진다.

### 명품 시장의 최상위 유지

세계에서 가장 가치 있는 브랜드 중 일부는 가격경쟁과는 정반대의 접근방식을 택하고 있다. 에르메스와 LVMH는 판매하는 모든 제품의 가격을 끊임없이 인상하면서 더 많은 돈을 기꺼이 지불하려는 고객들에게 궁극의 명품으로 자리 잡기 위한 마케팅 및 생산 시스템을 구축했다. 이들 브랜드의 소매업자들은 매일 가격을 낮춰 시장 점유율을 확대하고 싶은 유혹을 받지만, 수 세기 동안 그러한 충동을 거부하는 것이 이 모델의 핵심 전략이다.

### 네트워크 효과

사람들은 유효한 서비스나 제품이라는 생각이 들면, 이를 친구들에게 소개하기 마련이다. 이것은 추가적인 고려 사항이나 마케팅 술책이 아니라 제품 설계와 사용자 경험의 핵심으로 간주해야 할 부분이다. 사람들은 제공자를 좋아해서 제품을 공유하는 것이 아니다. 자신의 목표를 달성하는 데 도움되기 때문에 소개하고 전파하는 것이다.

1935년, 미국 시카고에서 시작된 '익명의 알코올중독자 갱생회Alcoholics Anonymous'는 '익명Anonymous'이 아니며, 혼자 참여할 수도 없다. 그것이 요점이다.


전문성과 지위

정교한 전략의 특징은 이용자가 많아질수록 효과가 강화된다는 것이다. 하버드 대학교는 갈릴레오 갈릴레이가 사망하기 전부터도 존재했고, 그렇게 확립된 초기 우위는 각 세대를 거치며 더욱 공고해졌다.

하버드의 위상은 지위를 추구하는 교수를 끌어들이고, 이는 다시 학생과 후원자, 학술지, 토론, 일자리 등의 요소를 불러 모으는, 끊기 어려운 순환 고리를 형성한다.

20여 년 전 크리스 앤더슨Chris Anderson이 테드를 인수했을 때만 해도 이는 매년 300명 정도가 참석하는 작은 컨퍼런스에 불과했다. 그는 강연의 녹화 영상을 온라인에 게시하여 시청자 수를 늘리는 전략에 박차를 가했고, 이는 강연을 더욱 매력적으로 만들었다. 이후 영상 누적 조회 수가 10억 회를 넘어서면서 테드는 명

실상부한 교육기관이자 미디어 조직으로 인정받게 되었다. 네트워크 효과를 내재한 까닭에 이 모델은 더욱 강력해질 수 있었다.


소속감

어울리고자 하는 욕구는 유행 및 트렌드와 같은 현상의 유지를 뒷받침하는 원동력이다. 이는 의류와 언어, 문화 담론 등 모두에 해당한다.

수익성이 가장 높은 브랜드들은 고객들의 소속감을 찾아 확정해주는 데 과도할 정도로 투자한다. 시장에는 사람들이 소속감을 얻기 위해 돈을 지불해온 오랜 역사가 있다.


기술이나 문화의 변화 곡선에 대한 집중

반도체 집적회로의 성능이 18개월마다 2배로 증가한다는 법칙인 무어의 법칙은 단지 훌륭한 아이디어를 넘어서는, 실재하는 법칙이다. 지난 60년 동안 컴퓨터 칩의 가격은 계속 하락한 데 비해 성능은 계속 향상되었다. 자동차의 생산성 곡선이 컴퓨터 칩과 같았다면 오늘날 포르쉐를 50달러에 구입할 수 있었을 것이다. 문화계에도 출신, 성별, 인종 등과 관련한 비슷한 곡선이 존재한다. 물론 기후, AI, 디지털 연결망 등도 마찬가지다.

오늘보다 내일이 내게 더 유리할까? 정교한 전략은 대세를 거스르지 않고 그에 맞춰 나가는 경우가 많다.

코요테

미국의 작가이자 문화비평가 루이스 하이드Lewis Hyde는 이 역할을 일종의 '체제 교란자'로 묘사한다. 토착 전통에서 코요테는 변화의 주체이자 도발자이며, 시스템의 균열을 찾아 이를 활용하는 존재다.

정기적으로 이런 역할을 수행하는 일은 지치지만, 시스템은 이에 의존한다. 앤디 워홀은 코요테였고, 전위적인 아티스트 그룹 MSCHF도 마찬가지다. 끊임없이 탐구하고 도발하며 발명하는 코요테는 종종 개인적인 희생을 감수하면서 시스템에 변화를 불러온다.

코요테 식의 작업은 결과를 예측할 수 없고 규모를 확장하기도 어렵다. 코요테 조직의 상당수는 결국 업계를 지배하는 조직에 인수된다. 그들이 일으키는 마법을 흡수하거나 그들을 침묵시키기 위해 매수하는 것이다.

결국 이들은 표준을 수호하는 입장에 서기 시작하면서 코요테 역할을 유지하기가 불가능해진다. 전설적인 토크쇼 MC 데이비드 레터맨David Letterman과 쿨 재즈의 시초 마일스 데이비스Miles Davis, 심지어 하드 록의 개척자 더후The Who조차도 과거에 자신들이 반기를 들고 공격했던 기성 체제가 되었다.

## 현상 유지

성공한 시스템은 성공의 토대인 현 상태를 유지하기 위해 싸운다. 이 싸움에 도움을 주겠다는 조직과 개인은 늘 크게 환영받는다.

20년 전, 연구조사 및 자문 회사인 가트너가 세기말 컴퓨터 버그인 Y2K 문제의 산업 전반에 대한 잠재적 위험을 강조했을 때, 많은 대기업이 조언을 구하겠다고 몰려들었다. 잠재적 위험의 해결이란 결국 '(우리 말을 들으면) 모든 것이 괜찮을 것'이라고 말하는 '복잡한 방식'이다.

이 접근방식의 문제점은 조만간 변화의 동인에 직면하면서 유지되고 있던 현상이 무너진다는 것이다. 누구도 시대의 변화를 읽지 못해 최고의 자리에서 추락한, 백화점 체인 시어스Sears나, 서점 체인 월든 북스Walden Books, 전신 기업 웨스턴유니온이 되고 싶지 않을 것이다. 하지만 충분히 오래 기다리면 언제나 또 그런 일이 일어난다.


## 구독과 편의성

이는 현상을 유지하는 또 하나의 전술이다. 구독을 판매하는 조직은 편안함과 편리함을 파는 것이다.

뉴욕 출신의 광고인 레스터 원더맨Lester Wunderman은 프랑스 시골로 이주해 살던 어느 추운 날 밤, 전화해야만 난방용 석유 트럭이 온다는 사실을 알게 되었다. 그는 한 회사를 설득하여 자신에게 지속적인 구독 서비스를 제공하게 했다.

소비자들은 필요할 때마다 쇼핑하는 대신 구독 서비스를 받으면 비용이 더 들 수도 있다는 사실을 안다. 하지만 몇 달러를 절약하는 것보다 필수품이 떨어지지 않는 편이 더 가치 있다고 생각하기 때문에 기꺼이 구독을 신청한다.

초기 우위에 대한 재투자

앞서 언급했듯이 시스템은 선두의 우위를 증폭시킨다. 경쟁사들보다 더 많이 재투자하는 선두 조직은 더 나은 프로세스와 더 신뢰할 수 있는 결과물, 독보적인 기술을 갖추게 된다. 그 결과 시스템이나 기술의 변화로 우위를 강화하며 다방면에서 선두 지위를 누릴 수 있다.

"IBM을 선택했다고 해서 해고된 사람은 없다."는 말은 40년 동안 사실이었다. 그들이 시장의 문제를 해결할 최고의 기술을 가져서는 아니었다(실제로도 시장의 문제를 해결한 경우는 매우 드물다). 소비자들이 내게 맞는 제품을 찾아 쇼핑에 정처 없이 나서는 대신 그냥 "네, IBM 제품으로 주세요."라고 말하게 할 수 있을 만큼 제품에 대한 보증, 문화적 우위, 편의성을 제공했기 때문이다.

단일 목표에 집중한 시장 혁신

시스템의 허점을 짚어 시스템을 이용하는 코요테와 달리, 시스템을 변화시킬 지렛대 효과점을 찾아낸 조직은 궁극적으로 변화의 주체가 될 수 있다. 물론 시스템은 살아남지만, 변화된 시스템은 마치 원래부터 그랬던 것처럼 작동한다.

아이폰이 대표적인 사례다. 미국 대학 순위 특별 보고서나 컨테이너 화물의 도입과 같은 외견상 사소해 보이는 사례도 이에 해당한다.

페덱스는 중앙 집중식 전국 소형 소포 배송 사업을 통해 시스템을 혁신할 수 있다는 확신에 모든 것을 걸었다. 여기에 절반의 성공이란 있을 수 없었다. 신속한 소포 배송의 역동성이 로펌과 기업의 표준이 되게 하거나 망하거나 둘 중 하나였다.

## 209.
## 시스템에 변화 가져오기

기존 시스템이 변화의 동인에 반응하는 방식은 다음과 같은 몇 가지 사항에 따라 결정된다.

* 변화에 적응하려면 기존과 다른 체계와 보상책, 접근방식이 필요한가?

* 지배적인 지위 구조에 중대한 변화가 초래되는가? 권력을 가진 사람들이 이를 막으려 할 정도인가?

* 이전의 변화들과 맥락을 같이 하는가? 그리고 시스템이 이러한 종류의 변화를 수용하고 협력한 역사가 있는가?

* 변화의 동인이 제시하는 문제나 통찰이 지속적이고 영구적인가, 아니면 일시적이거나 긴급한 것인가?

* 다른 시스템들이 변화의 혜택을 입어 이 시스템의 힘을 위협할 가능성이 있는가?

* 변화가 시스템의 암묵적인 가치 및 신념과 일치하는가?

* 변화가 권한을 가진 노드들의 개별적 역할이나 기술 또는 직업 안정성에 위협이 된다고 당사자들이 인식하는가?

* 시스템의 노드들이 변화를 구현하는 데 필요한 자원과 역량을 갖추었다고 스스로 믿고 있는가?

* 경쟁 압력이 시스템에 변화를 받아들이라고 강제하는가?

이러한 분석의 예는 크든 작든, 새롭든 오래되었든, 모든 시스템에서 찾아볼 수 있다.

전화라는 기술이 등장했을 때 전신 통신 시스템의 기존 플레이어들은 열정적으로 반응하지 않았다. 이 네트워크의 중심이었던 웨스턴유니온은 벨의 기술을 인수할 기회를 무시했다.

전보를 주고받으며 이익을 얻던 기업과 개인은 전화를 단순히 부유한 도시 거주자들을 위한 신기한 물건일 뿐이라고 생각하며 전환에 열의를 보이지 않았다.

거대 컴퓨터 기업 IBM과 디지털Digital사는 개인용 컴퓨터 시장이 2만 대 수준을 넘지 않을 것이라고 확신했다. 두 회사 모두 아주 오랜 시간을 기다린 후에야 변화를 인정했다.

케이블TV가 인기를 얻기 시작했을 때도 마찬가지다. CBS미국 지상파 방송국 - 옮긴이가 ESPN미국 스포츠 전문 케이블TV - 옮긴이의 출범을 돕긴 했지만, 하드웨어 기업과 연예기획사, 지역 방송국, 배우 등 TV 시스템의 주요 플레이어 대부분은 새로운 매체를 무시했고, 그럼으로써 TBS를 창업한 테드 터너Ted Turner와 같은 신생 기업가들이 혁신할 충분한 공간을 내주었다.

반면에 법률 시스템은 온라인 데이터베이스를 조기에 도입했다. 그러한 도구가 지위가 낮은 사무원과 사서의 영향력을 줄이면서 변호사의 힘을 증폭시켰기 때문이다. 또한 온라인 데이터베이스를 도입한 변호사들의 승소율이 높아지면서 실질적인 경쟁 압력이 가중되었다.

이러한 분석은 대규모 시스템에만 해당하는 것이 아니다. 궤양의 원인에 관한 통찰을 무시한 위장병 전문의들과 같은 소규모 직업군이나, 펜타닐 과다 복용과 같은 새로운 위협에 대응하는 작은 마을의 사회복지 기관 등에서도 동일한 통찰을 적용할 수 있다.

## 210.
# 장기적으로 운은 공평하지 않다

세계적인 인지과학자이자 철학자 대니얼 데닛<sup>Daniel Dennett</sup>은 틀렸다. 그는 운은 결국 공평해진다고 주장했다.

비유적으로, 선두 그룹에 한참 뒤처진 상태에서 마라톤을 시작하는 경우 운으로 선두를 따라잡을 가능성은 거의 없다. 시나리오 작가 닐 레비<sup>Neil Levy</sup>의 말을 빌리자면 이렇다. "운의 영향을 더 많은 운으로 되돌릴 수는 없다."

시스템에는 피드백 루프가 있으며, 이 루프는 종종 초기의 선두에 보상을 제공한다. 나중에 더 빨리 가는 것보다 지금 더 빨리 가는 것이 더 생산적이라는 뜻이다.

6세 아이가 테니스에서 다른 아이들을 이기면, 그 아이는 더 많이 격려받거나 코치의 지도를 받을 가능성이 높아진다. 곧 다른 아이들보다 테니스를 훨씬 더 잘하게 된다. 그리고 이는 더 많은 지도와 더 많은 시합으로 이어진다.

음악 그룹이 싱글을 발표해 스포티파이에서 입소문을 타면 프로듀서나 음반 회사와 계약할 가능성이 높아진다.

경선 초반에 지지율이 높은 후보자는 기부금을 받고, 컨설턴트를 유치하며, 광고를 집행하게 될 가능성이 높고, 중도 사퇴의 압박에서도 벗어나게 된다.

우리 문화에는 초기의 성공이 핵심적인 이점으로 작용하는 희소성 기반 경쟁이 존재한다. 이를 인정하는 것은 (설령 그것이 불공정하거나 최적의 분류 메커니즘이 아닐지라도) 전략에 대한 우리의 접근방식에 긍정적 영향을 미친다.

먼저 시작하면 자연스럽게 이점을 얻을 수 있는 시스템에서 플레이하기로 결정할 수 있다. 또는 시스템의 피드백 루프가 처음에는 도움되지 않을 수 있음을 인정하고, 이를 극복하는 데 필요한 지원과 코칭을 찾기 위해 노력할 수도 있다. 이러한 비계는 찾기 어렵지만, 매우 귀중하다.

기꺼이 찾으려 한다면 앞으로 나아갈 방도는 생기기 마련이다.

## 211.
## 레버리지, 그리고 전략의 과잉 확장

비즈니스에서 레버리지는 다음과 같은 의미다. 어떤 일이 잘되고 있을 때, 그 일을 더 요란하게, 더 빠르게, 더 큰 규모로 진행하기 위해 빌리는 자본.

효율성을 높여주는 기계가 하나 있는 경우, 돈을 빌려 두 번째 기계를 구입하면 효율성을 훨씬 더 강화할 수 있다.

이런 식의 투자를 통해 전략의 효과를 증폭시키는 것이다.

그런데 문제가 발생한다.

경쟁사도 당신과 같은 생각으로 돈을 빌리고 있다. '이번에 투자하면 전략을 확장할 수 있을 거야.'

선두는 더 많은 돈을 빌리고 추격자와의 격차를 더 크게 벌릴 수 있다. 하지만 투자자에게 고수익을 안겨줘야 한다는 부담이 커지고, 그것이 압력으로 작용하면 품질이나 직원 복지, 고객 만족보다 이익을 우선시하는 단기적이고 공격적인 전략에 의존한다.

경쟁자들이 앞서가려고 전력 질주하는 상황에서 적절히 선을 지키며 합리적인 확장 방식을 유지한다는 것은 어려운 일이다.

그래서 경제학자 조지프 슘페터Joseph Schmpeter가 말한 '창조적 파괴'가 발생하는 것이다. "어떤 전략이든 충분히 규모가 커지면 지속할 수 없으며, 일련의 새로운 조건과 플레이어, 규칙으로 대체되기 마련이다."

다시 말하자면 이렇다. 모든 성공적인 조직은 너무 늦지 않게 다른 무언가로 변신하지 않으면 결국 실패할 수밖에 없다.

## 212.

## 의도와 부작용

시스템이 만들어질 때, 그 의도는 대개 좋은 것이다.

인터넷의 선구자들은 악플러나 여성 혐오자를 위한 플랫폼을 만들려던 것이 아니었다. 포장 식품을 개발한 사람들도 비만과 당뇨병, 심장마비를 증가시키려는 의도는 없었다.

하지만 보다시피 종종 부작용이 발생한다.

부작용도 단지 하나의 효과일 뿐이다. 아주 규칙적으로 시스템은 스스로 원하는 효과와 마찬가지로 부작용도 만들어낸다. 부작용을 받아들일 수 없다면 시스템도 받아들일 수 없는 것이다.

전략은 부작용을 무시할 수 없다. 빛과 그림자처럼 부작용과 시스템도 분리할 수 없다.

## 213.

## 시스템의 격변

안정된 상태에 있는 시스템은 말 그대로 안정적이다. 시스템의 다양한 노드에서 항상 변화의 파문이 일긴 하지만, 전체적인 상황은 상당히 예측 가능하게 유지된다.

의용소방대, 장례 전통, 기숙학교 등은 한 세기 이상 비교적 변화가 없는 상태를 유지하고 있다.

하지만 때때로 변화의 동인이 시스템을 변혁할 지렛대를 찾기도 한다. 인터넷이 바로 그러한 동인 중 하나다. 스마트폰도 마찬가지다.

기후 변화 역시 변화의 동인으로 작용하고 있으며, 여성의 권익 신장과 사회적 소수자의 세력 확장도 그러하다.

확고히 자리 잡은 시스템은 현상 유지를 위협하는 새로운 기술이나 문화적 변화를 접하면, 무시하거나 맞서 싸우거나 공존하려고 노력한다. 하지만 때로는 시스템 자체가 스스로 변화하기도 한다.

그런 일은 격변을 수반한다. 격변은 예측불가하고, 혼란스러우며, 대개 일시적이다.

격변의 순간에는 새로운 아이디어와 새로운 조직이 확산력을 얻고 변화를 더욱 촉진할 수도 있다. 하지만 격변이 영원히 지속되는 경우는 거의 없다.

할리우드 시스템은 한 세기 동안 지속되었지만, 온라인 미디어와 롱테일long tail, 다양한 제품으로 다수의 틈새시장을 공략하는 전략 – 옮긴이이라는 변화의 동인을 만나 완전히 뒤집어졌다. 이로 인해 새로운 종류의 유명인인 '인플루언서'가 생겨났을 뿐만 아니라 우리 문화가 영감을 얻고 방향을 모색하는 방식에도 변화가 생겼다.


## 214.

## 게이트키퍼

여기서 게이트키퍼는 '아이디어나 메시지를 선택하고 통제할 수 있는 개인이나 조직'을 뜻한다.

이와 같은 역할을 하는 출판 편집자의 목표는 모든 것을 정상적으로 유지하는 것이다.

그들은 독자들이 익숙하게 받아들일 준비가 되어 있는 종류의 작품을 출간하기로 선택한다. 그들은 이전에 나온 것과 어울리거나 맥락이 통하는 아이디어를 찾는다.

지난 수 세기 동안, 영향력 있는 과학 저널은 중요한 새로운 아이디어를 거부하곤 했다. 몇 가지 예를 들면 다음과 같다.

* 판구조론: 이 이론은 처음 제기된 후 수십 년이 지나서야 지질학자들에게 받아들여졌다.

* 헬리코박터 파일로리균과 궤양: 1982년 호주 의사 배리 마샬Barry Marshall과 로빈 위렌Robin Warren은 헬리코박터 파일로리 박테리아가 대부분의 소화성 궤양을 유발한다고 주장하

며, 궤양이 스트레스와 생활습관으로 인해 발생한다는 통념에 도전했다. 수십 년 후 그들은 노벨상을 수상했다.

* 알바레즈 가설: 1980년 물리학자 루이스 알바레즈Luis Alvarez와 월터Walter 부자는 거대한 소행성 충돌로 공룡이 멸종했다는 가설을 제시했다. 수십 년 후, 이 가설은 마침내 널리 인정되었다.

이것들이 거부된 이유 중 하나는 내부인이 아닌 외부인의 혁신이었기 때문이다. 외부인이 다른 접근방식을 사용하거나 전통적인 경계를 침범했기에 받아들일 수 없었던 것이다. 또 다른 이유는 지지 기반을 확보하지 못한 새로운 아이디어가 기존 학계의 현상을 위협했기 때문이다(하지만 지지를 받으려면 공인된 학계 저널에 실려야 한다는 건 아이러니다).

게이트키퍼는 창작자가 주목받도록 도와주기 위해 존재하는 것이 아니다. 그들은 시스템에 따뜻함과 안정감을 주기 위해 존재한다. 때로는 게이트키퍼의 역할이 변화의 문을 아예 닫아두는 것일 수도 있다.

비틀즈와의 계약을 거부한 음반사 데카Decca의 A&R 담당자, 온라인에서 큰 성공을 거두는 상품을 취급하지 않는 대형마트 역시 이런 유형의 게이트키퍼에 해당한다.

그렇다면 새로운 아이디어는 어떻게 현상 유지를 추구하는 게이트키퍼를 통과할 수 있을까?

과학 논문의 경우, 학회에서 종종 그런 일이 발생한다. 학회의 발표 무대에서는 통상적으로 논문의 사본을 배포한다. 몇몇 다른 과학자들이 이에 동조하게 되고 소문이 퍼지기 시작한다. 이것이 바로 카오스 이론이 받아들여진 방식이다.

음악 분야에서는 FM 라디오가 정체기를 깨뜨렸다. 새로운 게이트키퍼가 등장하면서 시스템에 근본적인 변화가 일어났다.

20년 후 믹스 테이프와 지역 DJ, 그리고 궁극적으로 MTV가 전통적인 음악 게이트키퍼의 도움을 전혀 받지 않고 랩 음악의 확산을 도왔다.

그리고 틱톡과 유튜브는 아이디어가 주로 영상으로 확산하도록 현상을 변화시켰다.

전통적인 게이트키퍼가 없으면, 이런 사이클은 더 빨라진다.

## 215.
### 긴장의 종류

안정 상태의 시스템은 가능한 한 긴장을 낮게 유지하는 쪽으로 움직인다. 현상 유지는 두려움으로부터의 해방과 안심을 제공한다.

변화의 제안이나 요구는 시스템에 긴장을 조성한다.

만약 긴장이 없다면, 모두가 즉시 새로운 패러다임으로 전환하거나 제안된 내용을 무시할 것이다. 거의 모든 사람이 그 중간 상태, 즉 변화에 대한 갈망과 두려움을 동시에 느낀다.

긍정적인 변화를 창출하고자 할 때 중요한 것은 그에 영향을 받는 사람들의 입장에 공감하는 것이다. 이는 곧 그들이 변화를 통해 얻고자 하는 것을 이해하고 그에 수반되는 걱정과 두려움을 인정하는 것이다. "우리는 두려움을 야기하고 있다." 이렇게 말이다.

우리는 프로젝트가 진전하도록 긴장을 조성할 방법과 전략을 선택할 수 있다. 다음은 몇 가지 선택지다.


가능한 한 적은 긴장

보다 편리하고 저렴하며 검증된 무언가를 제공하는 것이 기본이다. 요지는 우리의 작업이 큰 파장 없이 자연스럽게 자리 잡게 하는 것이다. 적은 비용으로 더 많은 것을 제공하는 것이다. 비교적 쉬운 접근방식이다.

하지만 사실 이는 특별한 경우다. 쉽게 바랄 수는 있지만 달성하기는 매우 어렵다. "고객님은 아무나 선택할 수 있습니다. 저도 그중 하나입니다."라고 말하는 프리랜서는 힘겨운 시간을 보내기 마련이다.

중요한 작업은 긴장을 완전히 피하지 않는다. 대신에 사람들이 느끼는 다양한 두려움을 이해하고 균형을 맞추는 데 주력한다. 두려움은 종종 서로 충돌하며 작용한다. 그래서 우리의 프로젝트가 오히려 다른 두려움을 줄여준다고 약속할 수 있다. 그러면 누군가는 모종의 두려움에서 벗어나기 위해 다른 두려움으로 달려갈 것이다.

프로젝트가 일단 공동체 구성원에게 채택되면 긴장이 완화된다. 고비를 넘으면 더 좋은 것이 기다리는 법이다.


새로운 것을 놓칠지도 모른다는 두려움

얼리 어답터들은 새로움을 추구한다. 혁신을 창출하면, 혁신을 추구하는 사람들을 끌어당기는 매력을 만들어낸 셈이다.


뒤처짐에 대한 두려움

특정 시스템이 새로운 아이디어, 특히 앞서나감의 우위를 증폭하는 아이디어를 채택하기 시작하면, 기다림이 야기하는 긴장에 민감한 사람들이 뒤따르기 마련이다.


소외에 대한 두려움

이것은 뒤처지는 것과 다소 다르다. 이는 '다른 사람들은 이미 다 하고 있다.'라는 집단 역학에서 생기는 긴장이다.

네트워크 효과의 너그러움

동료나 친구가 호의로 동참해달라고 요청할 때, 이 요청을 들어주지 않으면 안 된다는 긴장이 생긴다.


사기꾼으로 보일 수 있다는 두려움

의외로 흔하지만 거의 언급되지 않는 이 두려움은 보통 편법과 속임수를 피하는 데 도움이 되지만, 용기를 내는 데 걸림돌이 되기도 한다. 우리는 사람들이 이렇게 느끼지 않도록 신경 써야 한다.


상사의 질책에 대한 두려움

조직의 모든 구성원은 상사나 조직이 원하면 실행해야 한다는 사실을 안다.


그 외에도 여러 가지가 더 있다.

실패에 대한 두려움, 그리고 이것의 놀라운 사촌 격인 성공에 대한 두려움도 있다.

책임에 대한 두려움.

의견을 말하거나 목소리를 내는 것에 대한 두려움.

평가받는 것에 대한 두려움.

남들과 조화를 이루지 못하는 것에 대한 두려움.

새롭거나 낯선 것에 대한 두려움.

낯선 사람들에 대한 두려움.

불충분함에 대한 두려움.

끝맺음에 대한 두려움.

그리고 이 모든 것에 대해 이야기하기 어려운 건 바로 두려움에 대한 두려움 때문이다.


## 216.
## 뭐라고 말해야 할까?

이것은 시스템 내 구성원과 연결점을 만드는 핵심 질문이다. 시스템 내에서는 상사나 동료들에게 알리지 않고는 용감하고 강력하게 새로운 일을 할 수 없다.

누군가가 특이한 채용을 결정하거나 정책을 변경하거나 심지어 새로운 공급업체와 거래를 트려고 한다면, 이는 위험을 감수하는 것이다. 시스템은 그 위험을 더욱 증폭시킬 가능성이 큰데, 현상을 유지하고 안정성을 추구하려 하기 때문이다.

스토리를 미리 준비해두면 성공적인 설득에 도움이 된다. 분명 장애물이 될, 아직 제기되지 않은 반대 의견을 미리 상정하고 제거하는 것이다.

이것은 일종의 퍼즐 맞추기다. 모두가 이미 중요하다고 합의한 것에 새로운 결정을 결부시키는 방식이다. 새로운 결정이 모두가 공유하는 목표나 가치를 지원한다는 점을 보여주면, 시간을 끌거나 논쟁을 벌이는 일이 모두에게 중요한 무언가의 성취를 방해하는 행태로 비춰질 것이다.

단일 노드가 전체 시스템을 바꿀 수는 없다. 우리가 찾아야 하는 것은 시스템 내의 시스템, 서로를 지원할 수 있는 핵심 집단이다. 소규모 집단들이 서로 연결되고 지위를 확보하면, 문화가 변화함에 따라 새로운 집단이 합류하게 된다.

## 217.
## 테슬라 우화: 루디크러스 모드와 광대 차

모델 S는 긴장을 효과적으로 적용한 사례다.

출시 당시 이 모델의 포지션은 '최고급 벤츠의 장점을 모두 갖춘 가장 스마트한 차'였다.

그래서 모델 S는 캘리포니아에서 가장 많이 팔리는 고급 차가 되었다. 얼리 어답터들이 이를 채택한 후 많은 구매자가 그 뒤를 따랐다. 뒤처지거나 신기술을 두려워하는 사람으로 보이고 싶지 않았기 때문이다.

테슬라 내부자에 따르면, 대리점에서 가장 많은 대화를 불러일으킨 것은 수납형 도어 핸들이었다. 사람들은 새 테슬라를 보러 와서 전기 자동차의 가치나 그것이 상징하는 변화가 아니라 멋진 도어 핸들에 대해 물어보곤 했다.

그런 대화는 시승을 권유할 기회로 이어졌다. '루디크러스 모드Ludicrous Mode'는 특별히 뛰어난 기능은 아니었지만, 이야기하는 것만으로도 큰 재미를 주는 요소였다. 이 모드를 활성화하면 기존 자동차보다 50% 빠르게 가속할 수 있었다. 실로 몇 초 만에 0에서 100km/h까지 조용히 속력이 치솟아 탑승자들이 비명을 지를 정도였다.

모델 S가 유발한 긴장은 입소문을 탔고, 많은 운전자가 현 상태에 불편을 느끼며 테슬라로 갈아탔다.

몇 년 후, 테슬라는 픽업트럭인 사이버트럭Cybertruck을 발표했다.

테슬라는 회사 설립 후 몇 년도 채 지나지 않아 틈새시장을 넘어 대중 시장에 진출할 자격을 얻었지만 아쉽게도 그 기회를 놓치고 말았다. 무미건조한 디자인의 사이버트럭이 일으킨 긴장은 모델 S 때보다 한참 못 미쳤다.

픽업트럭은 미국에서 가장 많이 팔리는 종류의 차량이다. 테슬라는 고가의 전기차를 구입할 능력과 의향이 있는 시장 세그먼트를 지배할 수 있는 완벽한 위치에 있었다. 하지만 픽업트럭 운전자들은 보수적이고 과시적인 것과는 거리가 먼 차량을 선호하는 경향이 강하다. 트럭의 용도가 바로 거기에 있기 때문이다. 트럭은 부나 사치가 아니라 실용성의 상징이며, 심지어 그런 실용성이 필요치 않은 사람들에게도 그렇다.

테슬라는 트럭 구매의 핵심 요소인 '평범함'과 '유용함'의 메시지를 직관적으로 강조하는 대신, 방탄 창문과 지나치게 과시적인 초고속 칼치기 기능에 집중했다. "나는 테슬라의 팬이다."는 이 트럭으로 사람들이 전할 수 있는 유일한 스토리다.

결과적으로 팬들의 선주문만 많았지, 대중의 지속적인 지지는 끌어내지 못했다. 그리고 재판매 가치는 50% 하락했다.

유효한 최소한의 잠재고객은 매우 중요하지만, 이들에게 서비스가 시장의 더 큰 세그먼트로 성장하는 씨앗이 되어야 비로소 확산을 일으킬 수 있다.

## 218.
### 경쟁 우위

전략에 대한 대부분의 논의는, 경쟁 우위에 대한 이해에서 시작하고 끝난다.

경쟁 우위에 대한 사고는 종종 시장에서 동일한 조건을 가진 소비자들이 비슷한 선택지 중 하나를 합리적으로 선택한다는 잘못된 가정에 기초한다.

만약 시장에 아보카도가 2개 있는데, 그중 하나가 더 잘 익었고 크고 흠집이 적다면 당연히 사람들이 그 아보카도를 선택할 것이다. 그런데 농부가 더 좋은 아보카도를 정기적으로 공급할 수 있는 품종과 공급망을 확보했다면, 시장 점유율을 높일 수 있을 것이다.

비용을 더 들여 단기적으로 경쟁 우위를 확보할 수도 있다. 지속 불가능할 정도로 박리다매하여 마진을 줄이고, 더 열심히 자신을 갈아 넣는 것이다. 하지만 이런 식의 단기적인 경쟁 우위는 지속 가능한 시스템적 변화로 이어지지 않는 한 도움되지 않는다.

장기적인 변화를 위한 투자 방법들이 있다. 예를 들면 디자인이나 생산성 투자, 스토리텔링은 장기적인 경쟁 우위를 확보해 준다.

전통적으로 조직은 시장에서 승리하기 위해 다음과 같은 핵심 요소에 집중했다.

* 프로세스 혁신을 통한 품질 신뢰성 제고
* 더 나은 가격
* 지적 재산권
* 지속적인 포지셔닝 우위

* 고객 서비스

* 유통 독점

* 제품 혁신

* 전문화

* 파트너십

아마 이들 요소는 익히 들어봤을 것이다. 더 나은 제품을 만들고, 브랜드 주변에 해자를 구축하며, 더 효율적인 기계와 프로세스에 투자하고, 경쟁을 차단하는 방식으로 파트너십을 맺는다.

이들은 모두 장기적인 경쟁 우위라는 목표를 달성하도록 돕는다. 시스템이 원하는 것을 제공하기 때문이다.

시스템이 원하는 제품에는 공정한 가격을 부과할 수 있다. 네트워크 효과는 대체재의 신뢰성과 유용성을 손상시킨다. 이렇게 구축한 충분한 이윤과 추진력은 시스템이 계속 그것을 원하도록 재투자할 기회를 제공한다. 이렇게 지속 가능한 피드백 루프가 형성되는 것이다.


## 219.
## 메트칼프의 법칙이 당신을 기다리고 있다

신뢰는 신뢰로 이어진다. 영향력은 영향력을 낳는다. 네트워크 효과는 우리 시대의 역동적 현상인데, 많은 사람이 이를 인지하지 못하고 있다.

네트워크의 가치는 더 많은 사람이 참여할수록 기하급수적으로 증가한다. 미국 쓰리콤3com의 창업자이자 전기공학자인 밥 메트칼프Bob Metcalfe는 "네트워크의 가치는 참여자 수의 제곱에 비례한다."고 말했다.

사람들은 당신을 돕기 위해 당신의 네트워크에 참여하는 것이 아니다. 그들은 자신에게 이롭기에 그 네트워크에 참여하는 것이다. 네트워크 효과는 "동료를 초대하는 참여자들에게 가치를 제공하는 자산을 창출해야 한다."는 도전 과제를 시스템 설계자들에게 부과한다.

이 역시 운이 공정하게 작용하지 않는 이유에 속한다. 현명한 전략은 네트워크 효과를 위한 조건을 만들고, 그로 인한 기하급수적인 성장은 네트워크를 만든 사람뿐 아니라 네트워크에 참여한 사람들에게도 가치를 안겨준다.

미국의 유명 출판 편집자 숀 코인Shawn Coyne은 저자의 역할은 처음 1만 부를 파는 것이고, 이후의 판매는 책의 역할이라고 설명했다.

여기서 '책'은 우리가 창조하는 작업물, 즉 네트워크에 속한 사람들이 다른 사람들을 네트워크에 불러오는 데 이용하는 인공물이다. 그들이 그 작업물을 좋아해서가 아니라, 그것의 공유가 자신의 목표를 달성하는 데 도움되기 때문에 그와 같이 행동한다.

수단이 꼭 책일 필요는 없다. 온라인 커뮤니티나 피자 가게일 수도 있다. 지속 가능한 미래를 위한 사회 운동일 수도, 피아니스트가 만석되길 바라는 재즈 클럽의 공연일 수도 있다.

네트워크 효과는 모든 문화적 변화나 비즈니스 프로젝트를 뒷받침하는 원동력이다.

시스템이 만들어질 때, 그 의도는 대개 좋은 것이다. 포장 식품을 개발한 사람은 비만과 당뇨병, 심장마비를 증가시키려는 의도는 없었다. 하지만 보다시피 종종 부작용이 발생한다.

부작용도 단지 하나의 효과일 뿐이다. 부작용을 받아들일 수 없다면 시스템도 받아들일 수 없는 것이다. 전략은 부작용을 무시할 수 없다.

## 220.

# 첫 번째 규칙

네트워크 효과는 팩스 업계, 영화 '파이트 클럽Fight Club', '익명의 알코올중독자 갱생회'에서만 작동하는 것이 아니다. 네트워크 효과는 그것을 누릴 자격이 있는 모든 시스템에 힘을 실어준다.

이것은 열심히 노력하고, 성과 지표를 잘 받으려고 경쟁한다고 해서 성취할 수 있는 게 아니다. 사람들에게 네트워크에 참여하라고 강력히 요청한다고 해서 네트워크 효과가 발생하지는 않는다. 네트워크가 매력적이고 끈끈하며 지속적이어야 인기를 얻을 수 있다. 이런 생각을 하게 만들자. '내 친구들이 참여하면 내게 더 이로울까?'

네트워크는 참여하기로 선택한 사람들을 위해 가치를 창출하며, 그 가치의 일부는 시스템을 전파하는 사람들이 얻는 지위와 소속감의 상승에서 비롯된다.

사람들은 자신에게 이로운 경우에만 다른 사람을 네트워크에 초대한다.

네트워크 효과가 처음부터 참여자들에게 실질적인 이점으로 작용하지 않는다면, 네트워크를 구축하는 것은 거의 불가능하다.

## 221.

# 행동 vs. 욕구

행동은 원하는 바와 일치하지 않을 수 있다.

우리 모두 나쁜 습관을 갖고 있다. 커뮤니티나 동료의 압력 없이도 습관은 증폭된다. 모든 조직에는 나쁜 관행이 생긴다. 모든 시스템은 처음에 정해진 원칙과 목표에 부합하지 않는 행동을 하는 사람들로 채워진다.

미국의 선거 시스템이 베트남 전쟁을 원했을까? 알루미늄 야구 배트 제조업체는 리틀 리그 선수들이 자사 제품으로 인해 다치거나 사망하기를 바랐을까? 펩시 마케팅팀은 진정 사람들을 당뇨병에 걸리게 하려고 이에 최적화된 마케팅 전략을 세웠을까?

아마 아닐 것이다.

사람들이 원하던 것을 더 효과적으로 얻을 수 있도록 도울 때, 우리는 시스템을 전환할 수 있다.

우리는 그들이 원하는 것이 잘못되었다고 설득하려 해서는 안된다. 그것은 어려운 일이며, 그것을 실현할 충분한 영향력을 갖추기도 쉽지 않다.

사람들이 늘 원하던 것을 추구하면서도 유익한 행위를 선택할 여건을 조성해야 한다.

사람들이 원하는 것은 지위와 소속감이다. 기쁨, 명예, 성취감의 적절한 조합이다. 안전한 자리에서 자신의 역량을 발휘할 동력이다.


## 222.
## 시스템 교체는 유혹적이다

하지만 가능성은 낮다. 혁명은 트라우마를 유발한다. 물론 시스템을 갑작스럽게 바꾸는 일이 불가능하지는 않다. 러시아의 경제 구조가 소련으로 급변한 사례도 있고, 실패한 공립학교 시스템으로 인해 모든 지표와 행동방식이 긴급히 교체된 사례도 있다.

하지만 권장할 일은 아니다.

문화는 언제나 전술을 이긴다. 문화는 시스템에서 가장 회복탄력적인 구성 요소다.

우리는 종종 '수술' 대신 '유도'를 선택할 기회를 얻는다. 시스템의 목표와 추진력을 수용해서 더 나은 방향으로 이끌어갈 수 있다는 뜻이다.

시스템 자체를 바꾸는 것보다는 시스템이 만들어내는 결과물을 바꾸는 것이 더 일반적인 방식이다.

## 223.

## 혁명은 드물다

변화는 거의 항상 전환을 수반한다. 변화의 동인은 시스템의 노드들이 원하는 것을 바꾸는 것이 아니라, 원하는 것을 얻는 방식을 바꾼다.

영국의 지배적인 다이아몬드 브랜드 드비어스De Beers는 가부장제를 문제 삼거나 부유층이 결혼식을 지위와 소속의 상징으로 삼는 방식을 바꾸지 않았다. 대신 다이아몬드와 유명인사, 자부심, 영속성, 지위에 관한 스토리를 만들어내며 시스템을 전환했다.

사실 다이아몬드 자체를 원하는 사람은 없다. 그들은 다이아몬드를 통해 전할 수 있는 스토리를 원한다.

대기업 직원들도 실제로 건전한 경쟁 생태계를 파괴하고 싶은 것은 아니다. 그들이 원하는 것은 안정성과 지위, 그리고 상사를 기쁘게 하는 것이다. 환경오염도 그저 부산물일 뿐이다.

욕구를 달성하는 다른 방법에 관한 이야기를 제시하면 그들의 행동방식을 바꿀 수도 있다.

혁명을 통해서가 아니라 전략과 스토리를 통해서 말이다.

자동차 회사들은 안전벨트와 싸웠다. 에어백 의무화에도 저항했다. 조향축을 보다 안전하게 만들라는 요구도 거부했다.

물론 자동차 업계가 끔찍한 충돌 사고로 사람들이 죽기를 원했기 때문은 아니다. 그런 일이 발생하면 고객을 잃으니까. 그들이 원했던 것은 지위와 안정성 그리고 수익이었다.

결국 안전성을 요구하는 소비자 공동체의 조직된 행동에 직면하면서, 그들은 안정성 확보에 맞서 싸우는 대신 그에 동참했다. 이로써 더 큰 안정성과 더 큰 수익을 얻을 수 있다는 사실을 깨닫게 되었다.

## 224.
## 경기는 즐기는 아이들의 것이다

스포츠 전문가 사이먼 할링Simon Harling은 일의 우선순위에 주의를 기울이라고 말한다. 시스템에 내재된 암묵적인 우선순위는 우리가 시스템에 접근하는 방식과 시스템에서 수행하는 작업에 영향을 미치기 때문이다.

할링이 제시한 아동 스포츠에 대한 청사진은 기존과는 다른 종류의 시스템에 대한 비전을 담고 있다.

* 경쟁보다 성장 과정이 중요하다.
* 누가 이기든 상관없다.
* 아이들이 서로를 위해 경쟁하는 것이 중요하다.

* 단지 더 잘한다고 해서 더 많은 출전 시간을 보장받아서는 안 된다.
* 모든 아이에게 동일한 출전 시간을 보장해야 한다.
* 최고의 선수가 주력이 아닌 포지션에서 뛰어도 상관없다.
* 모든 선수가 모든 포지션에서 뛰어보는 것이 중요하다.

이러한 계율을 바탕으로 만들어진 축구 리그는 거의 없다. 학부모 대부분은 다른 우선순위를 가지고 있기 때문이다.

아이에게 축구를 시키는 일반적인 학부모들은 팀이 승리해야 더 많은 재미와 지위, 흥분을 얻을 수 있다고 생각한다. 승리를 위해서는 기술의 서열을 정하고, 실력이 부족한 선수를 잘라내며, 단기적으로 아이들에게 부담되더라도 승리로 이어질 우위를 찾아야 한다고 여긴다.

이런 부모들은 아이들이 실력 부족으로 놀림받는 것을 두려워하고 이기기 위해 수단과 방법을 가리지 않는 환경을 조성한다. 이들은 마치 트로피가 희소한 보물인 양 행동하고, 지위를 쉽게 측정할 수 있는 지표를 추구한다.

그들은 나쁜 부모나 코치가 아니다. 단지 다른 시스템에 속해 있을 뿐이다.

기존 시스템은 회복탄력적이다. 거뜬하게 승리에 대한 개념을 고취하고, 승점과 자부심, 트로피를 통해 아이와 부모에게 동기를 부여한다. 우승한 팀의 지위를 통해 손쉽게 커뮤니티 전반을 흥분시킨다.

새로운 종류의 리그에 대한 청사진을 구축할 때 가장 중요한 선택은 기존 시스템에서 벗어나는 것이다. 누군가의 관점을 바꾸는 일은 매우 어렵지만, 우리가 가고자 하는 방향에 공감하는 사람들을 찾는 일은 비교적 수월하다.

기존과 다른 리그인 할링의 리그가 소수의 아이와 부모에게 혜택을 제공하기 시작하면 입소문이 퍼질 것이다. 얼리 어답터가 된 가족에게는 이전과 다른 종류의 지위와 소속감이 부여될 것이고, 그 가족은 다른 가족을 초대하게 될 것이다.

다른 것을 원하게 만드는 것보다, 원하는 것을 찾도록 돕는 일이 훨씬 더 쉽다.


## 225.
## 보이지 않는 2가지 욕구

우리는 절대 혼자 존재할 수 없다. 문화, 환경, 기술 시스템이 만들어내는 힘에 둘러싸여 있으며, 이러한 시스템은 변화를 실현하는 우리의 능력에 지대한 영향을 미친다.

고전 경제학에서는 인간이 합리적인 의사결정자라고 주장한다. 더 저렴하거나 더 기능이 향상된 무언가가 나오면 그것을 받아들이고, 시간이나 자원을 활용해 목표를 달성할 수 있다면 그렇게 한다는 것이다.

하지만 실제로는 경제학자들이 말한 대로 이루어지는 경우가 거의 없다. 우리가 바라는 방식으로 시장이나 공동체가 변화하는 경우도 거의 없다. 우리의 예상보다 강력한, 보이지 않는 욕구가 작용하기 때문이다.

이 2가지 보이지 않는 욕구에는 다음과 같은 이름을 붙일 수 있다. '사회적 유착'과 '대체에 대한 저항'.

사회적 유착은 곧 문화다. "이게 우리 방식이야."라고 하는 것 말이다. 이는 쉽게 얻을 수 있는, 단기적인 이익만 추구하지 않도록 추동하는 보이지 않는 규칙이다. 우리는 이 흐름을 거스를 때 모호하든 확실하든 불안을 느낀다.

대체에 대한 저항은 우리가 참여하는 모든 시장의 핵심에 존재한다. 왜 이것은 되는데, 저것은 안 될까? 가격경쟁과 편의경쟁을 방해하는 것은 무엇인가? 왜 시장은 합리적으로 움직이지 않는가?

갈아탈 수 있는데 왜 고수하는 것일까?

사회적 유착과 대체에 대한 저항은 종종 각기 상반된 목적으로 작용하여 변화와 현상 유지 사이를 오가는 불안정한 균형을 창출한다.

"남들도 다 하는데."와 "내가 먼저 하고 싶진 않아."가 부딪히는 것이다.

이 2가지 욕구를 인식하면 직장이나 커뮤니티의 시스템을 파악하고 다루기가 더 쉬워진다.

비슷한 강의를 온라인에서 무료로 들을 수 있는데, 왜 하버드 같은 400년 된 교육기관을 못 들어가서 안달인 걸까? 우리는 유명 브랜드 보드카가 일반 보드카와 같은 공장에서 만들어진다는 것을 알면서도 기꺼이 추가 비용을 지불한다. 오늘날 이 회사에 지원했다면 절대 채용되지 않았을 옆방의 저 머저리는 어째서 여전히 안정적으로 일하고 있는 것일까?

650달러짜리 프라다 야구 모자에 대해 생각해보자. 4달러짜리 대체품에 비해 기능적인 이점을 찾아볼 수 없는 모자다. 그런데 왜? 일부 커뮤니티에서는 이 야구 모자를 착용하면 큰 사회적 혜택이 따르고, 그러한 혜택을 원하는 사람들에게는 오히려 합리적인 선택이기 때문이다. 수많은 대체품은 있지만, 이 터무니없는 아이템이 적절한 사람에게 제공하는 지위와 유대, 소속감의 조합을 똑같이 제공할 수 있는 대체품은 없다.

이를 부동산 중개업자와 비교해보라. 미국에서 부동산 중개인이 되는 것은 특별히 어렵지 않다. 수백만 중개인이 활동하는 상황이다. 주택 시장이 뜨거워질 때마다 더 많은 중개인이 시장에 진입하는 까닭에 대체 인력은 넘쳐나고, 중개인당 평균 수입은 그다지 오르지 않는다. 언제든 중개인을 바꿀 수 있다는 인식은 시장의 역동성을 만들었다.

우리는 이처럼 현상 유지를 지원하는 시스템과 대체를 장려하고 새로운 현상을 창출하려는 변화의 동인 사이를 왔다 갔다 한다.

이 2가지 힘 아래에는 시스템을 강력하고 안정적으로 유지하는 몇 가지 증폭 요소, 즉 원동력이 존재한다.

'네트워크 효과'는 대체의 적이다. 사람들은 대중적인 인기가 높은 선택지를 고수하려 한다. 팩스기 표준이 하나뿐인 이유, 프렌드스터보다 링크드인에 더 많은 프로필이 올라오는 이유가 이를 잘 설명한다.

리더의 고착성(대체자에 대한 저항)은 반전시키기 쉽지 않다. 사람들은 선거에서 질 후보에게 자신의 표를 낭비하고 싶어 하지 않기에 여론조사에서 앞서는 후보 편에 서기도 한다. 인기 있는 관광지는 사람들이 많이 찾기 때문에 계속 인기를 유지한다.

이것이 '피드백 루프'의 예다. 피드백 루프는 초기의 리더가 지닌 작은 장점을 더욱 강화한다. 사회적 유대를 위해서는 동료들과 발맞춰야 한다. 초기에 드러난 리더의 신호는 사람들이 그 리더를 선택하도록 부추겨서 그들의 선두 지위를 더욱 공고히 다져준다.

이후 '매몰 비용'이 대체 가능성에 대항하며 현직 리더의 지위를 더욱 고착화한다. 인간은 종종 과거의 결정을 과대평가하고 이를 반복한다. 시스템은 전통을 고수하는 사람들에게 보상을 제공하면서 대체에 대한 회피 성향을 사회적 집단에 형성한다.

'지위 역할'과 '소속감'은 사회적 유착의 핵심 요소로, 문화적 표준을 만드는 데 기여하는 많은 개별적 결정의 원동력이 된다.

지위 역할은 누가 위에 있고 누가 아래에 있는지를 드러내는 척도다. 이와 같은 권력 역학은 우리의 선택에 지대한 영향을 미친다. 타인과 자신을 비교하는 것은 인간 본성이다.

소속감은 우리를 궤도에 머물게 한다. 누가 내 왼쪽에 있고 누가 내 오른쪽에 있는가? 나는 이곳에 적합한가? 이들과 어울리는 사람인가?

새로운 기술과 같은 외부의 힘이 변화의 동인으로 작용할 때 대체의 기회는 발생한다. 이메일, 전기 자동차, 글루텐프리 빵집의 등장은 모든 사람에게 선택의 기회를 제공했다. 과연 당신은 먼저 움직여 득을 볼 자인가, 한 자리에 버티고 앉아 현상을 고집하며 절대 변하지 않기로 마음먹는 자인가?


## 226.
### 더 싼 것에 대하여

때때로 사람들은 더 저렴한 것을 택한다.

더 저렴하다는 것은 덜 비싸거나 덜 복잡하거나 더 편리하다는 것을 의미한다.

사실 사람들은 대체 회피나 사회적 유착 욕구가 없을 때 항상 더 저렴한 선택지를 택할 것이다. 다른 모든 조건이 같다면, 분명 우리는 항상 더 저렴한 선택지를 고려한다.

하지만 모든 것이 동등한 경우는 거의 없다.

상황은 시스템에 영향을 받는다. 사회적 유착과 대체 회피는 거의 모든 곳에서 볼 수 있다.

## 227.
### 부족주의 본능의 강화

인간이 사회적 유착을 갖도록 진화한 것은 우연이 아니다. 낯설고 위험한 세상에 둘러싸여 100명 정도가 무리를 이루며 살았을 때, 집단에 소속되는 것은 생존을 위한 중요한 메커니즘이었다.

여기에 새로운 것을 피하고, 실수를 두려워하며, 시간과 에너지의 낭비를 피하려는, 모든 생물 종의 본능까지 고려해보면, 대체를 꺼리는 심리가 자리 잡는 까닭을 이해할 수 있다. 새로움의 추구는 부와 안전에 익숙해진 뒤에 나타나는 이상한 행동방식이다.

의사결정 능력이 발달하면서 우리는 선택지를 합리적으로 고려하려 애쓰면서도 집단 역학으로 인해 일련의 오류를 범하게 되었다.

권력을 가진(그리고 그 권력을 유지하고 확대하고자 하는) 개인은 우리가 기존의 사회 시스템에 이익이 되는 결정을 내려야 혜택을 본다. 그 결정이 시스템에 속한 특정 개인들에게는 해를 끼치는 경우에도 그렇다.

보통 우리는 문화적으로 새로운 것을 추구하도록 장려되지만, 사실 안전한 것을 고수해야 한다는 사회적·상업적·내부적 압력이 훨씬 강하게 작용한다.

이런 힘의 몇 가지 예는 다음과 같다.

* 손실 회피: 무언가를 얻는 기쁨보다 잃는 고통이 더 크게 느껴진다. 그래서 사람들은 현재 가진 것을 지키기가 더 쉽다고 여긴다.

* 확증 편향: 올바른 선택을 했다고 생각해야 기분이 좋다. 집단은 구성원들이 기존의 선택이 적절했다는 외부 신호를 찾도록 장려함으로써 새로운 대안을 찾고자 하는 욕구를 감소시킨다.

* 부족주의: 자신이 속한 부족이나 사회 집단에 대한 강한 충성심(종종 외부인으로 인식되는 사람들에 대한 적대감이나 차별로

이어진다)은 집단 내 사회적 유착을 강화하는 동시에 새로운 아이디어나 관행이 집단 경계를 넘어 확산되지 못하게 만들 수 있다.

하지만 무엇보다도 지난 세기 동안 우리는 사회적 유착과 대체 회피에 대한 우리의 본능을 문화 속에 군건하게 구축했다.

페이스북의 암묵적 모토는 "사람들이 뒤에서 당신에 대해 이야기하고 있는데, 듣고 싶지 않나요?"이다.

미디어는 우리에게 새로 발생하는 사건(심지어 이를 '속보'라고 칭한다)에 대해 끊임없이 경각심을 갖도록 부추긴다.

기존의 지위 시스템은 쉽게 측정할 수 있는 대리 지표들로 사람을 평가하고, 그런 지표를 놓치지 않으려 애쓴다. 예를 들어 〈포브스〉 400대 부자 명단이나 오스카상을 확인하고픈 욕구, 또는 내 결혼식은 친구들의 결혼식과 수준이 같아야 한다(하지만 조금 더 멋져야 한다)는 욕망 등이 여기에 해당한다.

이러한 시스템의 토대가 만들어지면, 사람들은 이를 중심으로 시장을 구축하여 그것이 계속 유지되도록 만든다.

## 228.
# 하향 경쟁과 대체재

대체재는 효율적이다. 대체재는 우리에게 선택지를 제공하고, 공급업체의 권력을 약화시키며, 시스템에 회복탄력성을 부여한다.

그러나 개별 창작자나 근로자 또는 생산자는 내 생산품이 대체 가능하다는, 혹은 대체재가 될 수 있다는 생각을 몰아내야 이득을 얻는다. 대체재가 되면 높은 가치를 매길 수 없기 때문이다. "대체 가능성을 받아들이지 않는다."는 것은 "고객님은 아무나 선택할 수 있습니다. 저도 그중 하나입니다."의 반대말이다. 유용한 전략은 하향 경쟁을 피하는 것이다.

우리는 대체 가능한 존재가 되라는 엄청난 압박을 받는다. 예컨대 스펙을 충족하고, 입찰 제안 요청서에 답하고, 기존 시스템에 적합한 존재가 되라는 등의 압박이다. 마케팅과 같은 전략은 이러한 함정을 피하기 위해 고안된 것이다.

브랜드는 로고가 아니다. 저렴한 가격은 대부분 조직에서 지속 가능한 포지션이 아니다. 브랜드가 하는 약속은 소비자가 브랜드에 추가적인 시간과 비용을 지불하고자 할 때 가치가 생긴다.

재구매를 유도하기 위해 가격을 인하하면 고객은 충성하지 않을 것이다. 가격에 따라 대체될 제품이라면 딱히 브랜드라 할 수 없다.

시스템이 갈구하지 않는 것을 만들면, 시장에서 방어막은 사라지고 단지 가격이나 편의성만으로 경쟁하게 된다.

시스템이 단순한 기성품을 갈구할 정도로 충분한 힘을 갖추면, 효율성과 회복탄력성이 창출된다. 예를 들어 모든 종이가 다 거기서 거기라는 인식이 생기면 사람들은 가격만을 기준으로 종이를 선택하게 된다. 그러면 고맙게도 종이 가격은 수직 하강한다.

반면에 학생이 MIT 학위와 온라인에서 무료로 동일한 수준의 강의를 수강할 때의 혜택을 비교한다고 해보자. 진정한 가치 차별화는 시스템이 중요하게 여기는 것, 즉 학습이 아닌 학위에서 비롯된다.

당신이 제공하는 것에는 시스템이 수용하고 인정하는 대체재가 있는가?

정직한 답변은 "그렇다"이다. 그러니 우리의 중요한 과제는 대체재는 눈에 들어오지도 않을 정도록 강력한 제품, 경험, 스토리를 창조하는 것이다.

## 229.

# 보이지 않는 손 찾기

살펴볼 가치가 있는 시스템에는 보이지 않는 요소가 존재한다.

태양계에는 중력이 있다. 중력은 멀리서도 작용하며 눈에 보이지 않는다.

시장 경제는 조정자 없이 활동을 조율한다. 문제가 발생하면 조직들이 해결하기 위해 나선다. 상인들이 서로 근처에 상점을 열면 가격이 안정되고 공급망이 구축된다. 연필을 만들고, 팔고, 사는 사람들은 서로의 행동을 직접 조율하지 않지만, 보이지 않는 손이 필요한 사람에게 필요한 연필이 전달되게 한다.

프로젝트를 세상에 내놓을 때는 그것을 진전시키거나 방해하는 시스템을 이해해야 한다.

다음은 조사할 가치가 있는 사항이다.

* 시스템의 변화로 인해 누가 지위를 얻거나 잃게 되는가?

* 이 시스템에는 구성원들이 원활하게 소통하고 연결될 요소가 내재되어 있는가?

* 대체에 반하는 힘은 무엇인가?

* 일을 저지하거나 진전시킬 권한과 인센티브를 가진 노드가 있는가? 그리고 그 반대 방향으로 권한을 행사할 다른 노드

가 있는가?

* 현재가 아닌 과거에 근거한, 미신처럼 보이는 행동방식이 있는가?

* 신호를 증폭하거나 감소시키는 피드백 루프는 어디에 있는가?

흥미로울 만큼 복잡한 대부분의 시스템은 모종의 긴장으로 유지된다. 개별 노드는 서로 다른 결과를 원하지만, 누구도 그것을 강요하기에 충분한 힘을 보유하지 못한다. 결과적으로 시스템은 보이지 않는 손이 작용하여 한쪽 끝과 다른 쪽 끝을 오가며 균형을 찾는다.

## 230.
## 긴장으로 유지되는 시스템의 예

미술계에는 화가, 수집가, 투자자, 갤러리스트, 위조자, 경매장, 전시회, 박물관 큐레이터, 문화 미디어, 장인, 기생자, 사기꾼 등이 나름의 역할을 한다. 이들은 서로 다른, 때로는 상충하는 아젠다를 보유한다. 일부는 현상 유지를 위해 싸우고, 일부는 변화를 추구한다.

산업화된 의료 시스템에서는 의사, 간호사, 환자, 가족, 변호사,

병원과 그 투자자, 제약회사와 그 투자자, 학술지, 의과대학, 보험회사, 정부 기관, 요양원, 호스피스 종사자, 사회 평론가 등이 나름의 역할을 한다.

또 다른 예로 학교 시스템에서는 학부모, 교육위원회, 교사, 교육감, 평의회, 학생, 취업 센터, 채용 회사, 자격인증 위원회, 교과서 출판사, 교원 노조, 교장, 은행 등이 나름의 역할을 한다.

각각은 상충하는 아젠다를 가진 하위 집단들이 있으며, 심지어 하위 집단 내에도 긴장이 존재한다.

하지만 현 상황을 대체할 수 있는 어떤 것에도 합의하지 못하기에, 대부분 플레이어가 현상 유지에 만족한다. 합의할 수 있었다면 이미 변화는 이뤄졌을 것이다.

이 같은 이유 외에도 시스템 전체가 긴장 상태에 놓일 이유는 많다. 기술이 변화하거나 공공 정책이 바뀌면 시스템은 균형을 찾고 현상을 유지하기 위해 분주하게 움직인다.

하지만 결국 시스템이 스트레스에 굴복할 때 시스템은 가장 뚜렷이 드러난다.

## 231.

## 어떤 모자를 쓸 것인가?

일에 페르소나를 부여할 수 있다고 생각해보자. 상황에 맞춰 각기 다른 모자를 쓰면 페르소나가 바뀌는 식이다. 그러면 우리가 얼마나 자주 특정한 모자를 쓴 채로 다른 모자에서 기대되는 결과를 바라는지 알 수 있다.

적극적으로 모자를 선택했든 아니든, 우리는 모자를 쓰고 있다. 때로는 2개 이상의 모자를 쓰기도 하는데, 이는 결코 바람직하지 않다.

### 반란군

이 프로젝트는 실제로 시스템이 주목하기에 충분한 속도와 방향, 힘을 갖는다. 기존 질서는 반격하고 때로는 성공하여 살아남는다. 로큰롤 장르를 개척한 두 사람, 척 베리Chuck Berry와 엘비스 프레슬리는 성공한 반란군이었지만, 금융 시스템의 도덕적 태만에 맞선 월가 점거 운동은 실패한 반란군이었다.

### 변화의 동인

생산 기술이나 커뮤니케이션 기술이 근본적으로 바뀌면 기존 시스템은 처음에는 별일 아닌 척 무시하다가 이후 맞서 싸우고 결국 무너지거나 변화한다. 팟캐스트가 기존 라디오 토크쇼에 미친 영향이나 기후 변화로 우리 삶의 모든 요소에 발생한 끊임없는 변화 등을 예로 들 수 있다.

### 구두 수선공

이 사람은 기존 시스템에서 중요한 업무를 수행하지만, 정당한 보수를 받지 못하면서도 열심히 일에 매진한다. 대부분 프리랜서가 이 범주에 속한다.

### 신앙의 수호자

신념을 지키는 사람을 말한다. '신앙의 수호자Fidei Defensor'는 잉글랜드의 왕 헨리 8세가 처음 만든 말로, 여기서 '신앙'은 종교적인 것만이 아니라 도전받거나 의문이 제기되는 전통적인 가치나 관습, 시스템 등을 두루 아우른다. 비건 치즈에 반대하는 치즈 카르텔이나 요즘 라디오에서 나오는 음악을 비웃는 음악 평론가 등이 이에 해당한다.

### 혁신가

기술과 통찰력은 시스템을 변화시키는 가장 일반적이고 강력한 방법이다. 혁신은 기회와 위협을 창출하고, 그 주변에 조성되는 긴장은 시스템 내 기존 플레이어들의 반응이나 대응을 이끌어낸다. 클로드와 같은 AI 대형언어모델LLM이 최근의 예다. 이 혁신가들의 작업은 변화의 동인이 될 수 있지만, 지금은 단순히 흥미로운 문제를 해결하는 데 집중되고 있다.

교육자

정보는 사실 호우나 운석처럼 측정할 수 있는 자연적 힘이다. 정보가 공유되고 확산하면 시스템은 변화한다.

유지 관리자와 최적화 담당자

조직 내에서 일하는 사람들은 종종 이 2가지 역할 중 하나를 수행한다. 유지 관리자는 해야 할 일을 수행한다. 우리는 어릴 때부터 이러한 자세를 갖도록 세뇌 교육을 받았다. 개인뿐만 아니라 산업 전체에도 우리가 의존하는 시스템을 유지 관리하는 책임이 맡겨지기도 한다.

최적화 담당자는 시스템 내에서 이미 합의된 목표에 맞춰 프로세스와 산출물을 개선하는 일을 한다. 조금 더 빠른 제트기, 조금 더 효율적인 컵케이크 토핑 기계, 조금 더 나은 포스기를 제공하면, 시스템이 원하는 목표에 더 빨리 도달하는 데 도움이 된다.

## 232.
## 일기예보는 예측이다

미래에 우리가 어떤 상황을 마주하게 될지 이해하는 것은 여러 가지로 도움이 된다. 하지만 우리는 예측을 이해하는 데 끔찍할 정도로 서툴다.

일기예보에서 결혼식 당일인 토요일에 맑을 확률이 80%라고 하면 비가 오지 않는다는 뜻일까?

맑을 확률 80%라는 예측을 파악하는 한 가지 방법은 이를 태양을 바라는 8명과 비를 바라는 2명 사이의 줄다리기로 이해하는 것이다. 그렇게 보면 당연히 태양 쪽이 이길 것이다.

하지만 실제로는 그렇지 않다.

이는 또한 그 토요일 하루의 20%에 해당하는 시간 동안 비가 올 확률이 100%라는 의미도 아니다.

기상학자들이 제대로 일했다면, 이는 이 지역에서 그런 토요일 100번 가운데 20번은 비가 내릴 가능성이 높다는 뜻이다.

여기 카드 5장이 들어 있는 덱이 있다고 치자. 그중 1장은 에이스 카드고 나머지 4장은 조커 카드다. 무작위로 카드를 골라 보라. 에이스가 나오면 비가 온다는 뜻이다.

어떤 사람들은 이것을 '확률'이라고 부르는데, 이는 간단한 아이디어를 숨기는 표현 방식일 뿐이다.

확률은 결국 덱이 어떻게 구성되어 있는지에 대한 보고서에 불과하다.

미래에 무엇을 기대할 수 있는지 힌트를 얻으면 미래를 선택하는 데 도움이 된다.

## 233.
## 잘 안 될 수도 있다

미래는 알 수 없기 때문이다. 우리가 진행하는 어떤 프로젝트든, 시도하는 어떤 변화든 성공하지 못할 수도 있다.

리스크를 감수하고 있다는 사실을 받아들이지 않으면 전략을 세울 수 없다.

확실한 보장이 필요하다면, 세상이 가만히 멈춰 있다는 불가능한 전제부터 세워야 한다. 전략은 그런 전제가 아니라, 우리에게 시간, 돈, 자산을 어떻게 투자할지 판단할 현명함을 요구한다.

전략을 잘 세우기 위해 우리는 종종 리스크를 수량화하려고 노력한다. 그만큼 전략 수립은 우리의 접근방식에 미지의 요소를 반영하는 어려운 작업이다.

카드가 쌓여 있는 덱을 떠올려보라.

우리가 잠재적인 신규 고객, 즉 새로운 제품이나 서비스를 수용할 가능성이 있는 시스템의 한 노드에게 프레젠테이션을 하고 있다고 가정해보자.

덱에는 몇 장의 에이스 카드가 있을까? 경험칙을 따져봤을 때, 프레젠테이션이 성공적이라는 가정하에, 거래를 트거나 다음 미팅이 성사될 확률이 얼마나 될까?

여태껏 비용은 얼마나 들었는가? 우리는 어떤 리스크를 감수하고 있는가?

그리고 남는 것은 시스템 차원의 질문이다. 거래가 성사되면, 다음 거래는 더 수월해지는가? 오늘의 성공은 일에 추진력을 만드는가, 아니면 같은 단계를 맴도는 폐쇄적 루프를 만드는가?

카드를 시각화하면 어떤 순간, 어떤 노드, 어떤 변경사항, 어떤 시스템에 집중해야 할지 더 현명하게 선택할 수 있다.


## 234.
## 코뿔소 이야기로 돌아가서

1515년 독일의 르네상스 화가 알브레히트 뒤러가 코뿔소 목판화를 만들었을 때, 뒤러는 코뿔소를 직접 본 적도 없고, 누군가가 직접 보고 그린 믿을 만한 그림을 접한 적도 없었다(물론 당시에는 카메라도 없었다). 대신 그는 자신이 들은 코뿔소의 특징적인 요소들을 조합하여 나름의 확신을 가지고, 코뿔소에 대한 가상의 모방 작품을 만들어냈다.

그의 목판으로 수많은 판화가 제작되었고, 수 세기 동안 그것이 코뿔소에 대한 유럽인의 결정적인 이미지가 되었다.

'미래'는 앞으로 우리가 겪을 상황에 대한 보고서다. 우리 중 누구도 아직 미래를 보지 못했지만, 그에 대해 나름의 주장을 펼칠 수는 있다.

물론 아무리 공들여 그렸다고 해도 내일은 그 그림을 버려야 할지도 모른다. 그럼에도 미래를 그리면서 프로젝트의 맥락과 구조를 파악할 수 있다는 점에서 의미가 있다.

## 235.
### 누가 주사위를 던지나?

실험 심리학자 애덤 매스트로야니Adam Mastroianni는 과학 시대 이전의 인류 역사를 제우스(또는 그의 딸 디케)가 무작위적인 사건을 통제한다고 믿었던 시대로 묘사한다. 사람들이 주사위를 굴리면, 제우스가 그 결과를 통제한다는 것이었다. 뱀이 사람을 물면, 그것은 신의 응징이었다. 결혼식 날 비가 오면, 그것은 신의 계시였다.

'확률', '이중맹검 의학 연구', '과학적 방법' 등은 우리 역사에 등장한 지 불과 몇백 년밖에 되지 않았다. 이들은 모두 시스템에는 예측 가능한 결과의 범위가 있으며, 무작위적인 사건은 보이지 않는 강력한 힘이 조정하는 것이 아니라, 실제로 무작위적이라는, 관찰된 사실에 기반한다.

북극에서는 신의 뜻에 따른 뱀 물림 사고가 거의 없다. 제우스가 그곳 사람들이 비교적 도덕적으로 우월하다고 믿어서가 아니다. 북극에는 뱀이 많지 않기 때문이다.

누구도 주사위를 통제할 수 없지만, 우리가 현명하다면 원하는 것을 얻을 가능성이 높은 주사위 세트를 선택할 수 있다. 주의 깊게 살피면 불공정한 주사위나 조작된 카드 덱을 찾을 수 있다.

## 236.
### 공항에서 누가 당신을 기다리고 있을까?

미래를 예측할 수는 없지만, 무엇을 기대할지는 충분히 가늠해볼 수 있다. 회의에 참석하기 위해 새로운 도시로 비행기를 타고 간다고 상상하면 이해하기 쉬울 것이다.

누군가가 공항 게이트로 마중 나와 당신을 행사장까지 안내하리라는 말을 들은 상태다. 당신을 맞이하는 (사람이 선발될) 팀에는 20명의 직원이 있고 그중 2명은 키가 매우 크다.

일이 어떻게 전개될지, 즉 당신이 공항에 도착하면 어떤 상황을 기대할 수 있을지 시각화해보자.

공항에 마중 나오는 사람은 무작위로 배정될 가능성이 크고, 열에 한 번은 키 큰 사람이 게이트에서 기다리고 있을 것이다.

이러한 확률적 분석은 당신이나 당신의 역량 또는 안내자나 그들의 접근방식에 대해서는 아무것도 말해주지 않는다. 오직 당신이 무엇을 겪게 될지에 대한 예상만 제공할 뿐이다.

## 237.
## 통계와 여론조사에 대한 이해

누군가 키가 크지 않은 사람이 당신에게 인사할 가능성이 90%라고 말한다면, 이는 확률을 제시하는 것이다. 키 큰 사람이 나타난다고 해서 그 확률이 틀린 것은 아니다. 그것은 단지 무작위 후보 그룹에 몇 명이 있고, 그중 키 큰 사람과 그렇지 않은 사람이 각각 몇 명인지에 대한 설명일 뿐이다.

우리는 여론조사나 확률에 대해 들으면 해당 수치를 그저 '확실한 상황'이나 '불가능한 상황'으로 받아들이고 싶은 유혹에 빠진다. 카드 덱에서 카드 1장을 뽑을 때 에이스가 나오지 않을 확률은 92%를 상회한다. 하지만 에이스가 나온다고 해서 놀랄 필요는 없다. 무언가는 나올 수밖에 없고, 에이스가 아닌 12개의 값 중 특정 값이 나올 확률 역시 52분의 4로 똑같기 때문이다.

주사위는 구르고 카드는 섞인다. 무작위 사건은 항상 일어난다.

스탠퍼드 대학에 학부생으로 입학할 확률은 5%가 채 되지 않는다(합격률이 20대 1도 되지 않는다는 뜻이다). 만약 당신이 합격했다면, 그것은 확률이 틀렸음을 증명했다거나 확률을 이겼다는 의미가 아니다. 누군가는 합격시켜야 하는데, 그 대상이 당신이었을 뿐이다.

전략 수립은 확률을 검토하고, 가능성이 높은 결과를 계획에 반영하는 어려운 작업을 수반한다. 우리가 통제할 수 없는 상황일지라도, 여전히 카드의 장수를 세어볼 수는 있다.

## 238.
## 모범 사례와 현상 유지

세상이 멈춰 있다면, 정밀한 지침서는 유용한 도구가 된다. 일반적으로 엔지니어는 A 학점을 받고 싶은 학생처럼 모범 사례(해답지)에 의존한다.

"이렇게 하면 그것을 얻을 수 있다."

지난 1만 년 동안 인류는 바로 이렇게 움직였다.

우리는 이미 그 방법을 터득한 다른 사람들로부터 사냥하고, 농사짓고, 고기 잡는 법을 배웠다. 그리고 조립 라인에서 일하는 법, 자동차를 운전하는 법, 심지어 초상화를 그리는 법도 훈련받았다.

모범 사례는 리스크를 줄여주고, 지배적인 시스템이 잘 관리되도록 돕는다.

모범 사례는 우리가 시스템의 일부가 되어 각자의 몫만큼 기여하며, 변화 없는 세상에서 살아갈 때 효과적으로 작용한다.

모범 사례는 청사진을 보증서로 바꿔준다.

하지만 오늘날에 모범 사례는 예전만큼 유용하지 않다. 그것이 우리에게 안도감을 줄 수는 있지만, '최선'을 보장하지는 못하게 됐다.


## 239.
## 유추와 '거의'의 문제

격변하는 세상에서 우리가 무언가를 변화시키고자 할 때, 모범 사례는 쓸모가 없다. 대안으로 유추라는 방법을 선택할 수 있다.

이렇게 말이다. "이런 상황에, 이런 사례에는, 이러한 접근이 효과가 있다. 이전에 유사한 상황에도 '거의' 그러했다."

하지만 모범 사례에 의존하는 방법을 배우며 자란 신중한 개인은 묻는다. "지금 제가 처한 상황과 똑같은 이전 사례가 있나요?"

물론 그런 건 없다.

'거의'는 모범 사례가 아니라 유추의 수사법이다.

우리는 확실성을 모색하고, 정상으로 돌아가고, 변화가 끝났다는 사실에 환호하고, 정답과 그에 따른 마음의 평화를 추구하도록 세뇌되어왔다.

하지만 유용한 청사진, 즉 효과적인 전략을 찾으려면 유추해야 한다.

또 유추를 이해하려면 그것과 관련이 있는 시스템을 이해해야 한다.

일단 시스템을 파악하면, 우리가 현재 직면하고 있는 상황과 전략이 그리는 미래가 어떻게 같고 다른지 분별할 수 있다.

그리고 시스템을 이해하면, 그 안에서 작업할 수도, 그것을 바꿀 수도 있다.

미래는 앞으로 우리가 겪을 상황에 대한 보고서
다. 우리 중 누구도 아직 미래를 보지 못했지만,
그에 대해 나름의 주장을 펼치는 것은 가능하다.
물론 아무리 공들여 그렸다고 해도 내일은 그 그
림을 버려야 할지도 모른다. 그럼에도 미래를 그
리면서 프로젝트의 맥락과 구조를 파악할 수 있
다는 점에서 의미가 있다.

## 240.

# 치어리더와 코치

지금 누가 당신 곁에 앉았는가? 당신이 조언받고자 하는 사람은 누구인가?

사람들은 대부분 방관자다. 그들은 당신이 처음에 목표로 삼은 청중도 아니며, 당신에게 필요한 조언을 해줄 수 있는 통찰과 분별을 갖춘 신뢰할 수 있는 전문가도 아니다.

여기, 전략을 수립할 때 도움이 되는 2가지 유형의 지지자가 있다.

첫 번째는 우리의 여정에 '열정과 낙관을 불어넣는 사람들'이다. 이들에게는 피드백이나 유용한 비평을 기대하지 않는다. 그들이 여기에 있는 이유는 격려를 제공하기 위해서다. 치어리더의 역할은 응원하는 것이다.

하지만 만약 인생에 이 그룹만 존재한다면, 당신은 망한 것이나 마찬가지다. 당신의 여정은 제한 없는 "예"의 순환에 갇혀 결국 잘못된 방향으로 흘러갈 수 있다. "글쎄"나 "아니오"가 나와야 마땅할 때조차도 "예"만 말하기 때문이다.

성공적인 변화 창출자들이 의지할 수 있는 또 다른 그룹은 '전략을 이해하는 사람들'이다. 이들은 해당 분야의 지식을 보유하고, 어려운 질문을 던질 줄 알며, 기꺼이 (사람이 아니라) 작업에 대해 비판할 줄도 안다.

이들 코치가 반드시 게임에 참여해 성공한 전력이 있어야 하는 것은 아니다. 하지만 해당 분야에서 충분히 많은 게임을 보고 다양한 전략을 지휘한 경험으로 언제, 어떤 플레이를 펼쳐야 하는지 판단할 수 있는 분별력과 전문성은 갖춰야 한다.

코치들이 항상 옳은 것은 아니지만, 그들의 피드백은 흥미로울 수 있다. 이 그룹은 청사진을 개선하는 데 도움되는 도전적인 질문을 종종 던진다.

오늘날 우리는 AI를 훈련해 우리에게 어려운 질문을 던지고 나아갈 길을 찾도록 돕게 만들 수 있다. 다음 단계를 탐색하는 과정에서 누가 우리에게 질문하는지는 중요하지 않다. 질문자가 꼭 사람일 필요는 없다는 뜻이다. 중요한 것은 다음과 같은 질문 자체이기 때문이다.

그래서 다음엔 뭘 할 건데?


## 241.
## 중심으로의 수렴

브랜딩 구루 마티 뉴마이어Marty Neumeier는 많은 브랜드가 시간이 지남에 따라 지루해진다고 지적한다. 시스템과 피드백 루프는 우리를 끊임없이 시스템적 변수가 거의 없는 중심부로 밀어붙인다. 의료기관에서도 100명의 의사가 일관되게 비슷한 방식으로 행동하면 관리하기가 훨씬 수월해진다.

하지만 브랜드가 지루해지지 않으려면 메시지를 옹호하고, 전략을 고수하며, 고객을 기꺼이 우리가 아닌 다른 누군가에게 보내 도움받게 하는 어려운 일을 해야 한다.

'포지셔닝'은 일종의 서비스다. 고객이나 환자 또는 구성원에게 보내는 신호다. "X를 찾고 있다면 우리에게 오면 됩니다. 그런데 많은 사람이 찾고 있는 Y를 원한다면 저기 있는 우리 동료들에게 가면 됩니다."라고 말하는 것이다.

포지셔닝은 경쟁이 아니다. 오히려 그 반대다. 포지셔닝은 경쟁자를 '다른 사람을 위해 다른 일을 하는 동료'로 만들어준다.

하지만 포지셔닝은 또한 전략적 게임에서 구사하는 하나의 수이기도 하다. 나를 '이쪽'에 배치하면, 그것은 곧 지금까지 나와 경쟁하던 사람들을 '저쪽'으로 보내기로 결정했다는 뜻이다.

그중 일부는 이에 대응하는 수를 구사할 것이다. 어떤 사람들은 당신이 가장자리로 이동함에 따라 중앙으로 밀려날 것이다.

당연히 중심부에서 움직이는 조직도 필요하다. 하지만 그곳이 텅텅 비게 될 위험은 전혀 없다. 언제나 북적거리는 곳이기 때문이다. 우리는 가장자리를 공략 대상으로 삼을 때 이익을 얻을 것이고, 고객들 또한 그 혜택을 입을 것이다.

## 242.

## 2×2 포지셔닝 그리드 이해하기

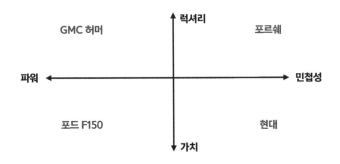

포지셔닝 그리드는 가로축과 세로축이라는 2개의 축으로 구성된다. 이 두 축은 고객이 중요하게 생각하는 요소의 양극단을 나타낸다. 예를 들면 안전 vs. 성능, 고급 vs. 저가, 지속 가능성 vs. 편의성 등이 될 수 있다.

여기서 중요한 사항은 "축의 각 끝에는 '고객'이 원하는 무엇이 있어야 한다."는 점이다. 내가 원하는 것이 아니라 고객이 원하는 것이어야 한다.

'가격이 너무 비싸다.'거나 '디자인이 형편없다.'와 같은 감상 값을 양극단으로 설정해서는 안 된다. 이는 포지셔닝이 아니라 경쟁사 비방에 불과하다.

위의 예시 그리드에서 볼 수 있듯이, 4가지 극단 모두 나름대로 합리적인 사항으로 간주될 수 있어야 올바른 포지셔닝 그리드가 완성되는 것이다. 이 4가지 종류의 차 모두 누군가에게는 적합한 차이지만, 모든 사람에게 적합한 차는 아니다.

페라리나 안드로이드폰, 냄새가 강한 블루치즈를 사는 사람은 바보가 아니다. 그들은 단지 전기 자동차나 아이폰, 캐슈넛 체다치즈를 사는 사람과 다른 선택을 하는 것뿐이다.

포지셔닝의 마법은 해당 선택이 무엇을 의미하는지 정중하게 강조하는 데 있다. 각 축의 극단이 내가 원하는 것은 아닐지 몰라도, 어떤 사람들은 원한다.

경쟁사를 정직하고 정확하게 포지셔닝하면 더는 경쟁 상대가 되지 않는다. 우리는 그들이 팔지 않는 무언가를 팔게 되기 때문이다.


보너스

보통은 경쟁자의 전문 분야에도 비집고 들어가 경쟁 우위를 확보할 틈은 있다. 근거를 갖춰서, 당신의 스카프가 에르메스 스카프보다 더 세련되고 가치 있고 고급스럽다고 알리면 된다. 경쟁자를 평범함의 집합지인 중심부로 이동시키는 것은 강력한 전략이다.

하지만 대부분 경우 이전에 아무도 강조하지 않았던 2가지 축을 찾는 것이 더 결정적인 작업이다. 올바른 조합을 찾으면 2×2

그리드의 사분면 중 하나가 비어 있다는 것을 발견하고, 이를 선점할 수 있다.

잘 알려진 사례로, 볼보는 안전과 신뢰성 사분면의 빈자리를 발견해 차지했고, 음료 브랜드 세븐업7UP은 단순히 무색이라는 점을 강조해 콜라와의 차별화를 이뤄냈다. 세븐업은 자신들이 콜라가 아니라는 사실을 자랑스럽게 여긴다.

그리드의 비어 있는 특정 사분면을 채울 무언가를 만들면, 그 사분면은 당신의 것이 된다.

교수와 학생 사이에 교류는 많지만, 미식축구팀은 없는 작은 대학은 미식축구 명문인 플로리다 주립대나 노트르담 대학과 경쟁할 수 없다. 미국에서 대학 스포츠 리그 경쟁력은 입시생들의 선호도를 크게 상승시킨다. 대신, 학술 교류가 활성화된 대학을 찾는 학생들에게는 최고의 선택지가 될 기회가 있다.

## 243.
### 성공하는 포지셔닝

성공적인 포지셔닝 전략을 찾는 방법 중 하나는 남의 것을 훔치는 것이다. '차용'이 보다 적절한 표현이라 하겠다.

프리미엄 햄버거 체인점 쉐이크쉑은 패스트푸드 업계의 스타벅스다.

홈디포Home Depot는 미국의 가정집 인테리어 용품 기업인데, 세계에서 가장 큰 사무용품 유통 업체 스테이플스Staples는 사무용품 업계의 홈디포다.

사람들이 중요하게 생각하는 것들은 의외로 한정적이다. 주로 고급스러움, 편리함, 저렴한 가격 같은 것을 찾는다. 그런데 우리에게는 그 목록을 창조할 권능이 없다. 우리는 그저 귀를 기울여 사람들이 무엇을 중요하게 생각하는지 알아내기만 하면 된다.

성공적인 포지셔닝은 보편적으로 '더 나은 것'을 대변하기 때문이 아니라 소비자에 공감하기 때문에 효과를 발휘한다.


## 244.
### 중간으로 이동하기(또는 이동하지 않기)

시장이 변하면 포지션도 바뀐다.

티파니Tiffany는 50년이 넘는 기간 동안 고유한 포지션을 구축했다. '친구나 사랑하는 사람에게 메시지를 전하고 싶은 사람들을 위한, 유명하지만 배타적이고 비싸지만 특이하지 않은 주얼리 브랜드'다.

"티파니는 단 하나뿐이다."라는 말은 "고객님은 누구에게나 보석을 살 수 있습니다. 우리도 그중 하나입니다."라는 말과 매우 다르다.

티파니는 매장 위치와 광고, 패키지 디자인에 투자해 이러한 포지션을 끊임없이 강화했다. 이 분야에서는 티파니에 도전할 정도의 자원을 갖춘 경쟁자가 없을 정도였다. 시간이 지나면서 '어떤 업계의 티파니'라 불릴 자격을 얻으면 그 자체로 하나의 장르가 되었다.

1979년, 대중 시장 화장품 회사인 에이본Avon이 약 1억 달러에 티파니를 인수했다. 이후 5년 동안 티파니는 여전히 최고임을 주장하면서 가격을 낮추고 유통망을 넓히는 등 포지션을 바꾸기 위해 노력했다. 하지만 이 전략은 성공하지 못했고, 결국 에이본은 원가에 가까운 가격에 티파니 브랜드를 매각했다.

때로는 중간으로 포지션을 낮추면서도 아무 탈 없이 지위를 유지하는 것이 가능하다.

치리오스Cheerios는 '어디서든 합당한 가격에 구할 수 있고 설탕 함량이 낮아서 어떤 엄마든 추천하는 어린이용 시리얼'이라는 포지션을 보유하고 있다. 건강에 좋고 담백한 맛이 특색이다.

허니넛Honey Nut 치리오스도 현재 미국에서 가장 많이 판매되는 시리얼 브랜드 중 하나다. 사람들이 치리오스랑 허니넛 치리오스가 같다고 생각해도 치리오스는 개의치 않는다. 둘은 분명 다른 제품이다. 허니넛 치리오스는 설탕과 사탕 베이스의 시리

얼로 그릇을 가득 채운다. 그럼에도 중간으로 이동하여 더 많은 사람에게 다가가는 이 전략은 성공을 거두었고, 치리오스는 어떻게든 '건강에 좋은 제품'이라는 명성을 유지할 수 있었다.

쉐이크쉑은 뉴욕에서 특이하게 햄버거 노점으로 출발했다. 20년에 걸쳐 400개 이상의 매장으로 성장한 가운데, 훨씬 더 많은 소비자에게 다가가면서도 저가 햄버거 체인점과 차별화된 포지션을 유지할 수 있었다.

나이키는 고도로 경쟁적인 운동선수들을 위한 기능성 운동화 브랜드에서 집돌이와 집순이들을 위한 벨루어 소재 추리닝 브랜드로 변신했다. 이 전략이 영원히 지속되지는 않겠지만, 기대 이상의 성과를 거두고 있는 것은 분명하다. 여전히 엘리트 운동선수들과 계약을 체결하고, 기술력을 바탕으로 경쟁력을 키우면서도, 저성능의 편안한 제품을 할인가로 원하는 사람들도 고객으로 끌어들이고 있지 않은가.


## 245.
## 경쟁자가 갈 수 없거나 가지 않는 곳으로 가기

많은 경쟁 시장에서 리더들은 여러 포지션을 아우르는, '가능한 한 폭넓은 고객 기반'을 확보하는 방향으로 진화했다. 하지만 그러면 경쟁적인 포지셔닝 위협에 대응하기 힘들어진다.

넷플릭스는 스트리밍 서비스를 선도하며, 자사의 오리지널 프로그램을 한꺼번에 모두 공개하는 방식으로 몰아보기를 장려했다. 다른 TV 네트워크들은 그것이 그들의 비즈니스 모델과 기술 및 문화에 반하는 방식이었기 때문에 그렇게 할 수 없었고, 그렇게 하려고 하지도 않았다. '꼭 봐야 하는 TV 프로'는 희소성과 시간 제약을 기반으로 하는 반면, 스트리밍은 롱테일 전략과 시간 제약의 해소를 토대로 작동한다.

수십억 달러의 매출을 올리고 있는 경영컨설팅 회사 맥킨지앤드컴퍼니는 그동안 값비싼 비용을 감당할 여유가 있는 대규모 조직이라면 가리지 않고 서비스를 제공했다. 그 결과, 사람들을 마약성 진통제인 오피오이드에 중독시키는 전략을 퍼듀 제약 Purdue Pharma에 마련해주는 등 반사회적인 프로젝트에 관여하기도 했다.

이때 BCG Boston Consulting Group나 베인앤드컴퍼니 Bain&Company 같은 경쟁사는 윤리적 고객만 받겠다고 발표할 수도 있다. 그렇게 자사와 손잡으면 모종의 메시지를 내보낼 수 있음을 강조하는 것이다. 많은 고객이 '윤리적으로 깨끗한' 컨설팅 회사와 함께 일함으로써 혜택을 얻게 될 것이다.

방만한 운영으로 거대기업이 파산한 엔론 Enron 사태나 샘 뱅크먼-프리드 Sam Bankman-Fried 사건 이후에도 이와 유사한 기회가 생겼다. 기회를 인식한 회계법인들은 가장 의심스러운 고객들에게 다른 회계법인을 이용하라고 요구하고, 존경할 만한 고객들과만 일하기로 했다는 결정을 홍보했다.

성공적인 경쟁자는 무언가를 상징한다. 그와 상반되는 무언가를 대변하기로 선택하면, 그 경쟁자는 당신을 따라올 수 없다.


## 246.
## '모두'는 무엇을 의미하는가?

새로 생긴 레스토랑의 마케팅 매니저는 상기된 얼굴로 진지하게 일에 집중하고 있었다. 나는 그녀에게 "여긴 누구를 위한 곳인가요?"라고 물었다.

그녀의 열정적인 한마디가 돌아왔다. "모두요."

이는 명백히 사실과 거리가 멀었다. 그 레스토랑은 수백 km 떨어진 곳에서 찾아오는 사람, 엄격한 채식주의자, 외식을 즐기지 않는 사람, 외식할 여유가 없는 사람 들을 위한 곳이 아니었다.

모두를 위한 장소라면 누구를 위한 장소도 될 수 없지 않을까?

운이 좋으면, 한 주에 200명 정도가 이곳을 찾아 식사할 것이다. 그렇다면 그 일주일 동안 이 레스토랑이 대상으로 삼아야 할 손님은 바로 그 사람들이다. 그들이 즐거운 시간을 보낼 수 있는 조건을 만들어야 하고, 이 얼리 어답터들이 다시 친구들까지 데려올 수 있도록 긍정적인 긴장을 조성해야 한다.

그리고 그들의 친구들이 또 다른 사람들을 데려올 수 있도록…….

그런 식의 반복이 몇 번만 갑절로 늘어나면 레스토랑은 매일 저녁 손님으로 가득 찰 것이다. 그렇게 찾아온 손님도 '모두'의 극히 일부에 불과하다.

'모두'는 시간과 시스템, 전략을 이해하지 않으려는 태도와 막연한 기대의 줄임말이다.

'누군가'를 대상으로 삼는 것이 훨씬 더 효과적이다.


## 247.
### 소문내기

누군가가 내게 마케팅에 대한 어려움을 토로할 때, 대화는 거의 항상 이렇게 시작된다. "어떻게 하면 소문을 낼 수 있을까요?"

이 질문에는 다양한 변형이 있다. 저를 그 사람한테 소개해줄 수 있나요? 이 광고를 어디에 게재하면 좋을까요? 시간이 없는 데 누구를 설득하면 될까요? 지름길이 있지 않나요?

그리고 나는 항상 더 많은 질문과 함께 대답한다.

* 이번에 제대로 마케팅할 시간이 없다면, 나중에 언제 다시 시간이 날까요?
* 이 목표가 정말 원하는 것인가요?
* 보유 자산이 지금 착수한 프로젝트를 지속시키기에 충분한 가요?
* 참여하고 있는 시스템의 노드들이 당신의 말에 귀를 기울이거나 행동을 취할 이유는 무엇인가요?
* 노드들은 동료와 친구들에게 뭐라고 말할 것 같은가요?

이 질문들에 답할 수 있는 사람은 마케팅 문제에 쉽게 직면하지 않는다.

## 248.

### 확장과 개선

확장을 쉽게 생각하면, 규모를 추구하는 것이다. 더 많은 직원, 더 많은 수익, 더 많은 링크, 더 많은 언론 보도, 더 많은 팔로워, 더 많은 지위…. 어떤 사람들에게는 이것이 개선을 의미할 수 있다.

하지만 이런 선형적인 성장은 한 측면만 바라보게 만든다.

감정 노동 환경이나 비용적 측면의 개선도 개선이다.

구명 난 배에서 물을 퍼내는 대신 수리하는 일, 시스템에 의미 있는 변화를 가하는 일도 개선이 될 수 있다.

대중의 일시적 인정을 구하는 대신, 소수에게 지속적인 영향을 미치는 일도 개선이 될 수 있다.

당신은 당신의 고객에게 어떤 종류의 개선이 더 중요한지 얘기할 수 있는가?


## 249.
## 반쪽짜리 배는 도움되지 않는다

"시간과 돈을 낭비하지 말라."

반쪽짜리 배는 가라앉기 마련이다. 사실 99%짜리 배도 쓸모가 없다. 30cm의 구멍이 뚫린 30m짜리 요트는 결국 가라앉을 것이다.

자산을 구축하려면 자원이 필요하다. 가장 확실한 2가지 자원은 시간과 돈이다.

시간이 부족해지면 끝장난다.

돈이 부족해지면 끝장난다.

영향력을 발휘하기도 전에 끝장나면, 모든 노력이 물거품이
된다.

프로젝트의 규모는 보유 자산으로 감당할 수 있는 수준을 넘
어서서는 안 된다. 너무 많은 사람을 대상으로 너무 큰 변화를 시
도하면, 충분한 성과를 내지 못하고 모든 것을 잃게 된다.

다시 배로 돌아가보자. 최대 9명까지 태울 수 있는 배에 10명
을 태우면 배가 가라앉을 수 있다. 마지막 한 명만이 아니라 모두
가 위험에 처하는 것이다.

우리가 영향을 미치고자 하는 개개인은 우리가 제공하는 가치
가 너무 적으면 행동을 취하지 않을 것이다. 사람들에게는 선택
권이 있고 기준도 있다. 너무 적은 가치에 사람들은 반응하지 않
는다. 많은 사람에게 가치를 제공하려는 욕심에 너무 적게 나누
어 돌리면, 아무것도 얻지 못한다.

시간이 지나면서 밟게 되는 각 단계에서 프로젝트는 매번 새
롭게 평가된다. 그 과정에서 영향력이나 권위, 힘을 얻지 못하면
표류하게 된다.

경제적 여유를 유지하는 것은 장기적으로도 이점이 크다. 은
행에 있는 돈은 복리로 불어난다. 그런데 부채는 더 급속히 불어
난다. 감당할 수 없는 수준으로 프로젝트를 확장했을 때 시장의
반응을 제시간에 끌어내지 못하면, 재정적으로 단기적인 압박과
악순환에 빠지게 된다.

간단하지만 간과하기 쉬운 다음의 지침을 기억해야 한다. 유효한 최소한의 잠재고객을 확보하라. 그리고 그들이 행동에 나설 환경을 조성하라.

그리고 이를 반복하라.

## 250.
## 초기에 충분히 검토하라

경영인이자 작가인 스티브 맥코넬 Steve McConnell 은 프로젝트 관리에 관한 가장 중요한 교훈을 공유한다. "진로의 변경과 선택지 탐색은 끝날 때보다 시작할 때 해야 비용이 훨씬 덜 든다."

너무나도 당연한 말인데, 우리는 거의 항상 거꾸로 움직인다.

상사가 검토하겠다고 나서거나 커뮤니티 검토위원회가 개입하거나 영업팀과 아이디어를 공유하는 일은 거의 마지막에 다다라서 벌어진다. 그제야 결과가 현실적으로 인식되거나 상황이 절박해지기 때문이다. 또 바쁘고 일이 중요하고 신경 쓸 게 많은 경우에는 다양한 긴급 안건들이 경쟁적으로 달려든다. 처음부터 특정 프로젝트에 주의를 기울이기 어렵다.

프로젝트 관리의 핵심은 규율을 준수하는 것이다. "스토리보드에 날인할 때까지는 코드 한 줄도 작성하지 않겠습니다." 또는

"계획이 승인될 때까지는 벽돌 한 장도 쌓지 않겠습니다."와 같은 식으로 말이다.

이렇게 출범한 프로젝트는 커뮤니티와의 상호작용, 시각의 변화, 시간의 흐름이라는 마술에 힘입어 빠르게 발전한다.

새로운 프로젝트가 시작되면 초기부터 충분히 검토하라. 그리고 이를 반복하라.


# 251.
## 마지막 순간

우리는 매일 여러 종류의 순간을 경험한다.

* 마지막 순간

* 다음 순간

* 최적의 순간

마지막 순간은 현대인의 삶에서 필수처럼 느껴진다. 우리는 수많은 우선순위가 경쟁하는 환경 속에서, 눈앞의 위기에 대처하기 위해 당장 급하지 않은 일은 잠시 미뤄둔다.

물론 그렇게 미룬 일은 시간이 지나면서 급한 일이라는 위기가 되어 다시 우리 앞으로 돌아온다.

결국 우리는 모든 일을 마지막 순간에 처리하며, 위기 속에서 하루를 보낸다.

하지만 그럼에도, 시간은 흘러간다.

우리는 또 다른 마지막 순간을 맞이할 것이다.

물론 그 시간을 얼마든지 급한 일에 써도 좋다. 하지만 한 걸음 물러나 프로젝트를 조망하면서 일의 우선순위를 조정해보는 게 어떨까.

바로 여기서 다음 순간을 실제로 최적의 순간으로 만들 기회가 생긴다. 긴급한 일들을 쳐내는 데 급급한 대신 전략에 따라 자원을 투자하고 분배하고 소비할 기회 말이다.

우리는 시간을 인식하고 관리하는 법을 배워야 한다.

## 252.
## 모든 "예스"는 많은 "노"를 수반한다

기회비용은 현실이다.

시간은 무한하지 않으며, 시간의 희소성은 제약을 만들어낸다.

쇼핑 카트의 공간은 한정되어 있다. 이것을 가지면 저것은 가질 수 없다.

우리가 전략적 선택을 회피하는 이유 중 하나는 다른 모든 가능한 전략을 외면해야 한다는 사실이 불편하기 때문이다.

가보지 않은 길을 아쉬워하느니 차라리 아예 길을 선택하지 않는 편이 낫다고 판단하는 셈이다.

무언가에 "예스"라고 답하려면, 공간을 확보하기 위해 많은 기회비용에 "노"라고 말할 준비를 해야 한다.

많은 사람이 하루에 서너 시간을 SNS에 소비한다. 그 시간을 다른 무언가에 사용했다면 어떻게 되었을까? 트위터 팔로워 수를 늘리는 것이 실제로 변화를 일으키는 가장 유용한 방법일까?

우리가 던져야 할 질문은 "잘되고 있는가?"가 아니라 "무엇이 더 좋은 선택인가?"다.

당신의 시간, 노력, 돈을 다른 어디에 쏟는 게 좋을까?


## 253.

### 소매업체 이해하기

당신 회사의 새 상품이 소매업체에 입고되려면 기존의 다른 상품이 진열대에서 빠져야 한다.

담당자는 뭐라고 상사를 설득할까?

진열 공간은 자산이며, 이는 기회비용이 발생한다는 것을 의미한다. 명확한 지표는 평방 cm당 수익이다.

소매업체에는 진열대에서 더 많은 수익을 창출하고자 하는 무한한 욕구가 있다.

따라서 당신의 상품이 진열대 공간을 확보하려면, 기존 상품과 동일한 판매량에 더 큰 마진을 제공하거나, 평방 cm당 더 많은 판매량을 보장해야 한다.

시스템은 기회비용에 대한 이 같은 인식을 쉽게 바꾸지 않는다. 그러니 우리는 시스템에 맞춰 접근방식을 다듬어야 할 것이다.


## 254.
## 프로젝트에 의도 부여하기

프로젝트는 단순한 업무가 아니다. 모든 프로젝트가 다음과 같은 특성을 갖는다.

* 다른 사람들과 상호 작용한다.
* 시작과 끝이 있다.
* 원하는 결과를 이루고자 한다.
* 제약 조건이 따른다.
* 완벽하게 계획할 수 없다는 사실을 인정한다.

프로젝트에 의도를 담으면, 불필요한 문제를 피할 가능성이 커진다. 그리고 리스크를 줄이기 위해서는 문제의 예방책에 투자해야 한다.

물론 우왕좌왕하다가도 운이 좋아 프로젝트를 성공시킬 수도 있지만, 프로젝트에 의도를 부여할 때 성공 가능성이 훨씬 더 커진다. 그렇게 해야 프로젝트가 만들어내는 과제와 긴장을 명확히 직시하고, 이에 효과적으로 대응할 수 있다. 좋든 싫든 프로젝트에는 해당 조직의 문화가 반영된다. 이곳의 문화는 어떠한가?

서로 터놓고 대화할 수 있는 분위기인가? 그렇다면 우리는 프로젝트를 진행할 것이라고 발표하고, 전략을 설명하며, 이루고자 하는 변화를 명확히 밝히면서 일을 시작할 수 있다.

경영인 사샤 딕터Sasha Dichter는 이렇게 말했다. "관련된 모든 사람에게 당신의 전략을 설명하라." 전술은 변할 수 있지만, 전략은 장기적이다.

그럼으로써 우리는 함께 일해야 할 사람, 확보해야 할 자산, 그리고 프로젝트가 직면할 실제의 또는 가상의 리스크를 파악할 수 있다.

이런 논의가 불편하다면, 그 이유는 무엇인가? 대개 미래를 설계하는 이야기를 꺼리는 문화적 편견이 형성되어 있기 때문일 것이다. 중요한 프로젝트에 대한 대화를 피할수록, 그 프로젝트에 대한 편견은 심화될 뿐이다.

## 255.
## 성공적인 프로젝트

* 정적이지 않다.
* 무언가를 성취한다.
* 시스템을 지원하며 참여자들이 원하는 목표에 도달하도록 돕는다.
* 사람들이 아이디어를 전파할 수 있는 여건을 조성한다.
* 세상이 변해도 번성할 회복탄력적인 구조를 만든다.
* 유용한 입력을 기반으로 진화한다.

프로젝트는 단순한 작업의 집합이 아니다. 프로젝트는 시스템에 참여하는 사람들의 조율된 작업으로, 시작과 끝이 있다. 제약조건이 따르고, 자산이 필요하며, 그리고 무엇보다도 시간의 영향을 받는다.

벽돌을 하나하나 쌓아 올리듯, 하루하루 진척시키는 작업이다.

어떤 프로젝트든 시간의 흐름을 인식해야 작업이 더욱 명확해진다.

대부분 프로젝트에는 많은 사람이 중도에 포기하게 되는 어려운 시기가 찾아온다. 우리의 임무는 그러한 시기를 극복할 수 있는 추진력과 자원, 에너지를 확보하는 것이다. 내일은 프로젝트를 재개할 또 다른 기회다.

시간과 돈을 낭비하지 말라. 지금 어려운 결정을 내려야 내일은 더 쉬운 결정을 내릴 수 있다.

## 256.
### 프로젝트의 3가지 함정

* 커뮤니케이션
* 리스크 관리
* 제약의 혼란

여기서 저기로 가는 길에서 모든 게 예상대로 진행되는 경우는 결코 흔치 않다. 예상치 못한 상황은 불가피하다고 봐야 한다. 혼자서 하는 작업도 예기치 못한 상황에 직면하지만, 사람이 많아지면 프로젝트는 더욱 복잡해진다.

## 257.
### 의도 있는 커뮤니케이션

팀 규모가 커질수록 커뮤니케이션에 더 큰 노력을 기울여야 한다. 이것은 우리의 역할과 목적, 우리가 이루고자 하는 변화,

그리고 우리가 돕고자 하는 사람들을 명확히 하는 것에서 시작된다.

이와 더불어 프로젝트 중심의 정직한 커뮤니케이션이 특별한 노력 없이도 지속해서 이루어질 수 있는 여건을 조성해야 한다. 프로젝트와 관련한 문화가 분명하고 진행 상황과 품질에 대한 대리 지표가 명확할 때, 건물이 세워지고 영화가 제작된다.

잠시 생각해보자. 전문 프로젝트에는 프로젝트 관리자가 있다. 중요한 일을 수행하는 그 누구도 주먹구구식으로 일하거나 단지 잘되기만을 기도하지 않는다. 커뮤니케이션 방식에도 신중하게 의도를 갖고 접근한다.

한 번의 회의로 끝나지 않는다. 정보의 흐름을 형성하고 유지하려는 지속적인 헌신이 필요하다. 세상은 변한다. 우리가 그 변화를 만들고 있다. 회복탄력적인 커뮤니케이션 시스템이 없으면, 프로젝트는 정체할 수밖에 없다.

프로젝트에는 전략이 필요하고, 전략은 작업을 실행하는 능력과 직접적으로 연결되어야 한다.

## 258.

## 리스크를 피할 수는 없다

미래는 미지의 영역이며, 리스크가 따르지 않는 프로젝트는 없다.

"실패는 선택지에 없다."라고 말하는 것은 성공도 보장할 수 없다는 뜻이다. 확실성이란 이루기 힘든 것이다. 만약 앞으로 나아가기 위해 확실성이 필요하다면, 당신은 덫에 걸렸다.

바람직한 접근방식은 작업에서 리스크를 완전히 없애려 애쓰는 것이 아니다. 리스크를 파악하고, 게임을 이해하며, 리스크에 대한 예상과 대응을 프로젝트에 반영하는 것이다.

리스크는 변화를 만들기 위해 우리가 지불하는 대가다.


## 259.

## 제약은 선물이다

가정은 위안을 찾는 푸념에 불과하다. "상황이 나아져서 지금 부족한 것이 풍족해지기만 한다면…", "만약 시간이 더 주어지거나 제약이 적어진다면…".

이것은 함정이다.

제약이 사라진다면 경쟁자들도 그 사실을 알기에 완전히 다른 게임이 될 것이다.

제약은 선물과 같다. 우리가 기댈 수 있는 무언가를 찾아 집중할 기회를 주기 때문이다.

때로는 상황이 바뀌어 제약이 해제되기도 한다. 그런 순간에는 새로운 가능성을 극도로 주의 깊게 살펴봐야 한다. 그게 아니라면 제약을 저주할 게 아니라 오히려 축하해야만 한다.

가장 흥미로운 전략은 (중심부가 아닌) 가장자리에서 발생한다. 가장자리는 제약이 있기에 존재한다.

## 260.
## 당신은 무엇을 만드는가?

* 생계
* 근무 시간표
* 디지털 아카이브
* 위젯
* 프로젝트
* 커뮤니티
* 차이

* 변화

* 소란

* 선택

* 헌신

* 결정

시간, 돈, 노력을 당신이 진짜 만들고자 하는 것에 쏟아붓고 있는가?

오늘날 우리는 AI를 훈련해 우리에게 어려운 질문을 던지고 나아갈 길을 찾도록 돕게 만들 수 있다. 다음 단계를 탐색하는 과정에서 누가 우리에게 질문하는지는 중요하지 않다. 질문자가 꼭 사람일 필요는 없다는 뜻이다. 중요한 것은 다음과 같은 질문 자체이기 때문이다.

그래서 다음엔 뭘 할 건데?

# 261.
## 문제는 기회다

결정이 요구된다는 것은 반드시 해결해야 할 문제가 있다는 의미다. 문제가 없다면 프로젝트도 필요 없고, 성장의 여지도 없다.

러셀 애코프는 시스템에 관한 저서에서 문제는 5가지 요소를 포함한다고 주장한다.

* 의사결정권자

* 의사결정권자가 통제할 수 있는 상황의 요소

* 의사결정권자가 통제할 수 없는 요소

* 제약

* 가능한 결과의 범위

이 5가지가 모두 존재할 때 우리는 결정을 내리고 작업을 시작할 수 있다.

이 요소들이 존재하지 않으면 애초에 문제라 할 만한 것도, 결정할 사항도 없는 것이다. 그저 상황이 있을 뿐이다.

앞으로 다가올 문제를 축하하라. 문제는 더 나은 결과를 위한 조건을 만들 기회다.

앞으로 나아가는 길은 간단하지만, 쉽지는 않다.

먼저 문제를 파악해야 한다. 우리가 돕고자 하는 사람들의 시스템과 제약, 욕구를 이해해야 한다. 그래야 우리가 어떤 자산을 통제하고 어떻게 투자해서 더 나은 성과를 이끌어낼 것인지 보다 현명하게 판단할 수 있다.

상황에 집중하는 우를 범하지 말라. 상황은 문제가 아니다. 상황이란 제약과 목표의 불일치일 뿐이다. 우리가 무언가를 바꾸고 앞으로 나아가게 할 권한과 역량을 갖출 때 비로소 상황은 문제가 된다.

둘째, 목표에 솔직해야 한다. 정교하지 못하거나 실패하는 전략은 대부분 진짜 원하는 목표와 상충하거나 모호한 목표에서 시작된다.

그다음으로는 결정을 내릴 때 우리가 통제할 수 있는 요소에 집중해야 한다. 우리가 통제할 수 없는 요소는 그저 이해해야 할 대상이다. 바꾸려고 노력하는 것은 무의미하다. 어떤 대상인지 확실하지 않은 경우에는 애초에 그 요소를 '통제 불가능' 범주에 넣은 이유를 다시 검토하라.

프로젝트가 잘 진행되지 않는다면, 새로운 목표를 설정하라. 더 나은 결정을 내리고, 새로운 자산을 구축하라. 그리고 바꿀 수 없는 요소를 통제하려고 애쓰지 말라.

말벌에 쏘이는 것은 불행한 일이다. 아프다. 되돌릴 수 없다. 응급처치 외에는 달리 결정할 것도 없다.

하지만 내일 말벌에 쏘이지 않도록 조치하는 것은 문제에 해당한다. 우리는 선택해야 하고, 시간과 노력을 어디에, 어떻게 투자해야 할지, 오늘 벌에 쏘인 이유는 무엇인지 고민해야 한다.

## 262.
## 의사결정의 간단한 구조

프로젝트의 성공에 종종 다른 사람의 결정도 필요하다. 그런데 우리의 고객 대부분은 일반적으로 쉬운 길을 선호한다. 의사결정에 큰 노력을 기울이고 싶어 하지 않는다.

의사결정 노력은 피라미드 구조로 살펴볼 수 있는데, 특별한 이유가 없는 한 사람들은 가장 낮은 단계인 1단계에 머무는 것을 선호한다.

* 1단계: 사안을 알아차리지도 못하고, 관심도 없으며, 결정을 내릴 필요도 없다.

* 2단계: 잠시 생각해본 후 이전의 직감이 옳았음을 깨닫는다.

* 3단계: 새로운 상황에 대해 생각하고 처음부터 다시 결정한다.

* 4단계: 상황을 고려한 후 새로운 데이터를 바탕으로 다른 선택을 한다.

\* 5단계: 실수가 있었음을 깨닫고 이전 결정을 취소한다.

단계가 올라갈수록 어려워진다. 만약 당신의 프로젝트가 반복적으로 고객에게 5단계를 요구한다면, 이는 엄청난 부담으로 작용한다. 물론 어떤 단계에서든 비용이 많이 들었거나 대중에 공개되었거나 소속감이 관련된 결정에 대해서 사람들은 실행 취소 버튼을 누르는 경우가 거의 없다.

그렇기 때문에 어떤 결정이든 사람들이 낮은 단계에서 고민하고 있다고 생각하게 해야 한다. 고객이나 파트너가 자신들이 '실수를 만회하려는 것이 아니라 새로운 정보를 바탕으로 새로운 결정을 내리고 있다.'는 식으로 상황을 재구성하도록 돕는 것이 효과적이다.

사람들이 원래 원하던 것을 얻도록 돕는 일이 당신이 원하는 것을 원하게 만드는 일보다 쉽다.

사람들이 편의성, 현상 유지 욕구, 동료의 압력으로 첫 번째 단계에 머물면서도 당신의 작업을 지지하게 하는 시스템을 구축할 때 진정한 영향력을 발휘할 수 있다. 만약 사람들이 습관적으로 당신의 프로젝트에서 가치를 창출할 수 있다면, 점점 그런 순간은 잦아질 것이다.

사람들은 결정할 필요가 없어져야 쉽게 결정한다.

## 263.
## 다양한 선택지를 모색하라

미래를 예측하며 나아갈 때 우리는 미지의 영역을 가로지르며 결정하고 투자한다.

한 가지 대응 방법은 아무것도 하지 않는 것이다. 확신할 수 없다면 기다리는 것이 좋다.

더 유용한 접근방식은 다양한 선택지에 접근하는 것이다. 만약 우리가 실행 취소 버튼이 있는 무언가를 시도하거나 경험하거나 시작할 수 있다면, 이는 훨씬 회복탄력적인 길이 될 것이다.

잘못된 선택을 생산적으로 되돌릴 수 있는 방법이 있다면, 응당 그렇게 해야 한다.

다양한 선택지는 확고한 결단이 더 나은 길일 때 주저하지 않고 나아가도록 돕는다. 선택지의 조건이 모두 비슷하다면, 앞으로 새로운 기회를 더 열어주는 쪽을 고르는 게 좋다.

몇 가지 간단한 예를 들어보겠다.

* 스프레드시트를 작성하는 경우: 예측할 수 없는, 명백히 위험한 시나리오들을 대안 모델에 포함하라. 그중 어떤 것도 실행할 필요는 없지만, 그것들이 어떤 영향을 미칠지 이해하는 것은 유용하다.

* 사업 계획서를 준비하는 경우: 서로 완전히 다른 3가지 사

업 계획서를 작성하라. 결국 하나만 선택하더라도, 여러 가지 선택지를 살펴볼 필요가 있다. 무작위로 하나를 선택한다는 전제하에 3가지 사업 계획서를 작성하는 것이 도움이 된다.

* 공구 상자를 구비할 때: 한 가지 용도로만 쓰는 특수 도구들보다는 다용도로 사용할 수 있는 도구들부터 갖추기 시작하라.

* 환승이 필요한 항공 여행 계획을 짤 때: 목적지로 가는 항공편이 많은 공항에서 환승하는 쪽을 선택하라. 이렇게 하면 항공편이 취소되더라도 다른 항공편을 이용할 수 있다.

이 모든 것이 합리적이지만, 우리가 의식적으로 다양한 선택지를 모색하는 경우가 그리 많지 않다.

"그러면 어떻게 되는데?"라는 질문은 여러 답이 나올 수 있을 때 가장 생산적이다.

## 264.
## 훌륭한 선택도 실패로 돌아갈 수 있다

인지과학자이자 포커 세계 챔피언 애니 듀크Annie Duke와 리더십 전문가 로한 라지브Rohan Rajive는 나에게 의사결정에 대해 많은 것을 가르쳐주었다.

좋은 결정이 꼭 좋은 결과로 이어지는 것은 아니다.

전략은 의사결정에서 시작되며, 목표에 도달할 때까지 또는 도달할 수 없다는 것을 깨달을 때까지 의사결정이 계속된다. 우리가 다루는 시스템에 대해 더 많이 알게 될수록 능력은 향상된다. 학습 과정의 일환으로 과거의 의사결정을 평가하는 것도 유용하다.

보통 이를 위한 가장 좋은 방법이 실패한 결정은 비판하고 성공한 결정은 축하하는 것이라고 생각하기 쉽다. 하지만 그러한 접근방식은 결정에 관한 핵심적인 통찰을 놓치는 것이다.

결정은 선택이다. 그것은 우리가 현재 알고 있는 것을 기반으로 한다.

복권을 사는 것은 나쁜 결정이다. 그것이 형편없는 투자라는 것을 인식할 수 있을 만큼 우리가 확률에 대해 충분히 안다. 복권을 너무 많이 사면, 당첨보다는 파산이 빠를 것이다.

하지만 복권에 실제로 당첨된다면? 필시 좋은 결정을 내린 것처럼 느껴질 것이다. 그러나 그렇지 않다. 나쁜 결정을 내렸는데 운이 좋았던 것, 즉 나쁜 선택이 좋은 결과를 가져온 것뿐이다.

실상은 그 반대의 경우가 더 많다. 선택지를 정확하게 이해하고 선택했는데 전략이 성공하지 못하는 경우 말이다.

이는 나쁜 결정이 아니다. 좋은 결정을 내렸지만 나쁜 결과가 뒤따랐을 뿐이다.

우리는 이러한 결과를 숨기거나 축소하는 대신 분석하고 심지어 축하해야 한다. 불운은 도덕적 결함이 아니다.


## 265.
## 숨겨진 결정에는 곰팡이가 핀다

현명한 전략은 설명과 토의를 통해 활기를 얻는다.

의사결정이 이용 가능한 정보와 미래에 대한 인식을 바탕으로 하는 합리적인 선택임을 깨달아야 한다. 그러면 더 나은 정보와 더 나은 인식이 더 나은 의사결정으로 이어진다는 사실도 이해할 수 있다.

의사결정은 다수결의 원칙을 준수하는 민주적인 선거와 다르다. 한 사람이 자신의 리스크 감수 성향과 목표에 따라 이용 가능한 선택지 중에서 의사결정하는 경우가 많다.

하지만 결정의 근거를 숨기는 것은 회복탄력적인 경로가 아니며, 최선의 선택으로 이어지지 않을 가능성도 크다.

보통 우리는 의사결정의 근거를 설명할 때 현재 세상이 어떤지 다음과 같이 설명하면서 시작한다. "우리는 지금 6가지 현실을 마주하고 있습니다."

그런 다음 그러한 사실들이 어떻게 특정한 미래를 가능하게 만드는지를 주장한다. "그리고 그런 사실은 이런 일이 일어날 가능성이 크다는 것을 의미합니다."

마지막으로는 확률을 거론하며 우리의 목표와 자원이 우리가 취하는 기회와 어떻게 맞물리는지 설명한다.

이 모든 것을 비밀로 한다고 해서 더 나아질 수 있는 것은 없다.

사람들이 당신의 리스크 감수 성향이나 미래에 대한 주장에 동의하지 않을 수 있다. 세상을 바라보는 방식에 대한 우리의 설명은 당연히 편향될 수 있다.

우리를 응원하는 사람들(특히 비판적 의견을 피력할 수 있는 사람들)에게 결정에 대해 설명하는 게 비용을 들이지 않는 더 나은 선택지다.

결정을 내리기 전에 그에 대해 이야기하는 과정에는 긴장과 스트레스가 따른다. 하지만 어제 내린 잘못된 결정을 떠안고 살면서 느끼는 긴장과 스트레스에 비하면 훨씬 덜하다.

## 266.
## 무엇과 비교해서?

만약 다른 누군가가 나와 동일한 정보를 가지고 있다면, 그는 더 나은 결정을 내릴 수 있을까?

사후적으로 결과를 비교해보자는 게 아니다.

충분히 복잡한 시스템은 예측할 수 없는 결과를 만들어낸다. 단기적으로 누군가가 예상보다 더 나은 결과를 얻는 일은 늘 일어난다. 그들은 확률을 이기고, 주식 시장의 대세 흐름을 능가하며, 놀라운 결과를 기록한다. 때로는 마치 통찰력 있는 천재처럼 보이기도 한다.

하지만 잠시다.

워런 버핏도 덱스터슈Dexter Shoe에 투자했다가 수십억 달러를 잃은 적이 있고, 구글 주식을 사지 않아 큰 수익을 놓치기도 했다.

어떤 성공적인 전략이든 자세히 들여다보면, 우리가 상상하는 것보다 더 자주 나쁜 결과가 발생한다는 것을 알 수 있다.

전략에는 결정이 필요하고, 결정은 미래에 관한 것이다. 복잡한 시스템에서 미래를 예측하는 것은 신뢰하기 어려운 모험과 같다. 예측 불가능했던 결과가 발생하는 것은 일반적인 일이다.

이를 우리는 '운'이라고 부른다.

회복탄력적인 전략은 운을 받아들이고 고려한다. 그렇게 해야 행운의 혜택을 받고 불운은 극복할 수 있는 회복탄력성을 갖출 수 있다.

사람들은 나쁜 결과를 나쁜 결정 탓으로 하고 싶은 유혹(게으른 행태)에 끌린다. 하지만 이 둘은 서로 아무 관련이 없을 수도 있다.

## 267.
## 1만 달러 차이

밴더빌트 대학교는 150년 역사를 자랑한다. 미국 100대 대학 중 하나로 꼽히는 이 학교의 등록금은 연간 6만 5,000달러가 넘는다. 숙식비 및 기타 비용까지 고려하면 학위를 따는 과정에 약 35만 달러의 비용이 소요된다.

뉴욕주립대학SUNY 시스템에 속한 버팔로 대학교는 약 160년 된 학교로 미국 최상위권 주립대 순위에 꾸준히 오른다. 주내 학생 등록금 감면에 성적우수 장학금까지 받으면 사실상 무료에 가깝다.

비싼 대학을 선택하는 학생은 그 이유를 충분히 따져보아야 마땅하다. 높은 학비는 졸업 후 수십 년 동안 빚을 떠안게 된다는 것을 의미한다. 두 학교의 졸업생은 거의 비슷한 비율로 취업하며, 초봉 역시 서로 1만 달러 이내로 차이가 나는 비슷한 수준이다.

프로젝트 관리는 우리가 내리는 선택의 규모에서 시작된다.

누구를 위한 것인지, 무엇을 위한 것인지 명확히 말할 수 없다면 좋은 선택이라 할 수 없다. 우리는 프로젝트와 그에 수반되는 비용에 대한 어려운 대화는 피하도록 교육받아왔지만, 그러한 대화는 우리가 내린 선택의 진실을 외면했기 때문에 어려워진 것이다.

더 유명하고 호화로운 학교가 제공하는 단기적인 지위에 그만한 가치가 있다고 판단한다면, 그쪽을 선택해도 좋다. 그러나 무언가를 선택할 때는, 특히 중요한 선택을 할 때는 그 선택의 이유를 명확히 해야 한다.


## 268.
### 돈에 대한 생각

많은 마케터가 돈에 대한 우리의 생각을 혼란스럽게 만들기 위해 야근도 불사한다. 그들은 돈의 시간 가치에 대한 우리의 오해, 작은 글씨를 읽기 싫어하는 성향, 즉각적인 만족을 원하는 유아적 욕구, 무엇보다도 돈에 대한 우리의 복잡한 감정 등을 이용한다.

돈과 관련해 고객을 혼란스럽게 만드는 일은 당신에게 상당히 유익하다. 당신이 그런 일을 기꺼이 할 수 있다면 말이다.

몇 가지 명심해야 할 사항이 있다.

* 당신이 가진 돈의 양은 당신이 좋은 사람인지 아닌지와 아무런 관련이 없다. 돈을 잘 다룬다는 것은 카드 게임을 잘한다는 것과 비슷하다. 카드 게임을 잘하는 사람 역시 다른 사람보다 더 훌륭하거나 그렇지 않은 것이 아니다. 그저 특정 게임에 능하다는 얘기일 뿐이다.

* 이곳에 쓰든 저곳에 쓰든, 돈은 돈이다. 100만 달러짜리 모기지 대출 체결에 드는 500달러의 불필요한 수수료는 맥도날드에서 점원에게 주는 500달러의 팁과 똑같은 돈이다(후자는 받는 사람의 삶을 바꿀 수도 있다는 점만 제외하면).

* 돈을 벌기 위해 돈을 빌리는 건 마법 같은 일이다. 반면에 청구서를 지불하거나 갖고 싶지만 필요하지 않은 물건을 구입하기 위해 빚졌다면 근시안적인 행동을 한 것이며, 그에 대한 대가는 오랫동안 치르게 될 것이다. 놀라지 말라. 많은 시스템이 우리의 근시안적 사고에 의존하고 있다.

* 가능한 한 빨리 빚을 청산하는 것이 돈으로 할 수 있는 가장 현명한 행동일 수 있다. 이를 확인하기 위한 증거가 필요하

다면 돈 관리를 잘하는 부자에게 물어보라. 힌트를 주자면 신용카드 회사는 전 세계의 다른 어떤 종류의 회사들보다 많은 수익을 올릴 가능성이 크다.

* 돈을 쓰는 것과 돈을 벌지 않는 것 사이에는 (돈의 보유 측면에서) 차이가 없다. 돈을 쓰지 않는 것과 연봉이 인상되는 것 사이에도 차이가 없다(사실 세금 때문에 돈을 쓰지 않는 편이 낫긴 하다). 미국의 경우 케이블TV와 휴대폰을 사용하는 사람은 연간 약 4,000달러(세전 6,000달러)를 지출하고 있다.

* 돈에 감정을 결부시키는 문제가 있다면, 그러한 감정적 접근 자체가 문제의 큰 원인인 경우가 많다. 집을 잘 짓는 사람은 망치에 대해 감정적 문제를 겪지 않는다. 감정적인 문제는 제자리로 돌려놓고 돈을 도구로 보는 데 집중하라.

* 많은 중요하고 전문적인 노력과 마찬가지로 돈에도 고유의 용어가 있다. 기회비용, 투자, 부채, 레버리지, 베이시스포인트BP, 매몰 비용 등의 의미에 대해 알아야 한다. 배우는 데 오래 걸리지도 않는다.

* 계약이나 투자는 적어도 그 내용을 거래의 상대방만큼은 이해했을 때 고려해야 한다.

* 안정된 직장을 다니고 있다면 지금이 바로 여가 시간에 추가 수입을 올릴 방법을 찾을 때다. 프리랜서로 뛰거나 엣시에서 아이템을 팔거나 부업을 마련하는 등의 방법으로 향

후 20년 동안 매주 200달러만 추가로 벌어도 평생 마음의
평온을 얻을 수 있다.

* 소액 투자자가 주식의 매수 및 매도 시점에 대한 정확한 예
측이나 이해하기 힘든 투자처에 대한 투자로 부자가 되기
는 거의 불가능한 일이다.

* 좋은 목적을 위해 돈을 기부하는 행위에 대한 관점은 당신
이 돈에 대해 어떻게 느끼는지와 깊은 관련이 있다.

* 돈과 안전을 혼동하지 말라. 보다 안전한 삶을 구축하는 방
법은 여러 가지가 있다. 자기 자신에게 어떤 이야기를 들려
주는지, 주변에 어떤 사람들을 두는지, 그리고 생활비로 어
느 정도를 설정하는지에 따라서도 삶의 안전 수준은 달라
질 수 있다. 돈은 안전감을 만드는 한 가지 수단이 될 수 있
지만, 돈만으로 안전을 확보할 수는 없다.

* 내부자 거래로 체포된 부자들은 돈이 안겨주는 안전감을
얻기 위해 위험을 무릅쓰고 더 많은 돈을 확보하려 했던 것
이 아니다. 사실, 그 반대의 결과가 극명하게 드러나고 있
다. 더 많은 돈을 향한 끝없는 욕구는 아이러니하게도 궁극
적으로 무엇이 안전을 가져다주는지 명확히 알지 못하기에
발생한다. 그 길을 걸은 많은 이가 결국 돈과 안전을 모두
잃었다.

* 우리 문화에서는 더 많은 돈을 벌면 승리하며, 이 승리가 중

요하다고 느낀다. 하지만 보다 넓은 범위에서 보면 더 많은 돈이 더 큰 행복을 보장하지 않는다. 그러나 돈에 대해 생각하는 방법을 잘 배우면, 보통은 더 행복해진다.

장기적으로 볼 때, 자신에게 중요한 일은 단순히 수익이 되는 일보다 더 큰 행복을 가져다준다.


## 269.
## '후회는 없다' 전략과 우리가 하는 게임의 종류

내시 균형 Nash Equilibrium 은 2인 유한 게임에서 구사할 수 있는 최선의 전략을 설명한다. 이는 각 플레이어가 모든 정보를 가진 채 외부의 힘이나 운이 작용하지 않는 상황에서 승리 확률을 극대화하기 위해 취해야 하는 일련의 단계다. 내시 균형이 적용되는 예로는 제로섬 게임을 들 수 있다.

내시 균형 전략이 바로 '후회는 없다' 전략이다. 2인 유한 게임에서는 가장 좋은 방법이다. 이번 라운드는 질 것이라는 것을 알고 있더라도 매번 이 전략은 최선의 플레이 방법이다.

하지만 우리 대부분이 참여하는 게임은 2인 유한 게임이 아니다.

우리는 대개 복잡한 시스템과 변화하는 시간 프레임, 그리고 다양한 리스크 감수 성향과 마주한다.

이때 한 가지 좋은 접근방식은 강력한 연결고리에 집중하는 것이다. 우리의 결정에 영향을 미치는 요소는 무수히 많지만, 우리의 행동과 우리가 추구하는 결과 사이의 가장 직접적인 연결고리에 집중하면, 단순한 결정을 어렵게 느끼도록 만드는 감정적이고 사소한 요소들을 무시할 수 있다.

또 다른 좋은 접근방식은 맥시맥스Maximax와 맥시민Maximin을 명확히 구분하는 것이다.

맥시맥스는 승리의 영향을 극대화하는 전략으로, 엔터테인먼트 업계에서 흔히 볼 수 있다. 그들은 가끔 발생하는 실패작에 개의치 않고 히트작의 규모와 영향력을 키우는 데 집중한다.

맥시민에 집중하는 것이다. 맥시민은 손실의 영향을 최소화하는 전략이다. 대표적인 예로 발전소가 작동하는 방식을 들 수 있다. 평균적인 생산성을 조금 높이는 것도 좋지만, 생산성 극대화에 따른 최적화 시스템 악화로 문제가 발생하여 발전소가 멈추면 치명적인 결과가 초래되므로 항상 맥시민에 주력한다.

우리는 맥시민을 기본값으로 설정하고, 단기적인 손실을 피하며, 안전하게 움직이려는 경향이 있다. 그러나 맥시맥스를 채택해야 하는 상황도 생기기 마련이다. 그럴 때는 완전히 망치지 않도록 주의하면서 작은 손실을 감수하고 승리의 이점을 극대화할 방법을 모색해야 한다.

이것은 항상 선택의 문제다. 2마리 토끼를 모두 잡을 수 있는 결정은 거의 없다.

나는 일주일에 한 번 취미 포커 게임에 잠시 참여한 적 있다. 몇 주 후 게임 주최자가 내게 더는 오지 않는 게 좋겠다고 말했다. "당신은 지지 않는 데만 집중하고 있어요. 베팅을 조금씩 하면서 판돈을 낮추고 너무 안전빵으로만 플레이해요. 포커는 그렇게 하는 게 아니에요. 녹색어머니회 교통 봉사 같은 게 아니라고요."

당신은 어떤 베팅 방식을 취하고 있는가?


## 270.
## 결정에 대해 말하기 어려운 이유

본능이나 감정, 욕망은 명시적으로 드러내고 옹호하지 않으면 모호하게 느껴지고, 그에 대한 책임감도 생기지 않는다.

전략을 개발할 때, 우리는 그 전략을 이끌어낸 결정(그리고 앞으로의 결정)을 수용하면서도, 팀원들과의 명확한 소통은 피하고 싶은 유혹에 빠질 수 있다. 하지만…….

* 우리가 원하는 것을 밝히고 그 이유를 설명해야 한다.

* 원하는 것을 얻지 못할 수도 있다는 사실을 직시해야 한다.

* 세상을 있는 그대로 정확하게 묘사해야 한다. 그것이 이전에 우리가 실상을 잘못 이해하고 있었음을 질타하는 것처럼 느껴져도 해야만 한다.

* 일어나지 않을 수도 있는 미래에 투자하길 원한다고 발표해야 한다.

* 첫 번째 전략이 성공하지 못했을 때를 대비한 회복탄력적인 계획도 필요하다.

* 실행 및 완수에 대한 책임감을 보여야 한다.

* 긍정적이든 부정적이든 우리의 결정이 초래할 수 있는 잠재적 결과를 인정하고 책임져야 한다.

* 과거의 결정에 영향을 미친 오랜 신념이나 가정 또는 전통에 맞서고 도전해야 한다.

* 기꺼이 어려운 대화에 참여해야 한다. 다른 관점이나 우선순위를 가진 사람들의 이견에 직면할 수 있다는 점을 인정해야 한다.

* 의사결정을 투명하게 진행해야 한다. 여기에는 비밀이었던 정보를 공개하고, 무지를 인정하는 일이 포함된다.

## 271.

# 결과에 대한 강박이 초래하는 마비

결과론적인 관점에서 의사결정에 대해 오해할 때 우리는 답보 상태에 빠진다.

좋은 결정이 항상 좋은 결과로 이어진다고 착각하면, 결과를 확신할 수 없는 까닭에 좋은 결정을 내리기 어려워진다. 결국 행동을 취하지 않는 쪽을 택한다.

자신이 틀렸다고 느낄 바엔 아무것도 하지 않는 쪽이 더 쉬운 법이다.

하지만 행동은 우리의 유일한 선택지다.

수동적인 방관자가 되기로 결심하는 순간, 주체성을 포기하고 기여할 기회를 놓아버리는 것이다.

지속해서 완벽한 결과를 얻는 것은 불가능하다. 그보다는 자신이 대체로 올바른 결정을 내릴 수 있다고 생각하는 것이 쉽다.

좋은 의사결정이란 쉽게 생각하면 기존 정보에 대한 최선의 분석이다.

이미 도출된 결과가 미래의 분석에 영향을 줄 수 있지만, 앞으로 만들어야 할 결과는 우리가 통제할 수 있는 대상이 아니다.

다시 말하지만 좋은 결정이 항상 좋은 결과로 이어지는 것은 아니다. 그럼에도 좋은 결정은 그 자체로 가치가 있다.

# 272.
## 생존자에 주목하는 올바른 방법

다단계 마케팅 유통업체나 NFT 창작자, 주식 투자자들의 컨퍼런스에 가보면, 생계를 꾸리는 그들의 방법이 신뢰할 만하다는 결론에 이를 수 있다. 어쨌든 거기에 모인 모든 사람은 꽤 잘나가고 있는 것처럼 보이지 않는가.

그러나 그 이유는 그저 잘나가는 사람들만 그곳에 모이기 때문이다. 파산하거나 지쳤거나 그만둔 사람들은 숨어 있다.

제2차 세계대전 당시 수많은 비행기가 격추되었다. 미 육군은 에이브러햄 왈드Abraham Wald를 고용해 기지로 돌아온 비행기들을 검사하는 임무를 맡겼다. 그들의 귀환 확률을 높이려면 어떻게 장갑을 강화해야 하는지 파악하라는 취지였다.

왈드가 검사한 비행기들은 날개 부위에 총알구멍이 많이 나 있었다. 인습적인 접근방식은 구멍이 난 부분에 장갑을 추가하는 것이었다.

그러나 왈드는 반직관적인 진실을 지적했다. 그 비행기들은 날개에 구멍이 나도 귀환하는 데 문제 되지 않는다는 것이었다. 그는 구멍이 없는 곳, 즉 동체에 장갑을 추가해야 한다고 제안했다. 돌아오지 못한 비행기는 결국 동체에 총을 맞아서 추락했을 테니까.

다른 예를 하나 더 들어보자. 고객이 전화를 걸어 불만을 제기하면, 그 문제의 해결에만 주력하는 회사들이 있다. 물론 당연한 조치다. 하지만 이는 다른 불만을 가진 고객이 전화조차 귀찮아 서비스를 떠나버리게, 전화 대신 주변에 험담하게 놔두는 불찰이다.

귀환자와 미귀환자, 남은 자와 떠난 자의 함의가 무엇인지 제대로 파악해야 장기적인 성공에 긍정적인 영향을 미칠 수 있다.

전략의 유용성을 측정하는 기준은 그것을 통해 성공한 사람들의 수가 아니라 그것을 이용한 사람 가운데 성공한 사람의 비율이다.


## 273.

### 평균으로의 회귀

정상적인 동전이라도 10번 던지면 10번 연속으로 앞면이 나올 수 있다.

그럼에도 그다음 던지기의 결과는 여전히 50대50의 확률로 결정된다. 동전은 이전에 어떤 결과가 나왔는지 알지 못한다. 각각의 동전 던지기는 독립적인 이벤트다.

하지만 시간은 알고 있다. 시간은 장기적으로 점수를 매긴다. 시간이 다음 동전 던지기의 결과를 바꿀 수는 없지만, 시간의 지혜로 무장하면 장기적으로 동전 던지기의 결과가 균등해지리라 예측할 수 있다.

시간이 충분히 주어지면 일련의 무작위 이벤트는 결국 균형을 이룬다.

이것은 초기 승리를 보상하는 시스템의 한 속성과는 다르다.

결정을 내릴 때는 운이라는 무작위적인 잡음은 무시해야 한다. 하지만 승자에게 더 높은 승률을 보상하는 시스템에서는 '평균으로의 회귀'라는 속성에 각별히 주의를 기울여야 한다.

## 274.
## 더 나은 의사결정과 더 나은 결과

사람들이 꾸준히 내 전략을 능가하는 성과를 낸다면 그 이유는 다음 4가지 중 하나(또는 그 이상)일 것이다.

* 시스템적으로 유리한 고지를 초기에 선점했다: 이런 종류의 운은 시간이 지나도 극복되지 않는다. 시스템이 그들의 초기 우위를 더욱 강화한다면, 극복을 위해서는 좋은 결정 이상의 것이 필요하다.

* 자산 우위를 점유했다: 이 역시 일종의 초기 우위에 해당한다. 자산의 우위로 성과를 거두면 더 많은 자산을 매입하여

계속 선두를 유지할 수 있다. 그들이 보유한 자원과 네트워크, 기술이 성공에 유리하다면, 그들의 성과를 복제하는 데 필요한 비계를 찾아야 한다.

* 더 나은 정보에 접근했다: 의사결정은 지식과 세계관에 기반한다. 누군가 당신보다 현상을 더 명확하게 보고 있다면, 그들의 인식을 이해하려고 노력할 필요가 있다.

* 나보다 의사결정에 능하다: 같은 정보와 자산으로 더 나은 성과를 내고 있다면, 이를 인정하고 그들의 방식을 배움으로써 이득을 얻을 수 있다.


## 275.
## 비결정은 쉬운 길이다

결정은 어렵다. 두려움과 노력, 리스크가 수반된다.

우리가 참여하고 있는 시스템의 결과물을 바꾸려면, 의사결정 권자가 더 나은 선택을 더 쉽게 할 수 있는 환경을 조성해야 한다. 목표는 결정이 전혀 결정처럼 느껴지지 않도록 만드는 것이다.

수십 년 동안 삼성전자와 같은 기업에서 소비자 가전 박람회 CES에 많은 인원을 파견하는 건 대단한 결정이 아니었다. 그들은 이렇게 생각했다. '우리는 가전제품을 만드는 기업이니까,

거기 참여하는 게 당연하다.'

미국의 변호사들은 별다른 고민 없이 고객사를 비즈니스에 친화적인 델라웨어주에 법인 등록한다.

이런 식의 소극적인 비非결정은 부정적인 시스템 출력을 강화하는 함정이 된다. 사람들은 매몰 비용에 직면할 수도 있다는 두려움 때문에 잘못된 일을 계속 고수한다.

그러나 우리는 이러한 매우 인간적인 본능을 커뮤니티에 이로운 방향으로 이용할 수도 있다.

의사들은 수술실에 들어가기 전에 모두 손을 씻는다. 선택할 필요도 없이 당연한 일로 여긴다.

당신이 이루려는 변화가 매몰 비용을 지키려는 사람들의 미묘하고 용감한 결정을 필요로 한다면, 앞으로의 여정은 생각보다 더 험난할 것이다.

메시지 전략가 탬슨 웹스터Tamsen Webster는 사람들이 '신념에 대한 후회'를 거의 하지 않는다고 지적한다. 대신 그들은 자신의 정체성과 자신이 속한 시스템을 지키기 위해 거의 무슨 일이든 하려 한다.

당신이 대하는 사람에게서 들을 수 있는 가장 생산적인 말은 다음과 같다. "고마워요. 제가 처음부터 옳았네요." 그의 자신감과 신념을 존중하면서 그가 나름의 변화를 받아들이도록 도왔다는 뜻이니까 말이다.

목표를 달성할 수 있도록 도우려면, 단지 기존 방식을 지원하는 데 그쳐서는 안 된다. 보다 효과적인 새로운 방식을 취하도록 부드럽게 안내해야 한다.

## 276.
## 자산은 도구다

당신은 무엇을 소유하고 있는가?

자산의 가치는 판매로 얻을 수 있는 금액일 수도 있지만, 무언가를 실현하는 데 사용하는 도구일 때가 더 유용하다.

당신이 소유하거나 접근할 수 있는 자산은 다음과 같다.

* 부동산
* 고객 또는 잠재고객에게 연락할 권한
* 데이터
* 신뢰를 안겨주는 평판
* 현금
* 좋은 조건의 임대 계약
* 지위(현상 유지의 일부로서)
* 숙련되고 헌신적인 인력
* 자본

* 지적 재산권 및 영업 비밀

* 소매점 또는 웹 트래픽

* 어렵게 습득한 기술

* 조직 문화

* 라이선스 및 인증

* 파트너십 및 제휴

* 고객에 대한 통찰

퇴사하면 사라지는 자산도 도움되지만, 확장성이 가장 뛰어난 자산은 다른 사람들과 공유하는 방식으로 활용할 수 있는 도구들이다.

이들 자산 중 일부는 현금으로 쉽게 획득할 수 있지만, 다른 자산은 시간과 노력을 들여야 얻을 수 있다.

우리는 매일 일에 시간을 소비하고 노력을 기울인다. 당신은 일과를 통해 가치 있는 도구를 얻는가, 아니면 단순히 다른 사람이 지시한 일을 수행하는 데 그치는가?

## 277.
### 시간의 흐름에 따른 자산

1957년 당시 풀턴 J. 쉰 Fulton J. Sheen 신부는 미국에서 가장 유명하고 신뢰받는 인물 중 한 명이었다. 일요일 밤에 방송되던 그의 TV 프로는 매주 3,000만 명의 시청자를 TV 앞에 앉히는 매우 귀중한 자산이었다. 오늘날 이 정도의 도달률을 기록하는 TV 프로그램은 없다.

한 친구가 그의 예전 방송에 대한 모든 판권을 인수했다. 그는 이를 가치 있는 것으로 바꾸기 위해 수개월 동안 갖가지 노력을 기울였다. 하지만 수십 년이 지난 오늘날, 그가 확보한 자산의 가치는 너무 많이 하락하여 사실상 쓸모없는 도구가 되어버렸다. 그 프로그램은 이제 이전과 같은 시간대에 방영될 가치가 없다.

쉰이 전성기를 누리던 시절, 어느 작은 햄버거 가게는 맥도날드로, 뱅크아메리카드 BankAmericard 는 비자 Visa 로 발전할 여정을 시작했다.

이들 자산은 날마다, 해마다 그 가치가 상승했다.

당신은 무엇을 소유하고 있는가?


## 278.

### 어떤 종류의 망치를 사야 하는가?


전문가들은 의도를 가지고 자산을 취득한다.

홈디포에서는 수십 가지 종류의 망치를 판매한다. 새 아파트의 세입자라면 손잡이가 편해 보이는 저렴한 망치 정도로도 괜찮을 것이다. 하지만 지붕 수리공이나 석공은 용도에 맞춰 제작된 망치가 아니면 실망할 것이다.

우리는 매일 자산을 얻기 위해 시간, 기회, 돈을 거래한다. 만약 우리가 의도 없이 이 과정을 수행한다면, 작업은 완료하더라도 얻을 수 있었던 자산을 낭비한 결과가 될 수 있다.

자산에는 다양한 형태가 있다. 당신은 어떤 종류의 평판을 얻고 있는가? 회복탄력적이고, 점증적이며, 방어할 수 있는 평판인가? 당신은 당신을 별로 신경 쓰지 않는 시스템의 유능한 톱니바퀴 역할에 만족하고 있는가?

지금 하는 일로 6개월이나 1년 또는 10년이 지난 후, 당신이 내보일 수 있는 것은 무엇인가?

시간이 지남에 따라 가치가 증가하고, 세상이 변해도 다른 프로젝트에서도 사용할 수 있을 만큼 회복탄력적인 자산을 찾아야 한다.

## 279.
## 공동체 행동

시스템 문제를 해결할 수 있는 유일한 방법은 시스템적 솔루선을 적용하는 것뿐이다.

건강에 해로운 방식으로 식품을 가공하는 강력한 식품산업 시스템이 있다면, 사람들에게 실체를 알리는 것만으로는 문제를 개선할 수 없다. 가령 맥도날드에 관한 다큐멘터리 한 편으로는 패스트푸드 업계를 계속 성장시키는 강력한 시스템적 영향을 무력화할 수 없다.

"공동체 행동은 자유 시장이 생존하기 위해 의지하는 마지노선이다."

뇌물 수수, 허위 라벨, 불법 담합, 명백한 노동 착취 등은 확실히 예전보다 훨씬 드물어졌다. 덕분에 시스템 내 기업들은 이제 표면적으로는 자유 경쟁을 하는 것처럼 보인다. 부정적인 행태를 저지르지 않는 것이 단기적으로 그들의 이익에 부합했기 때문에 부정이 근절된 것은 아니다. 공동체가 힘을 합쳐 그것을 불법으로 만들었기 때문에 사라진 것이다.

일단 기준이 확립되고 나면, 되돌아가고 싶어 하는 사람은 거의 없다. 하지만 공동체가 나서지 않았더라면 기준은 정해지지도 않았을 것이다.

우리 문화의 목적은 자본주의가 아니다. 자본주의는 우리가 문화를 구축하는 데 도움되기 때문에 존재한다.

문화가 시스템이 스스로를 보호하는 방식이라면, 공동체 행동은 문화가 유해해지지 않도록 우리가 나서는 방식이다.

# 280.

## 해로운 발명

토머스 미즐리 주니어Thomas Midgely Jr.는 유연 휘발유를 발명했다. 납이 들어간 휘발유는 구형 자동차 엔진을 더 원활하게 작동시켰고, 자동차 회사들이 비용을 절감하도록 도왔다. 그리고 그 대가로 공기 중에 납이 배출되었다. 이 증기는 얼마나 위험한지, 미즐리 본인도 단지 체내에 쌓인 납을 배출하기 위해 깨끗한 공기를 마시며 1년간 일을 쉬기도 했다.

그 위험성을 알고 있었음에도 미즐리는 이 기적의 첨가제를 홍보했다. 막대한 수익을 올릴 기회의 문이 열렸고, 그 기회를 활용할 수 있는 위치에 있던 사람들은 그들의 시스템에 대한 미즐리의 공헌을 환영했다.

유연 휘발유는 자동차 엔지니어들이 더 나은 엔진을 개발해서 사라진 게 아니었다. 정부에서 금지하면서 사라진 것이다.

유연 휘발유의 '혁신'이 있고 몇 년 후, 미즐리는 다시 돌아왔다. 그는 (에어컨은 말할 것도 없고) 냉장고를 안정적이고 효율적으로 가동할 수 있는 마법의 분자 CFC(일명 프레온 가스)를 개발했다. 이것은 스프레이 페인트와 데오도란트를 위한 에어로졸을 제조하는 데에도 유용했다.

하지만 불행히도, 대기 중으로 방출되는 각각의 CFC 분자는 엄청난 규모로 오존 분자의 상태를 변화시켰다. 그렇게 직사광선과 피부암, 남극의 이상 고온으로부터 우리를 보호하는 오존층이 파괴된 것이다.

수십 년이 걸리긴 했지만, 어쨌든 세계 각국이 몬트리올에 모여 CFC를 금지하는 의정서에 합의했다. 그렇게 CFC는 점차 퇴출되었지만, 우리는 여전히 냉장고와 스프레이 페인트를 사용하고 있다. 시스템이 CFC 없이 해당 제품을 만들어내는 방법을 찾아낸 덕분이다. 이와 더불어 오존층도 조금씩 회복되고 있다. 자유 시장의 수호자를 자처하는 일부 사람들이 저항하긴 했지만, 그리 오래 가진 않았다.

마지노선이 없으면 자유 시장은 지름길을 찾아내 도덕적으로 전락한다. 우리 세상의 경쟁 시스템은 많은 조직이 그 지름길을 택하도록 강요한다.

자유 시장의 진정한 수호자들은 시장이 특정한 토대 위에 존재한다는 것을 이해한다. 공동체 행동은 모두를 위해 기준을 높여서 앞뒤 가리지 않고 도덕적으로 전락하는 자들의 인센티브를 박탈한다.

전략에는 결정이 필요하고, 결정은 미래에 관한 것이다.

복잡한 시스템에서 미래를 예측하는 것은 신뢰하기 어려운 모험과 같다. 예측 불가능했던 결과가 발생하는 것은 일반적인 일이다.

이를 '운'이라고 부른다. 회복탄력적인 전략은 운을 받아들이고 고려한다. 그렇게 해야 행운의 혜택을 받고 불운은 극복할 수 있는 회복탄력성을 갖출 수 있다.

## 281.
## 자제력에 대한 오래된 신화

"담배를 피우고 싶지 않다면, 안 피우면 되는 거 아냐?"

"연료의 납 성분이 걱정된다면, 차에 유연 휘발유를 넣지 않으면 되잖아."

"환경이 걱정된다면, 퇴비를 쓰고 재활용하고 전기차를 타면 돼. 모두가 그렇게 하면 다 괜찮아져."

단기적 시장 반응에서 이윤을 취하는 대중 시장의 시스템은 수 세대에 걸쳐 개인의 합리적 선택과 자유 시장의 도덕적 우월성을 사람들에게 주입해왔다.

이것은 문화와 마케팅 그리고 우리 주변 시스템의 힘을 무시하는 논리다.

또한 개인의 합리적인 선택에 장기적인 부작용은 없다고 편리하게 가정하는 논리다. 개인들이 서로 영향을 주고받는 현상을 일컫는 '외부효과'는 케케묵은 신화처럼 여긴다.

우리는 우리의 원을 점점 더 작게 만들도록 강요받는다. 자기 자신에 대해서만 걱정하고 현재에 집중하라고 권유받는다. 이러한 접근방식은 회복탄력적이고 생성적인 공동체의 실상에 반하는 것이다.

산업화된 문화에 널리 퍼진 마케팅 시스템은 사람들이 자기

절제를 지양하도록 유도한다.

광고가 하는 일이 바로 그렇다. 광고는 우리에게 자기 자신을 대접하고, 더 편리한 해결책을 찾으며, 훗날의 문제는 나중에 걱정하라고 유도한다.

연구에 따르면, 페이스북에서 벗어나기만 해도 합리적인 사고와 장기적인 행복감이 향상된다고 한다. 그럼에도 사람들은 페이스북에 매달린다.

강아지 사료 가격은 올라가는데, 강아지들은 더 행복해진 것 같지 않다.

우리는 기꺼이 스토리를 구매한다. 프로모션과 광고는 효과가 있다. 시스템이 작동한다. 문화는 스스로 강화된다.

우리는 문화를 구성하는 모든 시스템을 어떻게 바꿔야 할지 모른다. 하지만 기준을 세우는 일부터 시작할 수는 있다. 공동체 행동은 문화의 번영에 필요한 마지노선, 즉 가드레일을 만든다. 시스템은 안정성을 갈망한다. 하지만 선로 없는 기차는 아무 데도 갈 수 없듯이 일정한 틀 없이는 안정성을 구축할 수 없다.

어쩌면 우리에게 필요한 것은 자제력이 아니라 공동체 행동일지도 모른다.

## 282.
## 이 시대의 가장 시급한 변화를 위한 전략적 접근방식

우리가 살아가는 시스템을 인식하기 시작하면 변화를 만들어 낼 수 있는 길은 훨씬 더 명확해진다.

기후 변화에 대응하기 위해 2022년 출범한 프로젝트 그룹, 탄소 연감 네트워크에서 발행한《탄소 연감 The Carbon Almanac》의 부제는 '아직 늦지 않았다'이다. 소설가 존 그린 John Green은 이렇게 썼다. "절망은 그다지 생산적이지 않다. 그게 바로 절망의 문제다. 절망은 복제되는 바이러스처럼 더 많은 절망을 만들어낼 뿐이다."

그러면 문제를 해결하는 방법은 무엇일까?

우리는 지금 우리가 어떤 상황에 놓여 있는지 잘 알고 있다. 기후가 변화하고 있음을 보여주는, 반박할 수 없는 증거들이 계속 쌓이고 있다. 기후 변화는 불과 몇 년 안에 수억 명의 사람들을 이주시키고 지구에 사는 모든 것의 삶을 바꿀 것이다.

자칫 절망하기 쉬운 상황이다.

슈퍼맨의 아버지 조엘은 크립톤 행성이 불안정해져 조만간 폭발할 것임을 알았다. 하지만 그는 위대한 과학자였음에도 정부를 설득해 조치하는 데 실패했다. 그런 연유로 클라크 켄트는 지구에 오게 되었고, 크립톤의 거의 모든 존재가 소멸하게 되었다.

만화는 분명 현실과 다르지만, 실상을 아는 많은 이가 진실을 무시하고 시간을 끄는 시스템의 저항에 조엘과 같은 분노와 절망을 느끼고 있다.

많은 CEO가 이런 미래 전망을 이해하고 있으며, 정부 지도자들 역시 이를 깨달았다. 그런데도 여전히 송유관이 설치되고, 가축 목장이 확장되고 있으며, 일부 지역에서는 풍력 발전마저 금지되고 있다.

그래도 된다는 말은 비합리적이고, 단기적인 희망사항에 불과하다.

하지만 시스템의 작동 방식을 이해하면 어느 정도 납득되기도 한다.

1900년 이래로, 산업화된 세계는 부작용에 대한 고려 없이 값싼 석유를 값싼 에너지로 전환해왔다. 그 값싼 전력은 80억 명 사람들에게 편리함과 안락함과 동력을 제공하는 풍요로운 시스템을 구축해냈다. 이를 기꺼이 포기할 수 있는 사람이 몇이나 되겠는가.

지금처럼 안정적이고 편리하며 경제적인 에너지가 제공되기만 한다면, 화석에너지를 재생에너지로 전환하도록 설득하는 것은 어려운 일이 아니다. 에너지가 더 많은 것을 바라는 인간의 끝없는 욕망의 대상이라는 것을 이해하고, 더 많은 것을 더 저렴하게 제공할 수 있다면 손쉽게 확산력을 얻을 수 있다.

시스템 자체를 바꾸는 게 아니다. 시스템이 오랜 세대에 걸쳐 소비해온 것을 제공하라는 것이다.

저탄소 미래가 손쉽게 실현되는 마법의 기술은 없다. 설령 앞으로 그런 기술이 나온다 하더라도 제때 등장할 가능성은 희박하다.

해수면 상승, 기근, 많은 이의 고통이 과연 이 시스템이 원하는 것일까?

물론 아니다. 하지만 이 시스템은 편리함, 참여자의 지위 실현 욕구, 변화 저항성에 초점이 맞춰져 있다. 시스템 내 일부 플레이어는 지금 자신이 원하는 것을 더 많이 얻을 수 있다면, 그게 다른 사람들의 것을 빼앗는 일이어도 개의치 않는다.

오존층 문제와 달리, 기후 변화라는 보다 중대한 문제를 해결하는 길은 실로 요원해 보인다.

## 283.
## 시장이 망가뜨린 것을 시장이 고치게 하기

이제 우리는 시스템 문제에는 시스템적 솔루션이 필요하다는 것을 이해한다.

현재 우리가 직면한 글로벌 문제는 경제학에서 다뤄온, 다음

과 같은 고전적이고 단순한 논제에 근거한다. "외부효과는 자유
시장을 왜곡한다."

강에 쓰레기를 버리는 데 비용이 들지 않는다면, 또는 그럼으
로써 얼마라도 절약할 수 있다면, 공장주는 그렇게 할 것이다. 결
국 오염 물질은 오염원으로부터 멀리 떨어진 하류로 흘러간다.

우리 문화에는 합법적이면 괜찮다는 암묵적 동의가 널리 퍼져
있다. 그리고 경쟁의 압박으로 인해 생산자는 시간이나 비용을
절약할 수 있는 어떤 외부효과든 최대한 활용하려 애쓴다.

그런데 오늘날 너무도 명백해서 오히려 우리가 인식하지 못하
는 한 가지 거대한 외부효과가 작용하고 있다. 바로 '우리 각자
가 탄소 사용 여부와 관계없이 탄소 가격을 보조하고 있다.'는 사
실이다.

항공유는 너무 저렴하게 판매되고 있다. 제트기 소유자는 비
용을 아끼는 대신 지구상의 모든 사람(그리고 그들의 후손)이 아낀
비용을 부담한다. 2023년 한 해 동안 우리가 석유 제품 가격을
보조한 금액은 7조 달러에 달하는 것으로 추정된다.

소고기 또한 너무 싸게 팔리고 있다. 전 세계 납세자들이 소고
기 생산을 보조하기 때문일 뿐만 아니라(농업 보호 등의 정치적 이유
가 있다), 10억 마리의 소에 지구 전체가 값을 치르고 있기 때문이
다. 기후에 미치는 영향의 25%는 소가 배출하는 트림과 방귀 등
의 가스와 소의 먹이를 마련하기 위한 삼림 벌채에서 비롯된다.

기후 변화를 일으키는 10대 원인은 모두 편리하고 저렴하다는 이유로 발생한다. 이대로라면 10년 이내에 재앙적인 환경이 만들어질 가능성이 농후하며, 그런 재앙은 결코 편리하게, 경제적으로 해결될 리 만무할 것이다.

해결책은 간단하다. 공동체 행동이 필요하다.

탄소 배출 비용을 공정하게 청구하라.

사람들이 그동안 부담해온 보조금은 매달 그들의 계좌에 환급될 것이다. 이 계획의 세부 사항은 비당파적 단체인 기후 리더십 위원회Climate Leadership Council의 온라인 사이트에서 제공되고 있다.

점심을 먹기 위해 전용기를 타고 런던으로 가는 것은 개인적 선택이다. 그런데 이 일에 10만 달러를 소비했다면, 실제 비용은 40만 달러다. 30만 달러가 보조된 셈이라는 의미다. 이 여행으로 인해 발생하는, 환경적 손해에 해당하는 30만 달러의 추가 요금은 다른 모든 사람에게 균등하게 분배되어야 마땅하다.

소액의 할증료로 작게 시작하는 것이 좋다. 일단 시작만 하면 시장은 신속히 반응할 것이다.

탄소를 배출하는 제품과 서비스의 가격은 점차 적정 수준까지 올라갈 것이다. 반면에 개인 배당금 지급 방식으로 인해 제품 및 서비스의 비용 구조가 바뀔 것이므로 대체품은 훨씬 저렴해질 것이다.

시장은 더 높은 추가 요금이 부과될 미래에 대비하는 조직을 더 높이 평가할 것이다.

소비자들은 늘 그러듯 어디에 돈을 쓸지 직접 선택할 테고, 시장은 잘못 조정된 시장이 야기한 문제를 해결할 기회를 얻게 될 것이다.

기업들은 항상 추구하는 목표, 즉 더 많은 매출과 더 많은 수익을 이룰 수 있을 것이다. 그 방법은 조금 달라지겠지만, 기업이 추구하는 목표 자체를 바꿀 필요는 없다.

우리는 삶의 모든 것을 축소하고 절약하는 전략만으로는 위대함에 이를 수 없다. 하지만 더 나은 정보로 더 나은 결정을 내릴수는 있다.


## 284.
## 만족할 줄 모르는 욕망 활용하기

탄소 할증료와 배당금의 힘은 이미 존재하는 피드백 루프와 시스템 역학을 그대로 활용할 수 있다는 것이다.

더 많은 돈을 향한 끝없는 욕구를 가진 사람들은 탄소를 덜 사용하는 제품이나 서비스로 경쟁업체를 제치고 시장 점유율을 높일 방법을 신속히 찾아낼 것이다.

안정과 지위, 마음의 평화를 끝없이 갈망하는 소비자들은 당장 돈을 절약할 수 있는 저탄소 상품을 찾을 것이다.

사람들이 배당금을 받기 시작하면 새로운 피드백 루프가 형성된다. 제품이나 서비스를 구매할 때 탄소 배출량에 주의를 기울이면 배당금을 통해 더 많은 이익을 얻게 된다. 그러면 변화에 신경 쓰지 않던 사람들도 관심을 보이기 시작할 것이다.

누구도 욕망의 대상을 바꿀 필요가 없다.

시스템 변화를 일으키고 싶다면 만족할 줄 모르는 욕망을 찾아내 그대로 활용하라.


## 285.
## 우리가 취해야 할 행동

에너지 효율을 높인 히트펌프 보일러를 설치하거나 휘발유 동력 낙엽 청소기를 지금 당장 버려도, 그 영향은 미미하다.

음, 다시 말하겠다. 그런 행동도 역시 중요하긴 하다. 하지만 그것만으로는 충분하지 않다.

시스템을 변화시키는 것은 공동체 행동이다. 지속적이고, 일관되며, 집중적인 공동체 행동 말이다.

사람들에게 알리고, 사람들을 조직하라.

그리고 다음 날에도 그 일을 반복하라.

가치 있는 변화를 이루려면 집중력과 끈기로 공동체 행동을 끌어내야 한다. 시스템과 문화는 개인이 극복하기 어려운 강력한 힘이다.

전 세계에서 수십억 명의 사람들이 변화를 일으키기 위해 노력하고 있다. 하지만 우리는 너무도 자주, 직접 일을 도모하는 게 유일한 방법이라고 믿거나 누군가 문제를 해결해주기를 기다린다.

하지만 훨씬 유용한 세 번째 선택지가 있다. 변화를 위한 조건을 조성하는 것이다. 함께 협력하여 공동체 행동을 만들어내는 것이다. 우리가 의존하는 시스템의 전진 운동의 한계를 넓히고, 거기까지 운동을 증폭시키는 것이다.

기후 위기를 해결하는 데 필요한 기술과 통찰은 이미 마련되어 있다. 단지 시장이 망가진 것들을 스스로 고치게 할 방도가 아직 없을 뿐이다.

다시 한번 강조하지만, 탄소 배출에 공정한 가격을 매긴다면 사람들은 새로운 정보를 바탕으로 새로운 결정을 내릴 것이다.

그리고 이러한 변화가 일어나기를 간절히 바라는 수십억 명의 사람들이 있다. 이들은 언제든 변화의 혜택을 누릴 수 있는, 변화를 실현하기 위해 영향력을 행사할 수 있는 사람들이다.

지렛대로 작용할 수 있는, 끈기 있는 행동이 필요하다.

당신의 비전을 사람들에게 알려라.

## 286.

# 세뇌는 실재한다

세뇌는 분만실과 신생아실에서 시작된다.

놀이터에서 이어지고,

학교에서 증폭되고,

취업 면접에서 굳어진다.

우리는 미래에 대해 무력감을 느끼도록 훈련받는다.

"이게 시험에 나올까?"라고 생각할 때를 떠올려보라. 이런 불안은 희소한 성취에 대한 압박, 강제적인 서열화, 깜짝 시험, 충분히 노력하지 않았다는 자기 의심의 끝없는 악순환을 형성하여 주체성을 앗아간다.

물론 미래를 보상받을 수도 있으나, 가능성은 낮다.

적어도 이 문화는 우리에게 그렇게 말하고 있다.

심리학자 애덤 매스트로야니 Adam Mastroianni는 이렇게 썼다. "오늘날 교육기관 및 학술기관의 주요 기능은 젊은이들을 받아들여 그들의 야망을 낮추는 것이다."

하지만 우리는 문화에 휘둘리지 않을 것이다.

# 287.

## 여정이지, 이벤트가 아니다

나는 사고나 혼돈의 여지를 남겨두는 것을 좋아한다. 모든 음표와 음절이 맞아떨어지고 모든 베이스 드럼이 동일하게 들리는 무결한 음반을 만드는 것은 실력이 아니다. 그런 어리석음을 용인할 인내심과 예산만 있다면 누구라도 할 수 있는 일이다. 나는 독창성이나 개성, 열정과 같은 보다 큰 무언가를 추구하는 음반 작업을 선호한다.

밴드의 역동성과 음악적 요소가 클릭 트랙, 컴퓨터, 자동 믹스, 게이트, 샘플러, 시퀀서로 모두 제어된다면, 어설픈 음반이 나오진 않겠지만 특별한 음반도 나올 수 없다.

– 스티브 알비니 Steve Albini, 음반 프로듀서

미래는 정해져 있지 않다. 하지만 완전히 우리의 통제권 밖에 있지도 않다. 미래는 미로도, 목표를 향한 명확하고 이상적인 길도, 일련의 시험도 아니다.

미래를 제대로 맞출 수 있을까? 그것도 완벽하게? 다음 단계로 가는 길을 표준화하고 제품화하여 정확히 측정할 수 있을까?

성공으로 가는 길을 표준화할 수 있다는 것은 산업혁명의 신화다. 경영자들은 1963년에 훌륭한 토스터는 1990년에도 여전

히 훌륭한 토스터일 것이라고 주장했다.

미래는 사실 수많은 가능성의 집합체다. 미래는 우리의 행동에 영향을 받는다. 행동(또는 무행동)은 미래의 원인이 된다. 현재에 대한 우리의 태도, 현재에 대해 스스로 들려주는 이야기만은 전적으로 우리가 통제할 수 있다.

삶에는 항상 익숙하면서도 새로운 게임이, 많은 참여자와 함께 계속된다는 것을 잊지 말라.

## 288.
### 끊임없는 압박과 집요한 끌질

노동 운동가 솔 얼린스키Saul Alinsky는 자신의 가장 유용한 시스템적 통찰에 대해 이렇게 설명했다. "상대 진영을 지속해서 압박할 수 있는 작전을 개발하라. 캠페인의 성공에 필수 요소는 상대 진영의 반응을 끌어내는 끊임없는 압박이다."

회복탄력적인 시스템은 단기적인 압박에 대한 저항력을 키우는 방향으로 진화한다. 그들은 늘 당신보다 오래 버티려고 노력한다.

결국 가장 오래 집중할 수 있는 세력이 승리한다. 그들은 대개 현상 유지 세력이다. 그들은 반란군이 관심을 잃을 때까지 참을

성 있게 기다린 경험과, 이를 가능케 하는 자원을 더 많이 보유하고 있다.

실리콘밸리의 엔지니어링 리더 마이클 롭<sup>Michael Lopp</sup>은 자신의 끌질 능력을 직장에서 발휘하는 초능력으로 묘사한다. "새로운 프로젝트를 둘러싼 흥분의 허니문이 끝나면 대부분이 떠난다. 시스템이 반발하기 시작하고, 그러면 기존 현상이 곧 승리할 것 같은 분위기가 감돈다. 바로 이때가 집요한 끌질이 필요한 순간이다." (여기서 '끌질'은 목표에 끈기 있게 조금씩, 야금야금 파고드는 행위를 의미한다.)

보통 컴퓨터 코드를 작성하거나 그림을 그릴 때 끌질을 한다. 시스템을 바꾸려고 할 때도 끌질을 할 수 있다. 혼자만의 끌질을 넘어 조직적이고 끈질기며 연결된 끌질을 말이다.

100명이 매일 끌질을 한다면? 1,000명이 한다면?

그 정도면 충분하다.

각각의 움직임을 동원해 만들어낸 변화보다 더 중요한 것은 사람들을 끌어들여 함께 행동하도록 만드는 집요한 끈기다.

우리는 시스템을 만들어냄으로써 기존 시스템을 바꾼다. 즉, 변화를 일으키는 시스템을 구축함으로써 시스템을 변화시킨다는 뜻이다.

위기를 해결하는 현명한 방법은 위기 해결에 뛰어드는 것이 아닐 수도 있다. 때로는 위기를 초래한 시스템 자체가 바뀔 때까지 일관되고 끈질기게 사람들을 조직하는 것이 더 효과적이다.

## 289.

## 조직화 실패

게임 이론에서 흔히 간과되는 요소 중 하나가 바로 조직화 실패다.

2명 이상의 사람이 호흡을 맞춰 협력하면 그 힘은 배가된다.

군인들은 다리 위를 행군할 때 발을 맞추지 않도록 훈련받는다. 마치 한 몸처럼 발맞춰 걸으면 발걸음의 조직화된 힘으로 다리가 무너질 수 있기 때문이다.

시스템에 영향을 미치려면 이러한 조직화가 필요하다.

인터넷 덕분에 조직화는 그 어느 때보다 쉬워졌다. 서로를 찾고, 조직에 참여하며, 서로에게서 배우는 우리의 능력이 지금처럼 뛰어났던 적은 없었다. 조직화는 그 어느 때보다 빠르게, 저렴하게, 개방적으로 이루어질 수 있다. 그런데 우리는 여전히 눈만 깜빡거린다.

우리가 인내심을 잃을 때 조직화는 실패한다.

적절한 사람들을 방에 모으는 것만으로는 충분하지 않다. 그들에게 모두 동기를 부여하는 것만으로도 충분하지 않다.

시스템 변화는 하나의 프로젝트이며, 프로젝트는 리더십과 경영에 반응한다.

변화를 일으키는 작업에 착수한 두 사람이 있다고 가정해보자.

한 사람은 정답을 찾기 위해 야근을 마다하지 않는다. "유레카, 이것이 바로 해결책이다!"

다른 한 사람은 사람들을 설득하고 문화적 역동성을 창출할 끈질긴 팀을 조직하고 이끈다. 문화는 운동하기 시작하고, 운동 가운데 해결책이 나온다.

누가 더 큰 영향력을 발휘할 것 같은가?

## 290.
## 비동시성이야말로 초능력이다

문맹률이 낮은 문화는 문맹률이 높은 문화보다 더 빠르게, 더 멀리 진보한다.

글쓰기는 사고를 체계화하고 협력과 지속성을 증폭시킨다.

글쓰기는 같은 공간에 있지 않더라도 동기화를 유지할 기회를 제공한다.

프로젝트를 실행하고 의사결정을 내리는 2가지 행위 모두 협력하고 의사소통하는 능력에 의존한다. 우리는 문화를 염두에 두고, 관계자들과의 직접적이고 사려 깊은 의사소통을 통해 이를 수행한다.

축구 경기의 하프타임에 감독은 라커룸에서 팀의 사기를 끌어올릴 수 있다. 그러나 다음 경기의 승패 여부나 시즌 전반의 성과를 결정하는 것은 훈련과 식사 그리고 전략을 통해 형성되는 문화다.

문화는 동기를 압도한다. 문화는 분산적으로 형성되며, 한 번에, 동시에 만들어지는 경우는 거의 없다.

문화는 시스템이 스스로를 방어하는 방식이다. 시스템을 구축하려면 그와 함께 형성되는 문화를 염두에 두어야 한다.

업무 문화에서는 회의와 대화를 구분해야 한다.

대화는 통찰과 지혜를 나누는 상호작용이다.

회의는 모든 사람의 시간을 낭비하며, 공통적으로 받아들일 수 있는 기록조차 남기지 못하는 실시간 메모에 불과하다. 굳이 한자리에 모여 시간 낭비하면서 이메일이나 메모로 주고받아도 될 내용이나 확인하는 자리가 되기가 십상이라는 말이다.

전략 수립이나 실행에 어려움을 겪는 조직일수록 회의를 많이 하는 경향이 있다.

## 291.

## 매몰 비용 무시: 간단하지만 불편한 아이디어

새로운 결정을 내릴 때는 어제의 성취는 무시해야 한다.

기술, 장비, 특권 등은 모두 어제의 내가 나에게 준 선물이다. 모든 선물이 그렇듯이, 당신은 그것을 취할 수도, 버릴 수도 있다. 반드시 받아들여야 할 필요도, 계속 보유해야 할 의무도 없다.

모든 MBA 과정에서 배우는 가장 심오하고 어려운 교훈 중 하나는 이것이다. "매몰 비용을 무시하라." 어제 들인 돈과 노력은 내일의 결정과 아무런 관련이 없어야 한다. 각 결정은 새롭게 내려져야 마땅하다.

간단한 예를 들어보자. 개당 1달러의 비용으로 특정 장치의 생산장비를 들여놓기 위해 1만 달러의 보증금을 지불했다. 그리고 대기자 명단에서 1년을 기다렸다. 그런데 그 장비가 배송되기 며칠 전에 5센트의 비용으로 장치를 생산할 수 있는 새 장비가 출시되었다. 이 장비로는 몇 주 안에 비용을 회수할 수도 있다. 하지만 그렇게 하면 1만 달러 보증금은 물론이고 대기자 명단에서 기다린 시간까지 무의미해진다. 어떻게 해야 할까?

이미 지출한 돈을 지키려다 더 큰 손해를 볼 게 분명한 상황이다. 당연히 보증금을 무시하고 새로운 결정을 내려야 한다.

이런 이치를 이해하지 못하는 사람은 없다. 하지만 막상 자신과 관련된 일이 되면 얘기가 조금 달라진다. 우리가 수행하는 작업, 우리가 만드는 예술품은 모두 자기 자신과 깊이 연결되어 있다. 그동안 들인 시간과 비용을 무시하는 일은 결코 말처럼 쉽지 않다.

당신이 연극 연출가라고 가정해보자. 당신이 가장 좋아하는 한 장면이 있다. 대본 작업뿐 아니라 무대 구성과 연기 연출에서도 가장 많은 시간과 노력을 투입한 장면이다. 하지만 몇 차례 공연해보니 관객들이 그 장면을 싫어한다. 한 번 그 장면만 빼고 무대에 올렸더니 엄청난 갈채가 쏟아졌다.

이것은 단순히 보증금이나 약간의 노력을 포기하는 문제가 아니다. 당신이 생각하는 최고의 작품, 당신의 꿈, 당신 자신으로부터 멀어져야 하는 문제다.

예술가가 되면 실패할 수도 있는 일에 기꺼이 뛰어들어야 한다. 그리고 그에 못지않게 중요한 또 다른 지침은 자신이 '잘못된 방향'에 들었을 때 이를 공개적으로 인정해야 한다는, 특히 깊이 애착하는 방향에서조차도 기꺼이 거기서 벗어나야 한다는 사실이다.

모든 노력에는 기회비용이 따르며, 때로는 그 노력이 자산이 되기도 한다. 하지만 그 자산이 더는 도움되지 않는다면, 그간의 노력에 대한 미련과 함께 해당 자산을 과감히 내려놓고, 원래 목표했던 변화를 향해 다시 나아가야 한다.


## 292.
## '잘못되었다'는 것은 무엇을 의미하는가?

잘못된 방향, 잘못된 답, 잘못된 프로젝트… 잘못되었다는 것은 무엇을 의미할까?

우리가 시작한 곳으로 돌아가보자.

누구를 위한 프로젝트인가?

무엇을 위한 프로젝트인가?

당신를 위해, 당신의 뮤즈를 위해, 당신의 만족감을 위해 이 영화를 만든다고 자신하는 상황이라면, 어떤 시나리오를 쓰든, 어떻게 촬영하고 편집하든 모두 옳다. 잘못된 것이 아니다. 그대로 유지하라.

하지만 당신의 전략이 관객을 즐겁게 하기 위한 것인데, 그 영화가 그렇게 하지 못한다면, 잘못된 것이다.

어느 날 이런 의문이 들 수도 있다. "로스쿨에 진학한 것이 잘못된 결정이었나?" 글쎄, 당신이 그 결정을 내렸을 때는 원하는 것과 그에 필요한 자산이 분명해 보였을 것이다. 5년이 지난 지금, 당신은 많은 것을 배웠고 세상을 다르게 볼 수 있게 되었다.

법학 학위는 '예전의 당신'이 준 선물이다. 만약 그것이 지금 원하는 목표를 달성하는 데 도움되지 않는다면, 굳이 고수할 필요가 없다. "고맙지만 사양할게." 과감히 내려놓아라.

과거에 내린 로스쿨 진학 결정을 옹호하고 방어하면 현재의 목표를 추구하는 데 필요한 귀중한 시간과 에너지를 낭비하게 된다.

## 293.
## 내일은 또 다른 기회다

당신이 연결해주고, 이끌고, 상황을 개선해주기를 기다리는 사람 30명이 저기에 있다. 하지만 당신은 이미 많은 공을 들였지만 답보 상태에 빠진 기존의 프로젝트를 옹호하고 있다. 30명을 위해 일할 수 없는 상황이다.

당신의 목소리나 제품이 필요한 고객, 동료, 학생은 아무런 혜택도 받을 수 없게 된다. 당신이 지금 빠져 있는 수렁에서 빠져나오는 데만 집중하고 있기 때문이다.

눈앞에 있는 문제에 집중하고, 그것만이 해결해야 할 문제라고 단정하기 쉽다. 하지만 모든 일에는 대가가 따르기 마련이라서, 인지하지 못하더라도 이런 상황에서 우리는 모종의 기회를 놓친다.

물론 상황이 어려워질 때마다 이리저리 프로젝트를 옮겨 다닌다고 의미 있는 기여를 할 수 있는 것은 아니다. 하지만 잘못된 방향으로 흘러가는 프로젝트를 그만두지 못한다면, 그것은 자신을 과소평가하는 행태다(그로 인해 우리가 도울 수 있는 사람들에게도 피해를 줄 수 있다).

어제의 일은 이미 일어난 일이다. 이전의 나로부터 받은 선물이자 자산이다. 하지만 원하지 않는다면 굳이 받아들일 필요가 없다.

## 294.
## 약속을 어긴 광대는 무시하라

그렇다. 생일 파티에 광대가 오기로 되어 있었다. 그런데 그가 나타나지 않았다. 실망스러운 일이다.

하지만 친구들이 모두 모였고, 날씨도 화창하며, 케이크와 다양한 게임도 준비되어 있다.

광대의 부재를 얼마나 더 슬퍼할 셈인가? 얼마나 더 파티를 희생시킬 작정인가?

이런 질문은 세 번째 홀에서 쓰리퍼트를 기록한 프로 골퍼에게 던질 수 있다.

명백한 세금 공제 항목을 누락시킨, 돌이킬 수 없는 실수를 저지른 회계사도, 중요한 미팅을 놓친 영업사원, 기술팀이 첫 3장의 슬라이드를 망쳐놓은 탓에 낙담한 발표자도 마찬가지다.

왜 이미 벌어져서 돌이킬 수 없는 상황에 연연하는가? 그래봤자 아무 소용이 없는데 말이다.

이러한 일시적인 낭패를 앞으로 일어날 일과는 무관한 사소한 사건이나 우주의 조화로 보면 어떨까? 그러면 불만족스러운 과거를 현재에서 더 쉽게 분리해낼 수 있다.

일은 이미 벌어졌다.

그래서 뭐 어쩌라고?

## 295.
### 수요일에 무엇을 입을까?

1979년에는 동성애에 대한 논의가 드물었다. 수백만 명이 자신의 성 정체성을 숨겼고, 동성애 혐오가 당연시되었다.

학기가 시작되고 몇 주가 지난 어느 날, 대학 캠퍼스를 걷다가 출입구와 나무에 붙은 파란색 포스터를 보았다. 이렇게 적혀 있었다,

"수요일은 청바지 입는 날, 동성애자거나 옹호자라면."

그 외에 다른 문구가 없었다.

그 순간 내부에서 독백이 터져 나왔다. 나뿐만 아니라 포스터를 본 모든 사람이 그랬을 것이다.

수요일에 무엇을 입어야 하나? 평소 청바지를 잘 입지 않는데, 동성애 지지연대의 의미로 입어야 하나? 나 혼자만 입으면 어쩌지? 사람들이 손가락질할까?

정체성과 문화적 힘과 관련된 이런 질문을 스스로 던지면서 공동체의 다수가 깨닫기 시작했다. 이것이 우리의 동성애자 친구들과 급우들이 매일 직면하는 문제라는 것을.

그 포스터는 시스템 안에서 사람들의 기대와 행동을 변화시키는 작은 한 걸음이었다. 문구는 학생들에게 긴장을 일으켰고, 곧 학생들 간의 논의로 이어졌다. 누군가 방에서 멍하니 옷장을 바라보다가 자신이 네트워크와 문화를 만들 수 있겠다는 사실을 깨닫고, 신호를 보내려 하는 순간 이 변화는 시작되었다. 다음과 같이 말하는 '문화'가 말이다.

"이게 우리 삶의 방식이야."

변화와 긴장은 빛과 그림자처럼 함께다.

# 296.

## 우리의 방식

뉴욕주에서는 학교 교육위원회 예산안이 과반수의 찬성표를 얻지 못하면, 위원회는 주민 투표의 방식으로 다시 한 번 승인을 요청할 기회를 얻는다. 여기서도 실패하면 학교 예산이 대폭 삭감되어 결국 학생들에게 피해가 발생한다.

내가 사는 소도시는 지역 교사와 학교에 큰 자부심이 있다. 이곳의 초등학교는 미국 교육부에서 성적 우수 학교에 수여하는 블루리본 등급을 받았으며, 오랜 세월 지역사회의 지원을 받아왔다.

그러나 몇 년 전, 세금 인상과 인구 구조의 변화로 인해 예산안이 부결되었다. 학교와 별다른 이해관계가 없는 노년층과 일부 주민이 투표에 참여해 반대표를 던졌기 때문이다.

하지만 예산안을 통과시킬 기회는 한 번 더 있었다.

문제를 해결하는 합리적인 접근방식은 타당한 논거를 제시하는 것이다. 학교를 지원해 교육 환경이 개선되면 재산 가치가 오르고, 지역사회의 결속력이 강화되며, 시민의식이 고취된다고 반대표를 던진 유권자들에게 설명하는 것이다. 그들이 틀렸음을 인식시켜 마음을 바꾸게 하는 것이다.

하지만 시간이 촉박했고, 이런 식의 설득 방식은 효과를 거두지 못하는 경우가 많다.

대신 3명의 지지자가 나서서 약 100m의 블루리본을 구해왔다. 그날 밤 그들은 마을 중심부에 있는 커다란 나무에, 즉 고등학교 바로 앞에 있는 나무에 수십 개의 블루리본을 걸었다.

그게 다였다. 하나의 상징이었고, 지지를 권하는 초대장이었다.

그 후 3일 동안 리본이 퍼지기 시작했다. 조직자들이 아니라 여타의 자발적 참여자들에 의해 확산되었다. 일주일 만에 마을 곳곳의 나무에 수천 개의 블루리본이 달렸다.

의제에 동참해 지위와 소속감을 느끼며 행동할 기회였다.

예산은 약 67%의 찬성표로 통과되었다.

우리의 방식으로 변화를 만든 것이다.


## 297.
### 전략을 만들어나가는 질문

프로젝트 및 전략을 세울 때 도움이 되는 질문은 다음과 같다.

* 이 프로젝트는 누구를 위한 것인가? 이 프로젝트의 유효한 최소 잠재고객은 어떤 사람들인가?
* 이 프로젝트를 통해 어떤 변화를 이루고자 하는가?

* 이 변화를 실현하기 위한 전략은 무엇인가? 명확하게 설명할 수 있는가?

* 이 프로젝트에 어떤 자원과 자산을 투입해야 하는가? 이 통나무를 타오르게 하기에 충분한 불쏘시개가 있는가?

* 타임라인은 어떻게 되는가? 프로젝트는 언제 시작되며 종료 기한은 언제까지인가?

* 현재 어떤 시스템에서 작업하고 있는가? 시스템이 내가 제공하려는 것을 원하는가?

* 프로젝트가 성공하려면 어떤 시스템에 변화를 일으켜야 하는가? 변화의 조건을 어떻게 조성할 수 있는가?

* 어디에서 긴장을 유발할 것인가? 어떤 저항이 있겠는가?

* 프로젝트에 참여함으로써 어떤 지위와 소속감이 부여되는가?

* '우리의 원', '현실의 원', '고객의 원'은 규모가 어느 정도인가? 그들을 확장하려면 어떻게 해야 하는가?

* 누군가가 내 프로젝트를 주변에 추천하거나 그에 대해 이야기할 이유가 있는가?

* 네트워크 효과를 발생시킬 조건은 무엇인가?

* 어떤 피드백 루프가 내 작업을 진척시키거나 억제하는가?

* 어떤 게임이 진행되고 있는가? 규칙은 누가 정하는가?

* 승산이 있는 게임은 무엇인가? 충돌이 예상되는 게임은

무엇인가? 이길 필요 없이 참가에 의미를 두는 게임도 있는가?

* 성공 확률을 높이기 위해 무엇을 배울 수 있는가? 어디서 배울 수 있는가?

* 유효한 최소한의 잠재고객은 어디에 있는가? 그들은 지위와 소속감에 대해 어떻게 생각하는가?

* 어떤 거짓된 대리 지표가 주의를 분산시키는가? 본질적인 지표는 무엇인가?

* 변화의 동인을 잘 활용하고 있는가? 내가 직접 변화의 동인이 될 필요가 있는가?

* 내 프로젝트를 변혁할 자산은 무엇인가? 어떻게 그것을 획득할 수 있는가?

* 얼리 어답터들은 내 프로젝트에 대해 뭐라고 말할 것 같은가?

* 무엇에 공감해야 하는가? 내 작업이 잠재고객의 실제 동기와 관심사에 부합하는가?

* 내가 일으키는 변화가 시스템에 어떤 긴장을 조성하는가?

* 사람들이 프로젝트를 수용하고 앞으로 나아가게 할 비계를 구축하고 있는가?

* 프로젝트가 시스템의 지배 세력이 계속 목표를 달성하도록 돕는가, 현상 유지에 도전하는가?

* 나의 포지션은 무엇인가? 대안으로 이를 선택한 고객들의 니즈를 충족하고 있는가?

* 성공하거나 실패한 유사 프로젝트에서 무엇을 배울 수 있는가?

* 내 전략이 설명하기는 쉬워도 고수하기는 어렵지 않은가?

* 어떤 파트너십, 제휴, 협업을 통해 이 프로젝트의 비계를 강화할 수 있는가?

* 사람들의 만족할 줄 모르는 욕망을 활용하고 있는가?

* 새로운 정보에 근거해 전략을 변경할 여지가 있는가?

* 예상치 못한 결과에 대처할 수 있을 만큼 회복탄력적인가?

* 네트워크 효과가 하향 경쟁으로부터 프로젝트를 보호하기에 충분한가? 희소성이 아닌 풍요에 기반한 네트워크를 만들 수 있는가?

* 내가 일으키고 있는 변화가 전염성이 있는가? 내가 만들고 있는 문화의 전염성을 높이려면 어떻게 해야 하는가?

* 프로젝트의 초기 성공으로 이후의 성공 확률을 더 높이려면 어떻게 해야 하는가?

* 내가 선택한 장르에서 따라야 할 관습과 장르 성립의 필수 요건은 무엇인가?

* 우리 주장(가정)의 성공 확률을 높이는 통찰은 어떻게 얻을 수 있는가?

* 사람들이 보다 쉽게 결정하도록 만들 수 있는가?

* 이 프로젝트를 믿지 않는 사람들(또는 반대하거나 관심 없는 사람들)은 어디에 있으며, 어떻게 이들을 피할 수 있는가?

* 어떤 식으로 지위, 소속감, 안전에 대한 기존의 사회적 욕구를 활용해 내 프로젝트에 대한 채택과 확산을 촉진할 수 있는가?

* 현 시스템의 단점, 이상 현상, 모순이 내 대안의 지렛대 역할을 할 수 있는가?

* 현 시스템을 최적화하고 있는 지표는 무엇인가? 나의 전략은 어떤 대리 지표를 중심으로 인센티브와 피드백 루프를 재조정할 수 있는가?

* 내 프로젝트가 문화의 작동 원리를 어떻게 희소성의 사고방식에서 풍요의 사고방식으로 전환할 수 있는가?

* 내 프로젝트를 자신들의 권력이나 지위에 대한 위협으로 인식할 수 있는 기존 세력은 어떤 사람들인가? 내 전략은 그러한 정치적 저항을 어떻게 헤쳐나갈 것인가?

* 각각의 새로운 참여자가 다른 모든 참여자를 위해 가치를 창출하게 하려면, 어떻게 네트워크 효과를 설계해야 하는가?

* 잠재적 이해관계자들이 내 접근방식을 받아들이지 못하게 막는 매몰 비용은 무엇인가? 그들이 인식하는 전환 비용을

낮추기 위해 무엇을 할 수 있는가?

* 어떠한 반응이나 반대 의견을 예상할 수 있는가? 회의론과 저항에 어떻게 건설적으로 대응할 수 있는가?

* 내 프로젝트의 참여자들이 스스로 원하는 모습에 가까워지도록 도우려면 어떻게 해야 하는가? 내 프로젝트는 어떤 정체성과 세계관으로 사람들을 초대할 것인가?

* 사람들이 쉽게, 거부감 없이 첫발을 내딛도록 진입 장벽을 낮출 방법은 무엇인가? 무엇이 비계가 될 수 있는가?

* 피드백 루프의 지연 시간을 줄이려면 어떻게 해야 하는가? 지연에도 불구하고 프로젝트를 성공시키려면 어떻게 해야 하는가?

* 선택의 장벽을 낮추려면, 사람들이 '결국 내가 옳았어.'라고 생각하도록 만들려면 어떻게 해야 하는가?

* 초기 전략이 실패로 판명되는 경우 매몰 비용에 갇히지 않으려면 어떻게 해야 하는가? 언제 방향을 전환해야 하고, 언제까지 밀어붙여야 하는가? 침체기는 언제쯤으로 예상하는가?

* 프로젝트를 건전하게 관리할 수 있는가? 이를 위해 부딪혀야 하는 기준은 무엇이며 상대는 누구인가?

* 프로젝트가 성숙해져 변혁을 멈추고 안정세를 갖추라는 압력에 직면하면 어떻게 저항할 것인가? 시간이 지나면서 계

속 '중앙으로 끌어당기려는' 사회적 중력에 어떻게 저항할 것인가?

당신은 이미 변화를 일으키는 데 필요한 자질을 갖추고 있었다. 이제 시스템을 파악하고, 게임을 이해하며, 프로젝트를 영향력 있는 작업으로 전환하기 위한 질문을 던질 수 있게 되었다. 시간을 두고 꾸준히, 한 사람 한 사람씩 설득하면서, 하루하루 지속해서 나아가라.

가서 세상을 흔들어라!

새로운 결정을 내릴 때는 어제의 성취는 무시해야 한다.

기술, 장비, 특권 등은 모두 어제의 내가 나에게 준 선물이다. 모든 선물이 그렇듯이, 당신은 그것을 취할 수도, 버릴 수도 있다. 반드시 받아들여야 할 필요도, 계속 보유해야 할 의무도 없다.

"매몰 비용을 무시하라." 어제 들인 돈과 노력은 내일의 결정과 아무런 관련이 없어야 한다.

# 감사의 말

몇 권의 책을 접하면서 시간과 시스템에 다시 집중하게 되었
다. 제임스 글릭의 지칠 줄 모르는 연구와 뛰어난 저작에 큰 빚을
졌다. 그의 저서 《카오스》와 《제임스 글릭의 타임 트래블》은 끝
없는 경이로움의 원천이다. 도넬라 메도즈의 《ESG와 세상을 읽
는 시스템 법칙》과 러셀 애코프의 다양한 저서도 추천할 만하다.
두 분과 함께 이 책을 공유할 수 있었으면 좋았을 텐데.

애니 듀크는 수년간 친구이자 멘토로 도움을 제공한 분으
로, 그녀의 저서 《결정, 흔들리지 않고 마음먹은 대로》는 꼭 읽
어봐야 할 책이다. 코코 크럼 Coco Krumme의 《최적의 환상 Optimal
Illusions》은 눈이 번쩍 뜨일 만큼 놀라운 책이고, 뎁 차크라 Deb
Chachra의 《인프라 작동 방식 How Infrastructure Works》은 우리가 구축

하는 것과 가능한 것에 대한 러브레터다. 제이미 웡Jamie Wong은 토머스 미즐리 주니어에 관한 훌륭한 글을 썼다. 앤 마리 시칠리Ann Marie Scichili, 사이먼 시넥Simon Sinek, 크리스티나 토시Christina Tosi, 윌 구이다라Will Guidara로 구성된 브레인트러스트는 긍정적인 마법의 오아시스다. 늘 브라이언과 에이미에게 고마움을 느낀다.

월리엄 로젠바이크William Rosenzweig, 데릭 시버스, 로버트 게오르삼Robert Gehorsam, 로한 라지브, 아발린 모리스Avaleen Morris, 마고 애런Margo Aaron은 나의 첫 독자였는데, 이들을 친구이자 공동 작업자, 롤모델로 삼은 것은 실로 훌륭한 선택이었다.

스티븐 프레스필드Steven Pressfield, 데이비드 미어먼 스콧David Meerman Scott, 팀 페리스Tim Ferriss, 케빈 켈리Kevin Kelly, 아리아나 허핑턴Arianna Huffington, 루이스 하이드Lewis Hyde, 버나뎃 지와Bernadette Jiwa, 데비 밀먼Debbie Millman, 톰 피터스Tom Peters, 페마 초드론Pema Chodron, 폴 맥고완Paul McGowan, 체이스 자비스Chase Jarvis 등 용감하게 앉아서 글을 써준 많은 분께 감사 인사를 전한다. 조디 스팽글러Jodi Spangler는 영감의 원천이자 소중한 친구다. 아카 알틴셀Acar Altinsel은 펭귄에게 좋은 이름을 지어주었다. 매들린Madeline, 안드레아Andrea, 칼리Carly, 로즈Rose, 돈Don, 니나Nina 그리고 올슨 푹 박사Dr. Olson Pook께 감사드린다! 물론 헬렌Helene, 알렉스Alex, 사라Sarah, 모Mo에게도.

작업을 도와준 베키Becky, 존John, 줄리Julie에게 고마움을 표한다. 전략에 대한 가르침을 하사한 데이비드 수스David Seuss와 빌 보먼Bill Bowman에게도 감사드린다.

이 책을 바탕으로 워크숍을 진행한 퍼플닷스페이스Purple.space 커뮤니티에 감사드린다. 사우라브 미탈Saurabh Mithal, 줄리우 밥티스타 바로코Júlio Baptista Barroco, 키스 킹Keith King, 키얄kHyal, 몰리 브라워Molly Brawer, 패트릭 스미스Patrick Smith, 스콧 페리Scott Perry, 마이클 필리Michael Feeley, 그레고리 키스Gregory Keyes, 테리 토모프Terri Tomoff, 줄리 레인스Julie Rains, 해리스 타카스Harris Takas, 웬디 코드Wendy Coad, J. 손J. Thorn, 조야 메리-레베카 존스Joya Mary-Rebecca Jones, 에바 포데Eva Forde, 슬기 정Seulki Chong, 모건 마이클Morgane Michael, 제이슨 테일러Jason Taylor, 알포드 웨이먼Alford Wayman, 조쉬 로튼Josh Lawton, 얀 블랙Jan Black, 빌 토모프Bill Tomoff, 메리 아헌Mary Ahern, 히트 지젝Heat Dziczek, 미치 마티아스Michi Mathias, 안드레아 웨이드Andrea Wade, 존 티투스Jon Titus, 다몰라 모레니케지Damola Morenikeji, 다이앤 알라콘Diane Alarcon, 조슈아 아부시Joshua Abush, 브렌다 암몬Brenda Ammon, 릭 린드버그Ric Lindberg, 레이몬드 바이캠프Raymond Weitekamp, 윌리엄 T. 웰치William T. Welch, 아나트 바닌Anat Banin, 애니 파넬Annie Parnell, 다이앤 알라르콘Diane Alarcon, 폴 멜로즈Paul Melrose, 안나 콜러 스미스Anna Kohler Smith, 론 웡Lon Wong 등이다. 라일리 메이어Riley Mayer는 때로 감사

의 글을 읽기에 빼놓을 수 없다. 마샬 간스Marshall Gans는 자아 이야기와 변화 창출 방법에 관한 중요한 연구를 수행했으며, 그 덕분에 두 원(우리의 원과 현재의 원)에 대한 영감을 확대할 수 있었다. 앤 셰퍼드Anne Shepherd, 재클린 노보그라츠Jacqueline Novogratz, 짐 지올코프스키Jim Ziolkowski, 스콧 해리슨Scott Harrison, 제리 콜로나Jerry Colonna, 라몬 레이Ramon Ray, 윌리엄 레이니쉬William Reinisch에게도 감사드린다.

나의 출판 경력은 리사 디모나Lisa DiMona, 마이클 케이더Michael Cader, 스튜어트 크리체프스키Stuart Krichevsky, 팸 도르만Pam Dorman, 존 보스웰John Boswell, 프레드 힐스Fred Hills, 에이드리안 잭하임Adrian Zackheim, 메건 케이시Megan Casey, 니키 파파도풀로스Niki Papadopolous의 도움으로 오늘에 이르렀다. 나에게 시스템을 인식시킨 이 모든 분께 감사드리며, 새로운 시스템을 창출하도록 돕는 마들린 맥킨토시Madeline McIntosh와 함께 일하게 되어 흥분된다.

젠 쇼Jen Shaw, 샤나 케네디Shana Kennedy, 숀Shawn과 로렌Lawren, 스카일라Skylar, 데이비드David, 샬롯Charlotte, 릴리Lily, 키라Kira, 첼시Chelsea, 앨리스Alice 등 새로운 세대의 문제 해결사들에게 감사드린다.

굿비즈GOODBIDS팀은 전략이 어떻게 전개될 수 있는지 생각하고 모델링하는 데 도움을 주었다. 재스퍼 크룸Jasper Croome, 앤 마리 크루즈Anne Marie Cruz, 제니퍼 마이어스 추아Jennifer Myers Chua, 스콧 페리Scott Perry, 블레싱 아벵Blessing Abeng, 파니 테오파니두Fani Theofanidou, 클레어 아이싱거Claire Aisinger 등 비젯Viget의 팀원 모두에게 감사 인사를 전한다.

물론 XKCD의 랜달 먼로Randall Munroe도 고맙고, 파드마 샤얌Padma Shyam도 고맙다!

니키 아르마코스트Niki Armacost, 다니엘 부틴, 조너선 새크너 번스타인 그리고 왕가리 마타이에게 이 책을 바친다.

AI에 대한 참고 사항

새로운 종류의 대형언어모델인 클로드의 편집 지원에 감사를 표한다. 이 책의 모든 내용은 내가 썼고, 그에 대한 책임 역시 전적으로 내게 있지만, 정기적으로 클로드에게 나의 생각에 이의를 제기해보라고 요구했음을 밝힌다. 특히 목록 구성 능력이 뛰어나서 매우 만족스러웠다.

나는 책의 앞부분에서 이 책의 질문이나 목록, 과제를 프롬프트로 활용해 클로드에 문의해볼 것을 권했다. 당신의 작업도 그렇게 하도록 권한다. 클로드가 작업에서 당신의 목표와 일치하지 않는 부분을 지적하는 데 매우 능하기 때문이다. 동료들과 전략을 공유하기가 망설여진다면, 먼저 클로드에게 물어보라.

# THIS IS
## STRATEGY

# 세스 고딘의 전략 수업

2025년 1월 2일 초판 1쇄 | 2025년 1월 24일 4쇄 발행

**지은이** 세스 고딘 **옮긴이** 안진환
**펴낸이** 이원주

**책임편집** 김유경, 강동욱 **디자인** 진미나
**기획개발실** 강소라, 박인애, 류지혜, 이채은, 조아라, 최연서, 고정용
**마케팅실** 양근모, 권금숙, 양봉호, 이도경 **온라인홍보팀** 신하은, 현나래, 최혜빈
**디자인실** 윤민지, 정은예 **디지털콘텐츠팀** 최은정 **해외기획팀** 우정민, 배혜림, 정혜인
**경영지원실** 강신우, 김현우, 이윤재 **제작팀** 이진영
**펴낸곳** (주)쌤앤파커스 **출판신고** 2006년 9월 25일 제406-2006-000210호
**주소** 서울시 마포구 월드컵북로 396 누리꿈스퀘어 비즈니스타워 18층
**전화** 02-6712-9800 **팩스** 02-6712-9810 **이메일** info@smpk.kr

© 세스 고딘(저작권자와 맺은 특약에 따라 검인을 생략합니다)
ISBN 979-11-94246-50-3 (03320)

쌤앤파커스(Sam&Parkers)는 독자 여러분의 책에 관한 아이디어와 원고 투고를 설레는 마음으
로 기다리고 있습니다. 책으로 엮기를 원하는 아이디어가 있으신 분은 이메일 book@smpk.kr로
간단한 개요와 취지, 연락처 등을 보내주세요. 머뭇거리지 말고 문을 두드리세요. 길이 열립니다.